モヤ対談

花田菜々子

小学館

はじめに

私にとって、「この本は面白い！　最高だ！　すごい！」と思えるような本の著者というのはみな神のような存在だ。だからこそ安易にお近づきにはなりたくなく、神として天上をずっと見上げていたいような気持ちがある。

ところが縁あって「ＳＴＯＲＹ ＢＯＸ」という雑誌から「自分が面白いと思った本の著者をゲストに呼んで、その本のテーマについて対談するという連載をしてもいいよ」という、信じられないほどありがたいお話をいただき、そしてほんとうに大人の事情とか一切なく自分の好きな人を１００％呼ばせてくれて、それからというもの神から神へ、次々と対談するというゆゆしき事態となってしまった。

こんな贅沢《ぜいたく》な連載をさせてもらえたことは、自分が生きているうちの運のすべてを使い果たしたのではと思うほど幸せだったし、同時に、神本人とその本の話をするっていったいどういうつもりだ、などと考え始めると緊張と畏れで胃痛は止まらず、毎回対談日の２日前くらいから決まって具合が悪くなるほどだった。

そんな緊張の中でも、書店員の職業病なのか「この本めちゃくちゃ面白いからもっとみんなに知ってほしい、売れてほしい」は常に私の最優先事項であり、それゆえに拙《つたな》い質問ばかりで見苦しいところもあるかもしれないが、その本や著者の魅力をできるかぎり解体し、核心に迫ることを目指して尽力したつもりだ。

しかしそれ以上に、ゲストの方からはいつもこちらの期待をはるかに上回る重くて熱い言葉をたくさん残していただいた。正直言って私の言葉はどうでもいいので、ほんとうに、著者の人たちのすごい言葉をきっかけに、ここで取り上げた本に一冊でも興味を持ってもらえたら。

いい本をとにかく人にすすめることが生業《なりわい》の自分としては、それ以上にうれしいことはありません。

花田菜々子

絵本作家

ヨシタケシンスケ

「大人だって完璧じゃない」

子どもからは3割が尊敬、あとの7割は軽蔑くらいでちょうどいい。

『あんなに　あんなに』

（ポプラ社）

日常にあふれるたくさんの「あんなに」の中で、子どもは大人になっていく――。子どもの成長と変化をテーマに描いた、家族に寄り添う優しい絵本。

ヨシタケシンスケ（よしたけ・しんすけ）

1973年神奈川県生まれ。日常のさりげないひとコマを独特のまなざしで切り取ったスケッチ集や、児童書の挿絵、装画、イラストエッセイなど、多岐にわたり作品を発表している。主な著作に『りんごかもしれない』『りゆうがあります』『もう ぬげない』などがある。2児の父。

ヘトヘトな親を描く理由とは

花田 ヨシタケさんはたくさんの絵本を出版されていますが、「感動して泣ける」というような作品はまったくないですよね。「努力」「友情」「成長」みたいな前向きなテーマを取り扱うこともなく、誰かを嫌うとか、大人への不満とか、あるいは死への恐怖とか、ちょっとネガティブなテーマが多いですね。

ヨシタケ 消去法なんです。基本的に僕がポジティブなテーマが非常に苦手だから、自分に描けることを探すと自然とそうなる（笑）。絵本を読んでくださった方から「自分を許してもらえたような気がした」という感想をいただくことがあるのですが、自分自身できないことが多いので、要するにそんな自分をただただ許してほしい一心で、こんなふうに言ってもらえたらうれしいということを描いてます。僕がいろんなことができる人間だったらこうはなっていないですね。

花田 ポジティブな美談へのアンチテーゼとして描かれているというよりは、それしかできない、という感覚なんですね。

ヨシタケ　感動的な話を描いてくれって言われても僕にはそもそもできなくて。世の中で美談が必要とされる理由もよくわかるんですが、そういうものに救われてホッとできるのはだいたい7割くらいの人。自分を含めそれ以外の3割はちょっと別の物語が必要なんだと思います。疑《うたぐ》り深かったり意地悪だったりする少数派としてのできることを探していければ、という気持ちでやってます。

花田　7割って、なんだかリアルな数字です（笑）。特に絵本の世界では、親や大人というものが、いつも正しくて、笑顔でやさしく子どもを見守って抱きしめてあげる存在として描かれることが多いですよね。これまで疲れていたり、言い訳をしたり、子どもの追及にしどろもどろになる「ダメな」親っていうのはあまり描かれなかったのではないですか？　これはヨシタケさんの発明だと思うんです。

ヨシタケ　これに関してはわりと意識してやってます。昔、絵本作家になる前にイラストレーターとして活動していた頃、新しく親になる方たちへの冊子のイラストの仕事をしたことがあるんです。それが国からお金の出る、出生率の向上が目的のものだったのですが、僕の描いたお父さんやお母さんが楽しくなさそうだから笑顔に直してくれって言われたんです。「それは違うんじゃないか」と思いながらもそのときは最終的に笑顔に直してしまったんですが、子育てがつらい人を「なんでみんなこんなにニコニコしてるんだ、なんで自分だけこんなに楽しくないんだ」って傷つけてしまったんじゃないかと後から思ったんです。笑顔が人を傷つける、ということをその経験を通じて痛感して。

花田　なるほどなあ。

ヨシタケ　「子どもの寝顔を見ると疲れが全部吹き飛ぶって聞いてたけど、全然吹き飛ばないじゃないか！」って、自分で子育てを経験してみてわかったので。

花田　たしかにそこにも「美談」がありますね。赤ちゃん神話に苦しむ親は多いと思います。

ヨシタケ　笑顔がないわけじゃないけどあんまりたくさんは出てこないよ、とか、みんないつもうまくいっているわけじゃないよ、というのはやっぱり僕自身が当時言われたかった言葉です。もちろんどちらが正解というわけじゃないし、みんなニコニコ、赤ちゃん最高、って世界もあっていい。両方あっていいと思うんですよね。単純に選択肢が少ないっていうのはよくないことで、親へトヘトバージョンもあっていいだろう、と思ったんです。自分もそちら側なので、そっちを増やす役割を果たしたいな、と。

花田　絵本の世界って子どもだましの勧善懲悪ばかりではなくもっと深い普遍的な真理が描かれていることも多いのに、なぜこれまで疲れた親やダメな親は発見されていなかったのだろう、というのは不思議議です。親自身が子どもに「大人は正しくまっとうなものだぞ」と思わせたいという気持ちもあったのでしょうか。ただ蓋を開けてみればヘトヘトでダメな親の本が大人にも子どもにもウケているわけで。親にとっても「今までは見せちゃダメだと思ってたけど見せてもいいのかも！」という発見があったのでは。

ヨシタケ　時代っていうのも大きいんですかね。20年前に同じものを描いていても、ここまで受け入れてもらえただろうかと思います。我慢が難しくなってきた世の中で、みんなキレ始めたというか。

否定するのではなく選択肢を増やしたい

花田　絵本を描いてくださいというご依頼は多いかと思いますが、たとえば出版社に提案されたけど断った、というようなテーマもありますか？

ヨシタケ　印象に残っているのは、少し昔ですが、未来を予測する——つまり、統計学的に未来はひどくなるというようなデータを正しく子どもに伝える本を描いてほしいという依頼があって。でもそれはなんか違うだろう、という思いがありました。あくまで統計上の話であって、実際の未来がそうなるとは限らない。

悪いことだけ伝えて、覚悟しておけと言う側は「教えてやった感」で気持ちいいでしょうが、受け取る側のことを考えていない。予測は外れるものだし、社会がよくなる可能性も同時に伝えないと嘘になると思ったんです。それに、社会が不幸になるということと個人が不幸になるというのは別の現象ですし。

花田 たしかにそうですね。

ヨシタケ それでそのお話は断ったのですが、それがそのあともすごく気になって自分の中に残っていて、後に描いたのが『それしかないわけないでしょう』という本なんです。

花田 えーっ！　ある種、事故的に誕生した本だったんですね。依頼への反発から名作が生まれるなんて面白いです。ヨシタケさんのひねくれというか、違和感というか、そういうものが創作の起点になっているということが具現化されたようなエピソードですね。

私自身、もういい大人なのにいまだに不安を煽《あお》られやすいし、それこそ子どもの頃はみんなでノストラダムスを信じて本気で怖がっていた。自分が子どもの頃に、闇雲に煽られる不安にちゃんと反論してくれる本が手元にあったら、ほんとうに人生が変わっていたと思います。意外とそういうことをちゃんと説明してくれる大人っていないんですよね。

ヨシタケ　そうですね。やっぱり単純に大人がやるべきことのひとつとして、「選択肢を増やしてあげる」ということ。これだけじゃないはず、こういう立ち位置もある、こういう生き方もある、そういう実例をたくさん挙げることで、「あ、こっちに行かなくてもいいんだな」って選択のハードルを下げる。自分が何か選ぶときの参考例が増えるというのは僕自身が子どもの頃に欲しかったものだし、子どもの頃の僕が読んでホッとできるか、子どもの頃の僕が知りたかったことの答えになっているか、というのが本を描くときにいちばん大事にしていることです。

花田　ヨシタケさんのメッセージというものはつくづく、王道の「こうだよ」という大きな声に対して「それは違う！」と真っ向から否定するものではなく、横の方からちっちゃい声で「そうじゃない人もいますけどね」「こういう考え方もありますけどね」とちゃちゃを入れるようなあり方なんですね。

ヨシタケ　そうです、そうです。

子ども「障害者って面白そう！」に何と答える？

花田　ヨシタケさんが絵本のテーマとして取り上げたことのある《死》や《身体障害者の方への向き合い方》というのも、大人に質問をぶつけたときにしっくりくる説明をしてもらえなかったもののひとつです。まさに『このあと どうしちゃおう』『みえるとか みえないとか』は子どもの頃の自分が読んだら「知りたかったことの答えがあった！」と感じられたと思います。

ヨシタケ　タブーとされがちなテーマって、なんでみんな嫌がるんだろうという純粋な興味もあるし、逆にどういうアプローチだったらもっとカジュアルなものになるだろうかと探してみたい自己満足的な欲求もありますね。

花田　目が不自由な人を扱った『みえるとか みえないとか』では1ページ目から宇宙人が地球人の主人公に対して「あの子目がふたつしかなくて背中が見られないみたいだけど、かわいそうだからその話はしないであげようね」と言っていますね。もうその表現からしてしびれるというか。すごい角度で差し込んでいくなあ、って思いました。

ヨシタケ　いやあ、実はあの本は形にするまでがほんとうに大変だったんです。最初は普通に健常者が障害者のことを思う内容にしようとしたんですが、白杖をついている人や車椅子に乗った人を描くと、どんなにかわいく描いても、こちらにそのつもりがなくても、かわいそうに見えてしまうんですよね。今までの社会での障害者像が強固に結びついてしまう。この本の原案となった伊藤亜紗さんの著書『目の見えない人は世界をどう見ているのか』で書かれていたような、健常者と障害者の違いを面白がるスタートに全く立てない。これは大変だぞ、といろいろ考えた結果、もう地球上の当たり前が存在しない場所——宇宙を舞台にするしかないな、と。地球人が宇宙で障害者扱いされるという状況で、初めて地球上の障害者と健常者の関係と同じ位置に立てるんじゃないかと、そこに至るまで3年ぐらいかかりました。

花田　そんな苦労作だったとは！　苦労の跡が感じられないくらいスッと心に入ってくる構成でした。たしかに伊藤さんの原作に宇宙人のたとえは全く出てこないですが、同じことを全く別の発想で語れるものなんだな、と読者としては感心・感動するばかりでした。

ヨシタケ　そうそう、僕が子どもの頃、目が不自由で白杖をついて歩いている人がゲームをしているように見えて、「面白そう！」って言ったら母親にめちゃめちゃ怒られたことがありました。でもこの本を作る何年か前に、自分の子どもがテレビに出てきた視覚障害者を見て同じように「面白そう！」と言っていて。

花田　すごいＤＮＡ！（笑）

ヨシタケ　「だよねえ！」って言いたいんだけど、親としてはそれだけだと足りないし、叱るというのも変だと思うし、うまく答えられなくて。そういう経験もふまえて、それに対する答えも絵本の中で提案できたらと思ったんです。これは絵本の中に書いた言葉なんですが、「とりかえられればいいのにね」っていう言葉がひとつの正解なんじゃないかなと。面白そうだよね。でもあの人は好きであの状態じゃないんだよ。あの人からしたら見えることのほうが面白いかもね。それぞれに苦労はあるんだよ、って。

子どもの発言に対して、親はとっさにはいい返し方が出ないんですよね。だからこそ、絵本というコンテンツの形でいろんな難しいテーマに対して「あの本ではこんなふうに解決していたな」と思い出して役立ててもらえるような答えを一個ずつ置いていけたらいいなという思いはあります。

花田　なるほど。私も子どもに何か聞かれたときにやっぱりすぐに100%正しい答えを返さないと、と思ってしまっているところがあります。完璧を目指してしまうというか……自分が完璧じゃないことなんて十分わかっているのに。「あ、どうしよう」という戸惑いを隠すために「そんなこと聞くな」みたいに封じ込めてしまうことだけはしたくないんですが、ヨシタケさんの本を読むと、大人も迷ったり、親子で逡巡《しゅんじゅん》してもいいんだな、間違ってもいいんだな、と思えます。

ヨシタケ　大人が子どもに伝えるべきことの中でもいちばん大事なものとして「大人はすごくいいかげんなものである」っていうのがあるんじゃないかと。子どもはいずれどこかのタイミングで大人にだまされてたと気づくわけで、その年齢が上がれば上がるほどこじらせる（笑）。だから教育として小さい頃から、大人ってたいしたことないからね、ブレるものだからね、って伝えてあげる。そのかわり、あなたもブレてるだろう、って。お互い不完全であることを認めたところから何ができるのか。

　僕は子どもに対しては、3割くらい尊敬してもらえればあとの7割は軽蔑されているくらいがちょうどいいんじゃないかと思っています。お父さんはこれもこれもできないんだよ、でもこれならできるよ。だからお前も全部できるようになる必要はなくて、何かひとつのことで誰かを助けてあげられれば、他の部分は助けてもらえるんだよ、人間は群れて生きているんだよ、って。それがいちばん伝えたい世界観です。

大人の成功論を信じるな

ヨシタケ　僕は自分の父親とあまり仲が良くなかったのですが、親に言われたりされたりした嫌なことを絶対子どもにはしたくない、というひとつの確固たる基準ができたので、まあ限度はあるにせよ「あんなふうになりたくない」と思われる押し付けをすることもひとつの教育かなと感じています。人間、何かを好きな気持ちはコロコロ変わるけど、何かを嫌いだと思う気持ちって長くその人を律し続けるんですよ。全部をどうぞご自由に、っていうのもそれはそれですごく残酷な話だと思うので、こんなことやるくらいならこれを我慢するわ、というような価値の基準を与えるというのは親のひとつの役割なんじゃないかと。

花田　私は子どもに対して、押し付けるということがすごく苦手というか、嫌われたくない気持ちもあいまって、なんでも自由に選んでいいんだよという態度を取りがちなので、ヨシタケさんがおっしゃっていること、とても興味深いです。対等な関係ではなく大人と子どもである以上、「いい押し付け」のようなものもたしかに絶対にありますよね。

ヨシタケ　大人として、まだ経験値の浅い子どもたちに、「俺はこうだけどね」「こうするといいよ」みたいな。ただ、やっぱり大人って自分の成功例しかおすすめしないから、たとえば逃げずに戦って成功した人は「逃げちゃダメだ」とアドバイスをするでしょうけど、僕はいろんなことから逃げてきて今があるので、「逃げた方がいい」としかアドバイスできない。だから大人が言ってくることはあくまで個人の感想だよということは若い人たちにちゃんと教えてあげたいですね。

花田　（笑）。下のほうにテロップで大きく「※個人の感想です」と出さないといけないわけですね。

ヨシタケ　そう、個人の感想です、って（笑）。あくまで個人の成功例。だから何が大事かというと、いろいろな成功例と失敗例を聞いて、自分には何が向いてるのかを選ぶ、その選ぶ力を育むことですよね。「あなたのその方法はちょっと採用しないな」っていう、それがはっきりしていれば逆にいい。選択肢から一個消せるわけですから。

花田　選択肢を広げる、ということを大切にされているんですね。でもほんとうに、「この選択肢しか選べないと思い込んでいたけど、こっちにも別のドアがあったのか」とハッと発見する瞬間というのは人生でも重要な一瞬です。ヨシタケさんの絵本の「感動」はそういう部分につながっているんですよね。

つい、子どもの悩みやぶつかっていることの話を聞くと「その悩みはこうしたら解決するよ」と言えるスーパーマンになりたい欲が出てしまいます。

ヨシタケ 人間、歳《とし》をとってくるとやっぱりいいこと言いたい病というか、「何か持って帰ってもらおう」といういやらしい気持ちが働くんですよ。

花田 ほんとうにそうですね。

ヨシタケ 具体的な解決策っていうのはけっこう難しい。でも「うまくいかないよな」って、その気持ちに共感できることはすごく大事。その上で、どうすればいいのかという答えが100個あっても自分が101人目だったらどれも役に立たない、という当たり前のことを自分は言ってほしかったと思う。

花田 うんうん。「こうするべき！　これで解決だ！」「ほんとだ〜、ありがとう！」っていうのは絶対無理なので、ありがちな言葉になってしまうのですが「そうなんだ、それは大変だね、つらいよね」って言うくらいができればいい、と思うしかないんだろうなって。それでも「こういうやり方もあるかもね」くらいはつい言ってしまいますが。

ヨシタケ それこそ、そういう「もうちょっと力になりたいな、って言っても何にもできないんだよな」というところも含めてみんなが通る道というか。「答えが出せなくて申し訳ないんだけど、探してはいるんだよね」という誠意だけは、ゆくゆく、最終的には伝わるんですけどね。20年ぐらいかかるんですけど（笑）。

花田 なるほど。

ヨシタケ 大人側も子ども側もすぐに結果を出したがるんだけれども、「20年前に言ってたのはこのことか」「あのときすごい探そうとしてくれてたんだな」と、誠意はやっぱりいつかは伝わるんですよね。わかってくれるんですよね。それが2、3年っていうスパンじゃないっていうだけの話で。だから、もがく側のその熱意っていうのは、今思ってるほど燃費の悪いものではないとなんとなく自分もわかっていて。

父親と仲が良くなかったと言いましたが、父は表現がうまくなかったというのがすごくあって、当時は許せなかったけど、大事にされていた、愛されていたというのは今ではわかる。だからそういう意味では20年後に向かって種をまくしかないし、子どもが抱えている問題に対してできることは入り口への案内までなんですよね。すごく核心に迫る部分というのは、逆にほっといてくれってところでもあるかもしれないですし。あとはそれ以外の気晴らしとか箸休め的な存在になれたらな、とか。突然脇腹をこちょこちょくすぐれる相手がいるっていうだけでも、全然違うじゃないですか。

花田　そうですね。つい子どもに対して正しく素晴らしくふるまおうとしてしまうのですが、まずは大人が楽しそうにする、ちゃんと楽しく生きるっていうことと、あとはオロオロしたり、ダサいところを見せたり、こっちでもないしあっちでもないしどうしたらいいいんだろうっていっしょに迷ってみる。そうあっていいんですよね。

ヨシタケ　不完全さをいかにアピールするか、ということだと思うんです。

花田　えっ……？　ダメな自分を見せてもいい、とかを超えて、もうアピールの域なんですね（笑）。具体的にいいアピールの方法って何かあるんですか？

ヨシタケ　失敗談をいっぱい話してますね。お父さん、君ぐらいのときにこういう失敗したんだよ、ほんとうにあのときはダメだと思ったよ、だけど、今こうして人の親になってるんだよ、って。失敗も今となってはこうやってネタにできるんだぜって伝えることは、何よりのプレゼント、親としてできることのひとつだと思っているので。

花田 たしかに。そう言われてみると、親の失敗談なんて聞いたことがないですね。

ヨシタケ 普通は「これだけ俺はすごかった、だからお前も頑張れ」っていうふうに武勇伝を語りたがるんだけども、それこそ将来的に、長いスパンで見たときに自分の価値を下げることにつながるんですよ。あんな立派なこと言ってたくせに、って。

花田 ヨシタケ式成長戦略ですね（笑）。でも、自分も自虐ネタのようなものとは違うトーンで「失敗を語る」というのはすごく大事なことのような気がしています。ちょっと意識的に心がけてみたいです。

ナメられる大人になる

花田 昔、インタビューでご自身の絵本をお子さんにも見せているというのを読みましたが、お子さんももうかなり大きくなられたのではないですか？

ヨシタケ　子どもは男の子が2人いて、今は中3と小4です。

花田　そうすると、もうヨシタケさんの本の対象よりは少し年齢が上になってしまってますね。今でもお子さんたちはヨシタケさんの本を読んでるんですか？

ヨシタケ　いやぁ……、だからねえ、ほんとうにうちの家族、子どもも奥さんもですけど、だんだん正体がバレてきたというか、親としての僕を知ってるんで、いいことを描いても「どの口が言ってんだ」みたいな、半笑いで見てますね、今は（笑）。

花田　そんな……!!　でもそれだけ作家のヨシタケさんとは別の顔があるということなんですね。

ヨシタケ　そうですね。まあでも、構造上しょうがないんですよ。もうちゃんと受け取ってほしいというのも無理なので。同じことでも学校の信頼できる先輩が言ったらなるほど～ってなるけど、親が言うと急にイラッとしたりすることもあるわけで。だからね、親にできることはまあないですよ。親の発言ってだけでもう参考の対象から外れますからね。

花田 たしかに、中学生あたりの子どもってなぜか親を最下位に位置づけてきますもんね（笑）。

ヨシタケ それこそ、僕は反抗期がなかったことがコンプレックスで。僕自身が当時も人一倍、こうあるべきという常識に縛られて生きていたので、反抗できる、これは違うと思えるということは健全なことだと思うんです。家族の季節としては大変な時期ではあるけど、どこかでまたフェーズが変わるから、だましだましやるしかないんですよね。

花田 もちろん子どものすべてを理解しようとするのは傲慢だと思いますし、仲良くやってほしいというのもこちらのエゴだな、と思ったりもします。その一方で観察したり話をするたびにかっこいい部分もダサい部分もあって、いろいろな発見が尽きず、面白いなあと日々感じてます。

ヨシタケさんは大人・子どもを問わず、その人のちょっと情けない瞬間やダサかわいい様子を俯瞰《ふかん》してスケッチするような本も数冊出されていますよね。今のご自身と関わりの深い10代向けの本や、10代が主人公の作品を描かれるご予定はないのでしょうか？

ヨシタケ　はい、描いてみたい気持ちはすごくあります。何かを初めて自分で決めていかなければならなくなるティーンエイジャーの子たちに何が言えるだろう、とよく考えます。まあ、「いや〜、決められないよね〜」しか言えないんですけどね（笑）。

花田　あはは。

ヨシタケ　でも、それを当時やっぱり言ってほしかったというか。みんなけっこう適当に決めてるもんだし、とりあえず何かやってみて、ひどい目に遭って、それで一個ずつ選択肢を減らしていくっていう作業をするしかないから。

花田　たしかに、それはそうですね。「ちゃんと考えて決めなさい」と言われても、その先を知らんしなあ、というモヤモヤはありました。

名著と言われている哲学者・池田晶子さんの『14歳の君へ　どう考えどう生きるか』の装画を描かれていましたが、それこそヨシタケ式「14歳からの哲学」があったら読んでみたいです。そんな新境地もまた、楽しみにしております！

作家

窪 美澄

「子持ちの恋愛」

自分の物語を子どもに負わせるべきじゃない。

『ははのれんあい』（KADOKAWA）

シングルマザーの母・由紀子と双子の弟たちを支えるために、みずから一家の大黒柱となったのは長男の智晴だった。今を懸命に生きる家族を描いた感動の物語。

窪 美澄（くぼ・みすみ）

1965年東京都生まれ。2009年「ミクマリ」で第8回女による女のためのR-18文学賞大賞受賞。受賞作を収録した『ふがいない僕は空を見た』で11年に第24回山本周五郎賞受賞。12年『晴天の迷いクジラ』で第3回山田風太郎賞受賞。19年『トリニティ』で第36回織田作之助賞受賞。22年『夜に星を放つ』で第167回直木賞受賞。

親たちの恋愛事情

花田　『ははのれんあい』、読ませていただきました。私は「はは」ではないんですけど、今交際している男性がシングルファーザーで、子どもがいる人との恋愛のことでいろいろ考える立場だったのもあって、とても興味深いテーマでした！

窪　シングルペアレントの人は恋愛もすごく自然なこととしてあるだろうし、どんどんすればいいと思います。でも、既婚だとトラブルも多いので、できれば離婚してからのほうがいいとは思いますね。ただ、小説の世界では不倫NGとはあまり言いたくないんです。配偶者のいる人が恋愛をするということはありうることだから、その心の動きを否定したくないというのがまずありますね。

花田　既婚者の恋愛といっても、この小説に出てくる智久（主人公・由紀子の夫。のちにタイ人女性カンヤラットとの浮気が発覚し離婚）の場合みたいに小さい子どもがいて家族に隠しながらしている恋愛と、もうすでに家庭が崩壊していて離婚に近い状態での恋愛というのではまた全然違いますね。

窪　親の年齢と子どもの年齢によっても状況が変わりますしね。

花田　若い頃は恋愛というのが若者の特権であるように感じていましたが、今は離婚も増えているし寿命も長くなって、社会的にも中高年の恋愛が当たり前になってきました。にもかかわらず、恋愛と子どもの問題についてはあまり語られていないような気がするんです。

窪　シングルマザーの恋愛が、継父が子どもを虐待するというようなニュースでばかり取り上げられると「シングルマザーなのに恋愛なんかするから」というような非難の論調に傾きがちで。穏やかな恋愛はもっと普通にあるのに、不倫やシングルマザーの話になるとみんな色をつけて語る感じがしていますね。

花田　たしかにそうですね。

窪　『ははのれんあい』でも、妻子を残して浮気相手の元に走った智久が悪い、という感想がすごく多くて。智久はたしかに悪いのだけど、そもそも恋って仕方がないものなんじゃないかな、っていうのが大前提としてあって。子育て中の大変な時期でも、人を好きになってしまう瞬間が人生の中にはあるんじゃないかなと思います。

ただ最近は、それを言うと自分がすごく前時代の人のような気がしてしまって。今は恋愛が多様化しているし、そもそも恋愛しない人も増えてるから、すぐに誰か別の人を好きになるという肉食的な恋愛は昭和の残骸みたいで（笑）。

花田 智久をダメ男だと断罪するのは簡単で、それがネット上の話題なら「こいつはクズ」とコメントをつけて終わりにできるのですが、現実世界だと誰かをクズ認定したところで生活は続いていくし、子どもの親であるということも変わらないわけで。

個人的には、離婚と再婚を経て成長する智久の変化は読み応えがありました。成長したからこそ、元の家庭の息子である智晴にも面と向かって謝罪することができる。そういうふうにしか生きられなかった姿を偽らずにさらす覚悟というか。

不倫・離婚という「事件」にばかり目が行きがちですけど、現実を生きる当事者にとってはその後の関係性のほうが大事かもしれません。

窪 私くらいの年代だと、卒婚という新たな展開もあって。配偶者に愛情は全くないけれども、生活のパートナーとしていっしょに暮らしている人たちも増えてるんですよね。そうなってくると、表面上は既婚という形を取っているけど、家の外で恋愛しますよという人も増えてくるんじゃないかな。だから今の時代って結婚観が揺らいでる時代だとは思いますね。

花田　これまでずっと蓋をしていた矛盾が、ワッと表に出てきているような感じがします。

親の離婚を経験する子どもたち

花田　作中では、智久の不倫によって妻や子どもは傷つくわけですが、個々の悲しみとはまた別に「不倫をしている父親は恥だ」という社会的風潮ゆえに傷つけられている面もあるのかな、と思いました。

窪　それはありますね。私も両親が離婚しているのですが、やっぱり自分が子どもの頃ってなかなか言えなかったですね。今はちょっと言いやすくなっているかなって。

花田　自分のパートナーの子どもたちも、シングル家庭であることをまったく気にしていないように見えます。それは時代の問題もありますが、親がそれを恥とかつらいことだと思ってるかどうかも大きいのかも。

窪　それはあるでしょうね。子どもって親が楽しそうなのがいちばん幸せだという気がしていて。いろいろ大変なことはあるけど、大変な顔をしてると子どももそれを感じ取ってしまうから。

子育てと別に自分の人生に楽しみを見つけていくっていうのは全然アリだし、その中に恋愛が含まれてもアリじゃないかなって。

花田　智晴が父を憎んでいるのは、母である由紀子のつらさや、由紀子の夫への怒りを映し鏡のようにして育っていったからでしょうか。

窪　ああ、それはですね、この本って第一子の物語だと思っていて。自分自身の経験でも、私には弟が2人いたので、両親が離婚したあと彼らの面倒を見なければならなかったり、歪《ゆが》みっていうのはやっぱり子どもの誰かにいくんだというのを書いておきたかったのもあります。

花田　小説の核心でもあると思うのですが、智晴が母の新しい恋人に「母を幸せにしてください」と言うシーンは、最初は複雑な気分で読んだんです。子どもにそんなにまで背負わせているということに、由紀子の立場から罪悪感を感じてしまって。けれどもう一度読んでみて、やはり「この親子はこうやってお互い一生懸命やっていくしかなかったんだよな」と思えて。

窪 なるほど。あの言葉は自分からすると、智晴の母離れ宣言という感じで書いてたかな。もう一旦お母さんの面倒見るのは終わり、あとはあなたに任せますよ、と託したというか。

花田 ああ、そうか！　たしかに。

窪 シングルペアレントの恋愛でいちばん難しいのは子どもが思春期のときかもしれないですね。

花田 家族って恋愛して結婚した末にできるものだったりもするのに、親の恋愛の話もタブーで、子どもの恋愛もときに「彼氏ができるなんて許さんぞ」的に封じ込められたりすることがそもそも矛盾しますよね。

窪 日本人特有の変な照れ方がありますよね。もうちょっと子どもの前でも柔らかい関係性を見せてあげてもいいのかなって気がしますけど。

花田 窪家では母と息子のあいだで恋愛の話はオープンなんですか？

窪 息子がどんどんしてくるんですよ（笑）。でも、その一方で、私が元の旦那さんの悪口とかを言うと「その話はもう聞きたくない」ってすごくはっきり言っていましたね。

花田 えーっ。大人ですね。

窪 そう言われて、自分の物語を子どもに負わせるべきじゃないんだとはっきりわかりました。元旦那が憎いとか、ずるい人だったたっていうのは私だけの物語なんだなと思って。息子にとってはそうじゃないわけで、彼の人生の物語を尊重するために、それ以来言わなくなりましたね。

時代とともに変わってゆく、恋愛と家族のかたち

窪 この小説の舞台設定は80年代頃をイメージしているのですが、今よりもっと社会的な抑圧は強くて、実際には子どものいるシングルの人は恋愛する余裕すらなかったという時

代じゃないかと思います。

花田 一方でこの作品に登場する家族は、再婚後の家族ともゆるくつながっていたり、父の不倫をなかったことにするのではなく未来へつなげていたり、今の新しい家族観や恋愛観へと通じる物語だとも思いました。
もう今は核家族への幻想がなくなっていて、家族が閉塞しているとよくないとみんな実感していますよね。ある程度他人が入り込んだり、流動的なほうがうまくいくんじゃないか、と思ってるような。

窪 ちょうど去年の緊急事態宣言のときくらいのことだったんだけど、うちのマンションのエントランスでずっと泣いてる男の子がいたんですよ。どうしたのって声をかけたら、お父さんに叱られて入れないって、その子がぽつぽつと語り始めて。おうちには新しいお母さんと赤ちゃんがいるからもう僕はいらないんだ、元のお母さんは隣の駅に住んでいて、会いたいけど会えないんだ、ってことを繰り返し語ってて。ああ、自分のそばでもこんな現実が転がっているんだな、って思ったんですよ。
結局家までいっしょに行ったんですが、バタンってドアを閉められたらもうドア一枚先の地獄ってわからないじゃないですか。

花田　コロナ禍で家族が家にいる時間が増えたことで、ＤＶや子どもへの虐待が増えているという報道もありましたよね。

窪　家族関係が閉ざされて、悪いところが地下に潜って深くなってるなって感じがしますね。子どもがそういう目に遭うっていうのはどうしても耐えられないです。

　自分の場合は離婚したとき、子どもには父親と会いたいときに会っていいよって伝えたけど、そうじゃない人もいるでしょうね。

花田　ＤＶなどがある場合は安全のために切り離すべきですが、配偶者との関係がこじれていたり、あるいは再婚を機に新しいパートナーに慣れてほしいからという理由で、元のパートナーと会わせないようにしようというケースも多いとか。子どもが小さいとそれでごまかせると思うのかもしれないけど、そんなに簡単に操れるものじゃない。

窪　家族っていう枠組みを強固なものにするんじゃなくて、なるべくゆるーくしといたほうがいいと思うんですよね。昔ってもうちょっと斜めになれる関係があって、親には言えないけどおばあちゃんには言えるとか、あのおばさんには言えるとかっていうのがすごくあったと思うんです。昔に戻れということではなく、男女問わず全然関係ない人間でも、そういう立場になれたらいいのになと。だからさっきのできごとでも、ココアぐらい出してあげるから息抜きに来なさいよ、って言えるゆるい関係を作れたらなって思いましたね。

花田 ほんとうに。他人が家族に入っていくことで、風通しがよくなったらいいですよね。

子育てをしながら幸せな恋愛をするために

窪 シングルペアレントの恋愛には「家事や子育てを放棄して恋愛にうつつを抜かしている」という偏見があると思うんです。でもそもそも子育てって、毎日食事を与えて清潔な服に着替えられるくらいのラインでもいいんじゃないかと私は思ってるんですよね。

花田 由紀子が離婚後に追い込まれていくのは、日本の福祉のひどさもありますが、やっぱり由紀子自身の完璧じゃなきゃ、という気持ちも強かったのかなと。個人差もあると思いますが、女の人のほうが合格ラインを高く設定しているように感じます。お互い小さい子どものいる中での恋愛だと、やはり同居・結婚というかたちになるのが自然だと思うので……そうなると家事の合格ラインのずれとか、困難が増えますよね。

窪　花田さんの本にも書かれていましたけど、サポートメンバーになるという選択が素敵な気がしたな。やっぱり家に入り込んでいってガーッと掃除し出したら、子どもたちの中には女の人というのは怒りながら掃除している人という先入観が生まれるわけだし。彼らがどんな価値観を持ってどんな恋愛をするかは花田さんによって変わってくるというか。

花田　そんな！　責任重大ですよ（笑）。できるだけ肯定してあげよう、と心がけてはいるのですが、そうすると今度は甘やかしすぎてダメ男にしてしまうのではないか、と心配が尽きないです。

窪　（笑）。でもね、きっといい男になると思うな。やっぱり「いい男の人＝いろんな価値観にさらされてきた人」だと思うんですよね。これだけ世界が変容した今は、多様な価値観にどれだけ出合ってきたかっていうことが大切で。私自身も両親の離婚を経験する中で「人にはそれぞれ事情があるし、いろんな選択肢がある」ってことを学んだから、自分の息子にもそういうふうに思ってほしいし、花田さんのところも今まさにそうなんじゃないかな？

自分のお父さんも花田さんって人の前ではこういうふうになるんだ、って、お父さんへの新しい発見みたいなものもあるだろうし、それを吸収してすごくいい感じで育ってるんだろうなって。

花田 わあ……ありがとうございます。

窪 子育てって時間切れでわかんないまま突っ走っちゃうこともあると思うんです。でも実はね、振り返って謝ることもできるんですよね。あのとき、あなたの気持ちをわかってあげられなくてごめんねって。だから追いかけてそう言えるってことをわかってたら、間違っても大丈夫、って、気が楽になるんじゃないかな。

花田 間違ってもいいんだよ、なんてことはいくらでも言われているはずなのに、やっぱり……実際に取り組むと100点でなければって思ってしまって。

窪 多様な価値観に触れるという意味でも、親の恋愛もね、ないよりあったほうがいいのかもしれない。

花田 親も自分の幸せを考えていい、と思う一方で、恋愛に夢中になって子どもが見えなくなってしまうパターンもあるのかもしれないですよね。それを思うと、〝親の恋愛いいじゃない〟、と手放しでは言い切れないのかな。

窪　やっぱり難しいのは家に入れるタイミングですよね。子どもにとっては、親が恋愛しているかどうかということ自体よりは、その恋人が家に来る関係なのかどうかというところが大きな分かれ目な気がして。海外ドラマなんかだと、シングルマザーはよく恋愛をしているけど、恋人が夜に家に来ても子どもが起きる前に帰らせたりしていて、その人が継父になるところまでは性的な関係があることを絶対見せないんですよね。だから、そういうキッパリとした線を引くのも、場合によっては必要かもしれないですよね。日本の住宅事情だと難しいかもしれないけど。

でも家に入れるタイミングでは、この人はどういう人って少なくとも説明するべきかな。いきなりぬるんと入ってくるのって、ちょっと怖かったりするじゃないですか。

花田　そこが照れ半分でないがしろにされがちかもしれませんよね。何かよくわからんけどいる、みたいなのはよくないと思う。その子どもが「自分が尊重されている」って思えたらいいですよね。

窪　それですよ、それです。

花田　「今からこういう人来るけど、嫌だったら言ってね」とかでもいいし、「○○ちゃんといっしょにごはん食べたい、って来てくれるんだよ」みたいなやりとりがあるだけでも違いますよね。あと、親が「聞いてくれるなよ」みたいな空気じゃなくて、子どもがそのことについて話しやすい雰囲気だったらいいですよね。何気なくおしゃべりするように話し合えたら。

窪　子どもってわかってますから、意外と。言葉を尽くすとわかる。もしわからなくても、言葉を尽くしてくれたって大人のことを汲んでくれると思うんですよね。聞く権利もあるし。

花田　そういうところから細やかに始めていくっていうのが、子どもがいる状態での恋愛をうまく続けていくコツなのかもしれないですね。

作家

山崎ナオコーラ

「家事と生産性」

主婦も主夫も介護者もニートも社会人ですから。

『むしろ、考える家事』（KADOKAWA）

家事時間をマイナスなものとしてではなく、むしろプラスなものに！　料理、掃除、洗濯、子育て……日常の家事の時間に考えたいことを綴《つづ》った、新しい視点のエッセイ。

山崎ナオコーラ（やまざき・なおこーら）

性別非公表。2004 年にでデビュー。著書に、『母ではなくて、親になる』『ミライの源氏物語』など。目標は、「誰にでもわかる言葉で、誰にも書けない文章を書きたい」。花田さんが店長のお店に3店舗行ったことがある。

家事は社会参加だ！

花田 『むしろ、考える家事』読ませていただきました。お子さんが生まれて育児のことを書かれる方は多いですが、そこで家事に焦点を当てるというのが新鮮でした。ナオコーラさんの「家事をやっていて外とつながる仕事をしていないと自分だけが取り残されてしまって損に感じる。けれど家事を減らすことを考えたり無駄だと捉えるのではなく、家事をがっつり考えることで取り返してやる」という復讐のような視点を見つけられただけで、もうすでにこの一冊を買った価値があるように感じました。

山崎 復讐というか、革命というか。よく、「女性の社会参加」とか「育児後の社会復帰」という言葉を聞きますが、おかしいと感じていて。休職中の家事や育児も社会なんじゃないかと。

花田 うんうん。

山崎 主婦も主夫も介護者もニートも社会人ですから。だから社会参加とか社会復帰って言葉を使うのはおかしいなと思っています。

花田 たしかに、今まで何も考えずにその言葉を使っていましたが、ほんとうにそうですね。

山崎 家事が社会から外れているものではなくて、社会を作っているものだと考える世の中にしたいし、自分もそういう自覚を持ちたい。私自身も、この本の執筆を通してそう思えるようになったので、復讐を果たす、という意味では果たせたと思います。

花田 なるほど。家事を、「時短」「なるべく減らす」という視点でなく、かつ「ていねいな暮らし」の文脈でもなく、「考えてみる」というのは新しいですよね。

山崎 家事について考え始めたのは親になってからですが、単純に今までより負担が大きくなったんですよね。この重い家事は何なんだ、この無駄に思える一時間は何なんだ、っていうことをすごく考えました。でも「時短」というような方向性で、家事の時間が損という考え方を続ける限りは、外に出て仕事をしているもうひとりの親や他の作家友達への悔しさがなくなることはない。この悔しさをなんとかするには、もう価値観を変えるっていう大変革がないとだめだなと気がついて。

花田 悔しさ、がまずあったんですね。それは家事をしているあいだに自分の収入が減ってしまう、というような経済的な問題からの焦りや怒りもあったんですか？

山崎 以前より収入は減っていますが仕事は休まず続けていまして、もうひとりの親と比べても、多く稼げているかなと思うんです。それでいて、家事も私の方が多くやっているので「分業」じゃない。買ったマンションの名義はもうひとりの親にしたのですが、自分がずっと多く出してきた賃貸料とか食費とか生活費は何の資産ともカウントされずに消えていくんで、面白い関係だなって。

花田 不公平だとは感じませんでしたか？

山崎 いや、不公平でいいんです。20～30年前まで成り立っていた、家庭を会社のように、働く人／家事をする人、と分業して運営していくという考え方がもう成り立たなくて、そう考えることをやめなきゃいけないと思っています。何かを運営する「パートナー」ではなく、ただの人間関係なんだと。

花田 ナオコーラさんはどの時点で「自分のお金はもういい」と覚悟が決まったのでしょうか？

山崎　お金の時代はもう終わって、今の子どもが大きくなる頃にはＡＩとかロボットとかが発達して、新しい職業がどんどん出てきたり、ベーシックインカムの導入で仕事の概念が変わって、趣味中心の生活になっていくのかもしれないし。今、社会が大きく変わっていってると思うんですよ。そうすると、お金を誰が稼いでるかっていうのを重要視したり、自分の家事を労働としてお金に換算しようとか、そういう考え方は廃《すた》れていくんじゃないかなと思ったから。

花田　みんながそう思えたらいいのかもしれないですけど、たとえば家に入れるお金の割合が1対9で、さらに家事分担がお金をたくさん出してる人に偏っている状態だと、納得がいかなかったり、怒りを感じる人も多いのではないでしょうか？

山崎　それで今うまくいかないという人が多いと思います。だからこそお金とか仕事とかのイメージを変えていかなきゃいけないと思う。

花田　なるほどなあ。でも、私はやっぱり自分でお金を稼いでないと不安だし、家族というものをそこまで信じられないかも。そんなふうに達観できるのがうらやましくもありますが、いつでも自分が一人で生きていけるだけのお金を確保しておきたい。

ナオコーラさんは今、収入もあって家事能力も高いから、ある種の達観というか、譲るような視点で、「会社みたいに考えなくていいんじゃないか」っていうことを発言できる立場にあるのかもしれないんですけど、私は自分がお金もなくて生活能力もない立場だったら、やっぱり苦しいな。

山崎 そうですね……私が思っているのは、その社会システムに問題があるってことですね。いちばんの問題は、労働時間が長いことだと思うんです。日本の今の社会で基準とされてる労働時間がすごく長いから。特に乳幼児がいる人は、それをこなした上で家事をやるのは無理。大人が二人いてもこなせないんですよ。

花田 それはほんとうにそうですね。個人の力量や努力でどうにかできるレベルじゃない。

山崎 「仕事する」人は誰かに家事をやってもらえる前提になってしまってると思うんです。それをなくさない限り、不平等感とか家事のストレスはなくならないと思う。基本の労働時間が少なくなったり、仕事と他のことを両立する生き方が社会に浸透したりしたら、ストレスが少なくなっていくんじゃないかなあ。

花田 たしかに。実際に、コロナ禍でみんながちょっと働き方をセーブするようになったと思うんです。自営の飲食店の方などはそれとは違う深刻な問題に直面していますが、企業でいうと、たとえば書店でも今までは昨年度との売上比が、目標数値が……という世界だったのですが、もう頑張ってもしょうがないな〜、という空気を企業の中にいても感じるというか。

山崎 ああ、もうそういう数字の意味がない、と。

花田 「もうなるようにしかならない」という空気というか。「残業をたくさんしたほうが偉い」的な価値観は近年どんどん弱まってはいましたが、この1年で決定的にひっくり返された感じはありますね。

山崎 企業自体も、基本の仕事というものの捉え方が変わっていくんじゃないか、ってことですか？

花田 コロナ禍収束後も企業は当然利益を出すことを掲げるとは思うんですが、社員の人たちは前みたいにそこに乗っていけるのかな、って。他人事《ひとごと》みたいですが、もう売上や利益にモチベーションを持てなくなってしまうかも、と思っています。歩みを止めたり、ゆっくりすごしたりと、何かを消費すること以外の良さを知ってしまって。

山崎 そうですね。環境破壊も進んでいるから、大量生産・大量消費をやめようっていうムードになってきているし。どんどん作って、新しい広告を出して、どんどん売る、みたいなやり方もなくなっていくのかな。

家事とスマホゲームの効果は同じ？

花田 エッセイの中の「つくろいもので癒される」に特に共感しました。私も繕い物をするのがすごく楽しくて。

山崎 いいですよね。私は今ダーニングというものにハマってるんですけど。

花田 服の擦り切れや破れをあえてカラフルな糸で補修する、最近のムーブメントですよね。私もパートナーの子どものズボンがよく破けていて、その破れを繕っているうちに、これすっごい楽しいな〜！　って思えてきて。もっとどこかに穴があいてる服はないかって探すようになりました（笑）。

山崎 穴があいてるものを見つけるとうれしいっていう感覚はすごくわかります。破れたところを糸で縫うのを自分のセンスでいろんな色でやっていると、より可愛くなったんじゃないか、と思えて楽しいです。でも、まあまあ時間もかかるんですよね、穴を繕うのに30分とか……。エッセイ書いてお金稼いだほうがよっぽどいい服買えるし、意義があるんですよ（笑）。エッセイより縫い物のほうが絶対に下手だし、なのにそれをやってるっていうのが不思議なんですけど、これが人間なのかなって。

花田 たしかに。人間らしさがありますね。

山崎 あと、なんでダーニングみたいなことを急に始めたかっていうと、ＳＤＧｓとかにすごいかぶれて（笑）、あれこれ考え始めたから。でも企業だけじゃなくて、消費者も頑張っているし、企業努力よりも主婦や主夫の努力のほうが、環境問題を変えられるんじゃないかって思うんです。だからやっぱりこれも社会活動ではあるんじゃないかな。

花田 それはすごく共感します。「家事で社会を変える」っていうワードだけだと抽象的な気がしてしまうけど、そうやって企業の壮大なポリシーよりも、自分が針と糸を動かすことが社会を変えるのだ、と考えると腑《ふ》に落ちます。それに、そういう手仕事には心が落ち着いたりアイディアが浮かんだりする効果もありますね。

山崎 そうですね。

花田 料理の献立を考えるのはスマホのパズルゲームみたいなものだとエッセイで書かれていましたが、私は、やっぱり料理や縫い物という家事にはスマホのゲームだと得られない効果があるんじゃないかなと思っています。

山崎 私はスマホのゲームと同じだと思ってます。どのあたりが違うと思いました？

花田 実は最近、スマホのパズルゲームにハマって中毒みたいになってしまったんですけど、ほんとうに虚無の極みなんですよ。特にやりたくない仕事から逃避するために連続で6時間ぐらいやっていたときは、もう自分が嫌になってしまって……。

山崎 （笑）。

花田　ダーニングをする時間は自分のことを嫌いにならないと思うんです。スマホのパズルゲームは生きることにつながっていないからじゃないかなって思ったんですよね。だからこそ、逃避行動としてはすごく効果的なんですけど。

山崎　そう聞くと、逆にスマホゲームって素晴らしいんじゃないかって思えてきました。なんでそこまで、というくらい大勢の人がやっているわけだから、ほんとうは人間に必要なんじゃないかって気がします。

花田　いやいやいや（笑）。でもたしかにパズルゲームが素晴らしい可能性はあって、気がかりなことがあるときに皿洗いなら手を動かしながら考えが進むけど、ゲームは6時間やったらただ6時間が消えるだけなので、たとえばほんとうに考えたくないつらいできごととかがあったときに、ゲームだけができることっていうのもあるんじゃないかなって思って。

山崎　ああ。そうかもしれないです。

花田　つらすぎて根本的な解決を目指す気力もなかったりする瞬間とか、とにかく一時停止したいっていうときには有効かも。

山崎 大学の後輩が仕事を辞めた時期に、ずっと酒浸りだったらしいんですけど、お酒があったから生きてこられたと言っていたんです。その後普通にまた仕事を始めて、そんなにお酒も飲まなくなったんですけどね。依存は怖いものだということは忘れちゃいけないんだけど、無為に過ごす時間を要するときって、人生にはあるのかもしれなくて。そういうときはやっぱり家事じゃないほうがいいのかもしれない。

花田 鬱のときにアイドルグループに出会って死なずに済んだとか、そんな話もよく聞きます。でもしっかり自分の人生を生きていくことを考えたときに、アイドルと酒とスマホゲームだけだとやっぱりダメで、何かそこには、料理をしたり服を繕ったりお皿を洗ったり、そういうことも必要というか、生活という栄養が必要なときもあると思うんです。

山崎 そうですね。要はタイミングなのかもしれないです。鬱のときって本が好きな人でも漫画しか読めなくなったり、重い話が読めない時期があったりするじゃないですか。でもずっとそれでいいわけでもなくて、違うタイミングが数年後には来るから。

花田 それはありますよね。

山崎 だから……全部タイミングなんだって思うと、何だろう……私が乳幼児の世話と家事に追われている5年が、もしかしたら無為に過ぎたとしても、それはほんとうに、完全に無為なものでもいいのかもしれないですね。私は家事をすごく有意義にしようとしてたけど、もしかしたら完全に無意味でもいいのかもしれない。っていうのを、ちょっと今、思いましたね。

花田 そんな、作品のテーマを根本から覆すようなことを……!?（笑）
　でも、そもそも家事に追われていない気楽な立場の自分からすると、家事・育児に追われる5年というのは、無為どころかむしろ充実しているように思えてしまいます。それはもしかしたら「家事をやってる人は偉い」というような憧れが乗ってしまっているからかもしれないんですけど。

山崎 そうなのかな。でも、たしかに自分でも不思議なのは、私は高齢出産なので、家事や育児をしている人に対して何か負い目のようなものを感じていた時期が長かったような記憶があるんですけど、今はむしろ『一人暮らしのライフスタイル』とか『仕事で人と出会う』というような本の方がキラキラして見えるんですよね。

花田 面白いですね。自分に欠けているものを渇望する、ということなんでしょうか。

雑談が足りない、余白が足りない

山崎 もうひとりの親から「今日は職場でこういう人と会って雑談した」「同僚とこういう雑談をした」みたいな話題が出てくるんですけど、正直すごくうらやましいんですよ。

花田 うんうん。

山崎 今はコロナ禍だから、仕事の打ち合わせも激減して、大人同士の会話っていうのがあまりなくて。だから、「うわー！　ちょっとした雑談とか、やってるんだ！」みたいな（笑）。すごいうらやましいし、雑談が人を人たらしめるんだ、と思ったりして。

花田 それまではよく友達や仕事仲間と飲みに行っておしゃべりしていた人でも、今は雑談の機会がないというケースがすごく増えてますよね。何でもないような雑談っていうものにみんなすごく飢えている気がして。自分も、たまに何人かでご飯に行ったりすると、異常なテンションで盛り上がっているというか。飢えてますね。

山崎 ほんとそうです。私すごく、今楽しい。

花田 えっ！　よかった〜！（笑）

山崎 ひとりでいると、この対談を始めたときみたいに、ロボットとかＡＩとか、社会がどうの……みたいなことをガツガツ考えているんですけど、しゃべっているうちに……こう……考えが柔らかくなっていったというか。なんかやっぱり人としゃべるっていいなと。

花田 小さいお子さんがいる方から、社会から自分が遮断されてるように感じる、子どもとだけしか関わってなくてしんどい、というような話ってすごくよく聞くんですよね。だから、家事の問題とは別で、何かそういうのを解消できるシステムというか、何かがあればいいんですが。

山崎 そうですね。家事の中には雑談がないっていう問題はけっこう大きいですね。大人との雑談がない。

花田 ママ友とか……？　となると、今度はそこが過剰になって、ママ友との関係性がつらい、みたいな問題も出そうですね。雑談で済めばすごくいい関係なんだろうけど、自分で選べる関係性じゃないから、ときにはしんどさを感じることもあったりするのかなあ。

山崎 でもそれは会社もそうですよね。

花田 たしかに……。でも友人や家族より、それくらい距離のある人との雑談のほうが心地いいときもありますね。がっつり本音で話すこととは別に、好きなものや価値観が全然違う人と、ちょっと軽くしゃべったりするのもいいですよね。最近よくラジオを聴くんですけど、お笑い芸人さんがやってるような深夜の2時間くらいの番組って、聴き終わったらもう忘れてるような内容なんだけど、でも重要な話を2時間聴くよりもその余白のようなものが心地いいのかもって思って。

山崎 ああ、それって、リアルの本屋さんに行くと、自分が思ってもないものが目に入ってきたりだとか、何か全然違う気分になって、買おうと思ってた本と違う本を買っちゃったりだとか、ちょっとそういうこととも似てますよね。

花田 たしかに。自分の予定してないものが入ってくる楽しさというか。この『むしろ、考える家事』も余白があるのがいいなと思うんです。「こう考えろ」と促されるわけではなくて、自分の気持ちがいろんなところに入っていく余地があるというか。自分の場合はこうだなって考えを広げてみたり、本のエピソードから全然関係ないことを思いついて、そういえばこれってどうなんだろうと考えが本の外に飛んだりしていく心地よさを感じました。

山崎 それはすごくうれしいです。

花田 自分の感覚が開かれたというか、家事について語ってもいいんだなって。しかも時短とか、こうやったら楽だよっていう語り方じゃなくて、何の家事が好き？　とか、この家事のときの、このパズルみたいな感覚面白いよね、みたいな話で盛り上がれたら楽しいですよね。今までは仕事の話、配偶者や家族の話、あとは趣味だったり好きなコンテンツの話とかで盛り上がるというのが定番でしたが、そういうふうに家事の話で盛り上がってもいいよなって。

山崎　そうそう。家事って、どうしても何か愚痴とか、どうやったらうまくできるかという話しかできない分野という雰囲気があるじゃないですか。ほんとうはもっと情緒のある話とか、人間らしい話もできる分野なんじゃないかなと。

花田　家事というよりは育児の話になってしまうかもしれませんが、本書の「子どもに何かしてやったときに『ありがとう』を求めてはいけないと思う」というところもとても共感しましたし、面白かったです。私も実の家族ではない関係性ゆえに、パートナーの子どもに「ありがとうと言え！」と教育したほうがいいのかどうか悩んでしまうので。

山崎　作家の仕事でも、読者からの感謝とか感想を求めて書いたらだめと思うんです。それと同じで、家事でもありがとうと言われることを求めちゃいけないんじゃないかと。でもそのことと教育は別だから、言えるようになってほしい気持ちもあるし。

花田　うんうん。挨拶についても書かれていましたね。

山崎　挨拶については私も悩んでいて、うちの子どもも挨拶がうまくできないことが多くて、「挨拶って何なんだろう」ということをよく考えます。

ありがとう、っていうのも変な言葉ですよね。「障害」のある子に特にありがとうをきちんと言えるように教えよう、という話をときどき聞きます。にっこりとありがとうを言えるようになると、みんなが助けてくれるから、と……。

花田　なるほど。それは……うーん。

山崎　それでいいのかなって。ありがとう、という言葉は言われるほうはもちろんうれしいけど、ありがとうを言う回数が多いのに言われることは少ないという人もいるわけで、自分だけが一方的に「ありがとう」を言い続けることは、それは負担なんじゃないかと思うときもあって。だからほんとうは慎重になったほうがいい言葉ですよね。言えば言うほどいい言葉なわけじゃなくて。どう扱えばいいんだろうって、まだ自分も考えの途中です。

花田　たしかに。障害のある方のことで言えば、生活保護などもそうですが、そもそもどんなに性格が悪い人でも助けるのが当たり前、という社会にしていかないといけないじゃないですか。愛想がいい人やへりくだる人だけを「助けてやる」という態度であってはならない。ただ、もし自分が障害のある子どもの親だったら、その子がうまくやっていくためのライフハックとしてそういうことを教えなくちゃいけないかもしれないですよね。

でもそれは、深い意味ではその子を否定することになってしまう。

山崎 そうですね。ほんとうに。

花田 その理想の社会に、少なくともこの10~20年ではならないだろうなと思うので。何が正しいのかってすごく難しいなって。その難しいままを子どもにも伝えられたらいちばんいいのかもしれないですけど。

山崎 うんうん。

花田 子どもがありがとうを言わないときに、言いたくない理由というか、感覚がわかるんですよ。でも、その共感ベースになってしまっていいのか、そこをわかってしまわずに「言いなさい」と鈍感に押し通してしまうのが大人としての仕事なのか。悶々としてしまいます。

山崎 これは完全に同じ葛藤があります。教育的に考えれば、ありがとうと言える子ほどうまく生きていける。それはもう確実じゃないですか。「障害」のある子でもそうでない子でも、ありがとうって言える子ほど、いい教育が受けられるし、いい仕事ができるから、そうなってほしい気持ちは確実にあるんだけど、それを言っていいのかみたいな。

花田 そうなんですよね。難しいです。

山崎 社会としては、花田さんの言うとおり性格の悪い人にも優しくしなきゃいけないっていう社会にしたいですよね。

花田 でも、この葛藤を共有できただけでもうれしいです。

山崎 私も。

花田 ナオコーラさんの別の本ですが、『ブスの自信の持ち方』、この本もとても好きな本です。その中で「これからの時代、顔の価値は下がる」ということを書かれていましたが、今ほんとうにそうなってきていますよね。YouTubeの世界でも顔を出さずに自分をアニメ的な動くアバターで表現するVTuberというものがひとつのジャンルになっていて人気があるのですが、ご存じですか？

山崎　いえ、知らないです。

花田　その世界では昔のように「ほんとうはブスだからアニメの顔で隠す」という感覚ではなく、アニメの顔で自分を表現したい、それが自分にとって自然である、ということがもう揶《や》揄《ゆ》なしに普通に通っているみたいです。だから、肉体の顔ってべつに大事じゃないというか、ちゃんとそういう時代になったんだなあ、と思って。

山崎　すごく面白いですね。時代は変わってるんですね。希望が持てます。

花田　ナオコーラさんの予言が当たったぞ、ってちょっと思ったりしてるんです。

山崎　でも『ブスの自信の持ち方』を書いていたときから、かなり時代が変わった気がして。2年、3年でどんどん変わりますね。思ってもない未来が来るかもしれない。

花田　だから家事も、このあとどう社会が変わっていくんだろう、ナオコーラさんの予言当たるかな、って思いながらこの先の変化を見るのを楽しみにしています。

エッセイスト メレ山メレ子

「恋愛の教科書がない時代に」

パートナーと戦友みたいになるというのはひとつの理想形。

『こいわずらわしい』

（亜紀書房）

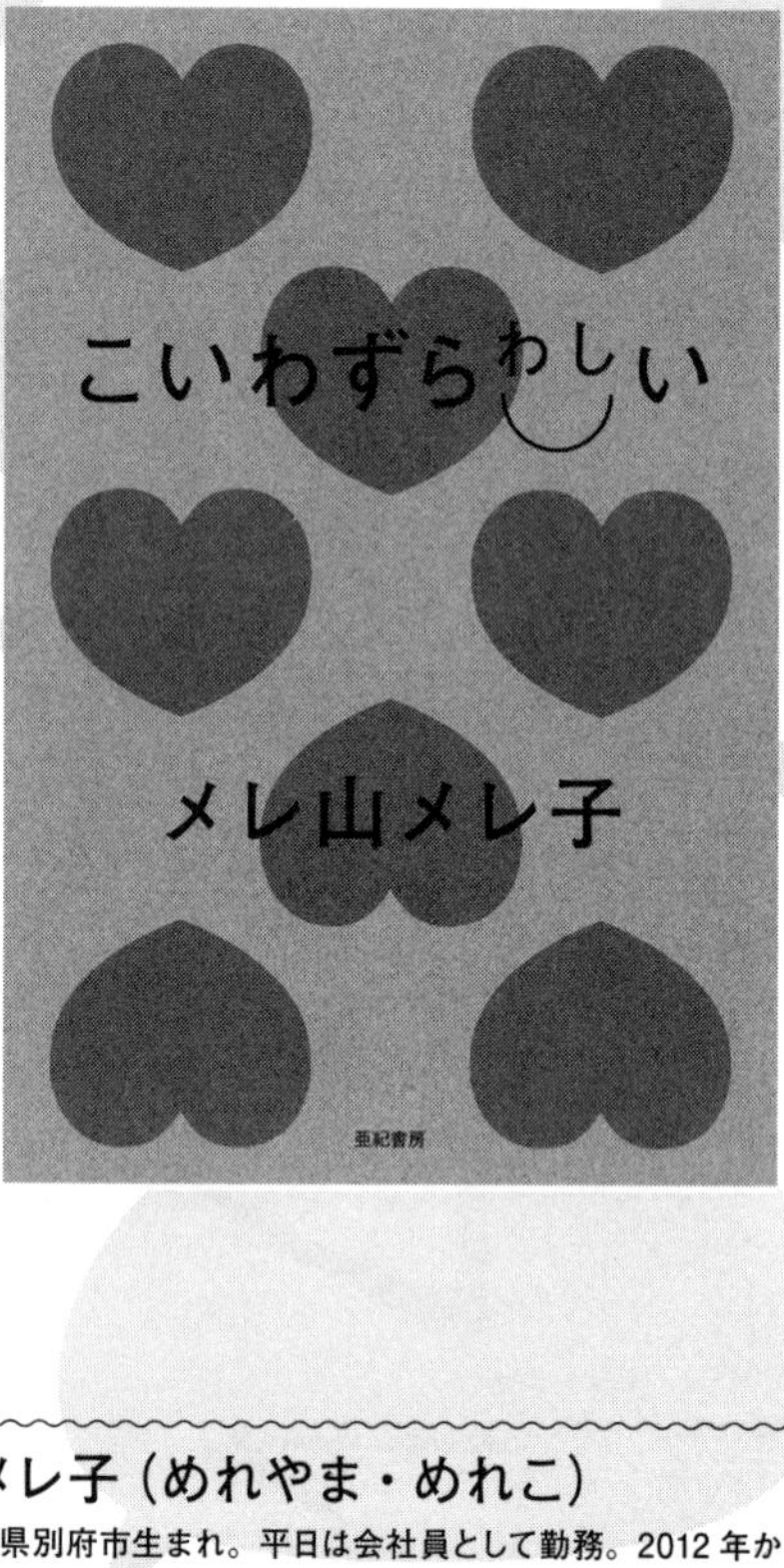

恋愛に振り回されたくない反面、恋に恋する気持ちを捨てられない……。恋と愛のエピソードを丹念に綴った恋愛フィールド雑記集。

メレ山メレ子（めれやま・めれこ）

1983年大分県別府市生まれ。平日は会社員として勤務。2012年から、昆虫研究者やアーティストが集う新感覚昆虫イベント「昆虫大学」の企画・運営を手がける。著書に『メレンゲが腐るほど旅したい メレ子の日本おでかけ日記』、『ときめき昆虫学』、『メメントモリ・ジャーニー』がある。2023年、沙東（さとう）すずに改名。

世間一般の「恋愛」に反発してきた私たち

花田　『こいわずらわしい』は恋愛についてのエッセイということで、共感する部分も多く、自分と似ている方だなあとつくづく感じました。恋愛のそもそもの構造に疑問を感じていたりとか、「恋愛ってこういうもの」という世間の圧に流されていない。特に男尊女卑的な謎ルールに対して、メレ山さんもすごく反発を感じてらっしゃいますよね。

メレ山　そうそう。『出会い系サイトで70人と〜』を読ませていただいて、私も似ているな〜と感じました。でも花田さんは私よりももっと知らない人へのハードルが低いですよね。本をすすめるという行為って、すごい内面のぶつかり合いっていうか、恋愛より恋愛っぽいところがあるなってご著書を読んでいて感じたんですよね。自分もこんなふうに人と関係を築けたらいいのになあって思いました。

花田　ありがとうございます。

　私もメレ山さんも、現在の状況としてともに、バツイチ、自分の子どもナシ、現在は特定のパートナーがいるけれど結婚はしていない、というところが共通してますよね。世代もいっしょで。

10～20代の頃というのは、映画や漫画の中に恋愛のサンプルがたくさんあって、まず好きになったらどうやって近づくか、二人で飲みに行ったりして距離を詰めて、そこから交際に発展させるには――ということを疑いなくゴールとして捉えていたのですが、この時代を中年として生きるときに、恋愛のサンプルが少ないなあと感じていて。結婚・出産も特に興味がなく、好きになった人に家庭があるケースも考えると、そもそも付き合うことを目指すのが正解なのかもわからないなあ、って。

メレ山　今までは世間一般の恋愛って、あらすじというか、3回目のデートで交際を申し込む、みたいな大体の流れがあったじゃないですか。それも意外と歴史が浅いルールだとは思いますが、そういう世間一般の恋愛に反発したい気持ちがかつてはありました。でも、それって王道があるから反発できるのであって、逆に教科書的なものがなくなると、どうしていいかわからなくなりますね。

今のパートナーとも結婚とか出産を目指さないとなると、この恋愛ってどこにいくんだろうな、みたいな気持ちは正直あるんですよね。なんか最近、ひとりだと人生すごく長いな！　って思いはじめて。

花田　そうなんですよ、めちゃくちゃ長いですよね～。

メレ山　家族を作ったり子育てをしたりして強制的に他者と関わるイベントがあると、人生がすごく早回しになるっていうか。そういう快速列車に乗りたい気持ちも、ちょっとわかるようになってきました。子育てみたいな共通のプロジェクトがあるとパートナーとも絆《きずな》が深まるし。

戦友みたいになるっていうのはひとつの理想形じゃないですか。

花田　たしかに。「こうあるべき」をやれと言われると反発するくせに、道がなかったらないで迷いますよね（笑）。

メレ山　そうなんですよね。ただ、恋愛の「こうあるべき」っていうのはどんどん解体される一方で、家族の「こうあるべき」っていうのはより強固になっているっていうか、どんどん保守的なほうにいっているような感じもして。

花田　あ、そうですか？　たとえば？

メレ山　「男はこうだ、女はこうだ」っていうのを取り払っていった結果、「まともな人間とまともな人間が出会ってまともな関係を築いていきましょう」「相互に助け合っていきましょう」みたいな話をよくネットとかで見るんですけど。でも、実際はみんなそんなに人間ができてないじゃないですか。

花田　ああ、わかります。男らしさや女らしさを期待されることのかわりに、今度は無害でまっとうな善人であることを期待されているような圧はたしかにあるかも。

メレ山　たとえば子どもを二人で協力して育てるというけど、片方、あるいはどっちもが子育てが上手じゃなかったときにどうするのかという部分にはあまり回答がないですよね。子育てに主体的に参加しない夫のエピソードとかを見ると、ひどいなあと憤慨する一方で「私はたぶん、こういうことをやらかしてしまう側の人間だな……」とも思います。

花田　シェアハウスやゆるいつながり的な新しい夢が急速に広まっているけど、その夢の先で起こりうる問題点はまだふわっとしてますよね。いっしょに暮らす中で見えてくるそれぞれのダメさとかデメリットをどうやって計算式に入れていくかは語られていない。難しいですね。

恋愛から「ベタな男女観」をなくせるか

花田　著書でご自身のミソジニー的な黒歴史について書かれていましたが、私も若い頃はミソジニー的な社会に参加してみたくて、その世界観の『いい女』として、たとえば風俗に行く男の人について「男っていうのはそういう生きものだからさあ」みたいな態度をとったりしてましたね。これはほんとうに、メレ山さん同様に自分にとっても恥ずかしい過去というか。

メレ山　黒歴史になりますよね（笑）。

花田　苦しい言い訳ですが、あの時代は「女の子はやさしい彼氏に愛されて結婚を申し込まれるのがいちばんの幸せ」派が主流で、そういうのつまんないなあ、って思って反旗を翻したい場合は、やさぐれた感じで「私は全部わかってるから」っていう名誉男性的なほうにいくしかなかったんですよ！

いや……私が浅はかだっただけか……。

メレ山　いやいや（笑）。

花田　そういうミソジニー社会は絶滅してほしいと思う一方で、これからの男女の恋愛ってどうなっていくんだろうなって……よけいな心配かもしれませんが。男女で役割の決められた台本があったときの方が恋愛することが楽だったと思うんですよね。それがなくなっていくと性欲のトリガーが発動しにくくなるんじゃないかな、って。

メレ山　たしかに。「男らしさ・女らしさから脱しないと」って言いつつ、頼りになる男の人に何かしてもらってうれしいとか、それこそ「背が高くて素敵」と思う気持ちは私の中にもあるので、そこがなくなったら、性欲のトリガーを見失っちゃうかもしれない。人として尊敬してます、みたいなフラットな感じだと、それって友達と何が違うんだ、ということになるし。

花田　性差別的なトリガーに頼らずとも性欲は発動するとは思うんですよ。メレ山さんが著書で「フサヒゲサシガメ」について書かれたエピソードが印象的だったのですが、小手先のモテテクではなく、フェロモンのような生物としての能力で相手を圧倒的に魅了する。それって理想だけど、でも「いやそれめちゃ難しそう!!」って思って。

メレ山　そうなんですよね。それって結局才能に惹《ひ》かれるゲームみたいになって、通常の恋愛より傷つく危険性が高まる。全部の恋愛がそうなるとものすごいハードな世界になるよな、っていうのは感じてますね。それこそ就活みたいになっちゃうかもしれない。

花田 性的魅力って、これからどう変化していくんでしょうね。

メレ山 自分の頭の中では、性的に惹かれる基準っていうのは、自分が生きているうちは変えられないかもしれないですね。世間的にはこうだってわかっているし好ましいと感じているけれど、自分の嗜好には古い基準の影響が残っていると感じながらやっていくんだろうなって思ってます。

花田 私は本とかメディアの影響を受けやすいという自覚があって。なので、中学生くらいの頃は世相を反映して「ゲイはいいけどレズビアンはダメ」というような差別感情がありました。でも最近はレズビアンの素敵なコンテンツが目に入ってくるからまんまと影響を受けて、女の人いいな、と思っている自分もいて。そうやってメディアが変わると、自分も、まわりも、けっこう安直に変わってしまえるかもしれないって。

「わかる／わからない」「アリ／ナシ」で語られがちな恋愛論

花田 「恋愛のことを書くと、『わかる』という感想が多くなるのはなぜ？　ちょっとつまらない」と書かれていましたね。たしかに恋愛の話ってなぜか「わかる／わからない」の二択で語られがちというか。で、私がすごく嫌いなパターンが、双方に分かれて「どこからが浮気か」みたいなアリナシの議論をするやつで、クソさむいな〜っていつも思ってるんですけど。

メレ山 ほんと意味ないですよね。「男女の友情は成立するのか」みたいな。

花田 いちばん嫌いなテーマです（笑）。この話題は必ずナシ派が持ちかけてくるんですよ。で、必ず、「それは結局下心なんだよね」って言い聞かせようとしてくるんです。《俺は》ならいいじゃないですか。「俺は女の人は性欲でしか見られない」っていう最低のカミングアウトとしてその話は聞きますけど。そうじゃないなら「男ってみんなそうなの」「だからあなたたち女の感じた友情ってただのまやかしなの」って一般化する。何なんですかね、あれ。

メレ山　あれ全然わかんないですよね。だってその二人にもう友情がある事実を否定しに来る意味がわかんないじゃないですか。お前なんかに下心なしで寄って来る奴はいないんだよっていうことをそのまま言ったら失礼だけど、男女の友情は成立しないんだよ、みたいに一般論にしたら偉そうな感じでいられるから？

著書に登場した、ミソジニー強めの男「ハシダ」も最後はそんな捨て台詞《ぜりふ》を言ってました。いわゆる遊び人みたいな人がそれを主張することが多いですよね。世の中は俺のゲームなんだよって言いたいんだろうな。

花田　違うルールが存在すると不都合なんですね。しかも自分の理解できないところにいいものがあるなんて許せない。

メレ山　人のグラウンドに乱入してるのはお前だろって思うんですけど。

花田　たぶんホモソ（ホモソーシャル）社会全体がずっと温存してきた問題ですよね。「女を使い捨てしちゃう俺」的な話で結束を固めるゲームを続けることって、女が迷惑するだけじゃなくて自分たちのこともどんどん苦しくしているんですけどね。

メレ山　あと、「不倫はアリかナシか」とか。そんなの当事者たちにとって「許せるか許せないか」しかないだろう、と。

花田　男女の友情問題と同じで、不倫について、アリかナシかという議論をしたい人は多いですね。

　芸能人含めて、他人の関係についてそんなことを判断できるわけがないと思うんですが。少し前にもお笑い芸人の方が多目的トイレで不倫をしていたことが異様に盛り上がっていましたね。

メレ山　あの件って、遊びの相手だからといって自尊心をわざわざ踏みにじるような扱いをしていたところがひどいと思うんですけど、もし独身のただ遊んでる芸能人だったら、ちょっと武勇伝みたいになる場合もありそうですよね。そこに腹が立ちましたね。「あんなに綺麗な奥さんがいるのに」みたいなコメントも的外れだなあと。

花田　醜い配偶者ならいいのか？　と。でも、もし「あんなに綺麗な奥さんがいるのに」が封じられたら今度は「売れない時代も支えてきた」とかって持ち出してくるじゃないですか。結局そうやってかわいそうだと言いやすい美談のフォーマットに落とし込んで、攻撃できるストーリーを作ってワクワクしているというか。嬉々として正義を振りかざす現象は見ていてしんどいですね。

メレ山　ですね。だから結局恋バナも、芸能人の話題よりは身の回りの人の話を聞いてるほうが楽しくて。

若い世代に新しい恋愛を教えてもらおう

花田　ミソジニーと正義感の問題はいったん置いておいて、恋愛の話がなぜ「わかる／わからない」で盛り上がってしまうかというと、恋愛にはなぜかほんとうにその人だけの感覚みたいなものが多くて、みんなも自分と同じルールでやってると思ってたのに他の人は違ったんだ、という発見があるんですよね。その世界の不思議を知ることが面白いから盛り上がるのかな、とも思います。

メレ山　たしかに、世界の形を知りたいっていうのはすごくありますね。

花田　同じ時代、同じ国に生まれながら自分と全く異なる恋愛観の人に出会うたび、どこでその分岐が行われたのだろうという不思議さをいつも感じてました。

メレ山　そうですね。

花田　若い頃は自分を「恋愛好き」と自認していたのですが、今振り返ると、別に恋愛じゃなくてもよくて、誰かを深く知るということに面白さを感じていたんだと思います。ただそれが恋愛以外の枠では難しかったというか。べつに異性じゃなくてもよかったし、ほどよい距離感でも独自の関係性を切り拓けるし、それでいいんだ、ということにやっと気づけたのが30歳過ぎだったので……。

メレ山　その時期的なところも含めて、すごく、「私もやったな」って思います（笑）。人と近づいてよく知るためのフォーマットが恋愛しかなかった。別にそんなガーッていかなくても仲良くなれるんだってことを知ったのが最近（笑）。

花田　まったくいっしょですね。

メレ山　好きになったらガーッていっちゃうのは変わらないです、そうじゃなくても、その人を知ったり、わかり合えるんだって実感としてわかったのは30代になってからですね。

花田　矛盾するようですが、そういう恋愛でボロボロになるのも楽しかったです。楽しいというか、相手が自分の描いた夢の通りに動いてくれないことを知って、「なんでこうしてくれないの!?」って、恋愛を盾にして人とぶつかり合うことができたというか。それは性欲や独占欲というブーストの乗った恋愛ならではの体験だと思うので、これから若い人たちの恋愛がそういうものであったらいいなって、もうおばあちゃんみたいに思ってるんですけど（笑）。

今の若い人たちの恋愛は、どんな感じなんでしょうね？

メレ山　私の周りには若者のサンプルがないのですが、先日対談した桃山商事の清田隆之さんが、10代の恋愛リアリティーショー番組で時代の変化を感じたと言われていましたよ。女子から告白された男子が「僕はほかに気になってる子がいるんだけど、でも君次第で僕の気持ちが変わるかもしれないから、頑張ってみたらいいと思うよ」って真面目に言うんですって。私もその番組を見てみたいなって思いました。

花田　勝手な願望ですけど、若い人たちの恋愛がどう変わっていくのかを見てみたい。

メレ山　新しい世代の人たちが恋愛をどういうふうに書くのかなっていうところも、フィクション・ノンフィクション問わず、早く読みたいなーって思いますよね。

花田　40代になって、新しい価値観やセンス、流行を若い人から学ぼうというのは日々当たり前にしていることなので、同じように恋愛も、この時代のネイティブである若い人の感覚を通して学ぶことで、自分たちの答えが見つかるのかも、という気がしています。

メレ山　ですね。若さに期待しましょう！（笑）

血のつながった子どもじゃなきゃダメですか？

花田　若い頃って、「子育てをする人生or子育てをしない人生」の二択なのかなと思ってたんですけど、実は子育てってけっこうすぐ終わるなと思って。世話をしたりずっとそばにいなければならないのは実質10年ぐらいというか。「子どもの成人まで」の20年と考えると、若い頃は人生のほとんどのように見えていたんですが、10年のイベントだったたんならもうちょっと気軽な気持ちでやってもよかったかもな、って（笑）。

メレ山　（笑）。中学生くらいになるともうそれくらいひとり立ち感があるんですね。あの、友人が４人目を作るか～って言っていて、その理由が「もう子育てが趣味みたいになっているから、もうちょっと子育ての期間を作りたい」って。「他に特に趣味がないから」みたいな。

花田　あはは。趣味がわりなんですね。

メレ山　子どもがいない身からすると、「子育てという大業を成し遂げてやっとひと息ついた感じなのかな？」って勝手に思っていたので、そういう発想もあるんだってびっくりしたんです。でも言われてみれば、ぎゅっと濃密な時間っていうのは意外と短いのかもしれないですね。

花田　とはいえ、まだ目の前にいない時点で10年契約を結ばされるってすごいことじゃないですか？

メレ山　すごく怖いですよね。

花田　まだ買ってないし見てもないのにキャンセル不可とは、って思っちゃいますよね。

メレ山　そうそう、子育て以外のことだったら普通踏み切れないでしょって。

花田　難しいですよね。たしかに実際、無責任に妊娠・出産して虐待につながったり、自分が後悔するっていうケースもあるのかもしれないですけど、あんまりそこを脅しすぎても、というか。

メレ山　それこそめちゃくちゃ覚悟して万全の環境を整えたつもりでも、うまくいかないことってあるじゃないですか。そういうときに、公共や周囲の手助けとか、うまくいかなかった場合のセーフティネットが充実していることのほうがよっぽど大事かなって思うんですけどね。

花田　ほんとうに。日本が特にそうなのかもしれないですが、やっぱり母親っていうものが最終的な決定権や責任を全部背負っていて、どんなに貧しくてもどんなにつらくても、一人で成し遂げなきゃいけない、みたいな圧はありますよね。

メレ山　そうですよね。血縁をものすごく重視するとかも。あの、花田さんが著書で映画『そして父になる』を観たときに、「病院で子どもが取り違えられていて、数年育ててきた子どもが実は自分の血のつながった子どもではなかった」っていう苦悩が全く共感できなくて、映画として全然入ってこなかった、って書かれていましたけど、私も同じことを思ってました。だってもう何年も育てて自分の子どもになってるんだからいいじゃん、って。すごく軽い感想になっちゃいますけど。何でこんな悩んでるんだろうって思っちゃったんですよね。

花田　あ、うれしい、同じ感想の人がいて（笑）。そう、あれ、ほんとうにわかんなくて。でもきっとあれを観て、「わかる」って思う人がたくさんいたってことじゃないですか。

メレ山　そうですよね。子どもがいなくても「これは大変なことだ」ってなる人のほうが圧倒的に多いんでしょうね。

花田　きっと子育ての初期のつらいときに「血がつながっている子どもだ」と思うことで自分を奮い立たせるというか、特別愛すべき存在なんだということを拠《よ》りどころにしてきたから、それが奪われたときに何を愛していたのか見失ってしまうということなんでしょうか。

メレ山　そこが実感としてわかりにくいですよね。

花田　一ミリもわからなくて。自分と似ているから可愛いんだとしたら、他人の、顔がそっくりな子どもでもいいんですかね？　多分違いますよね？

メレ山　自分の血が後世に残ることを重視してるってことなのかな。でも子どもは存在してるわけですもんね、とりあえず。取り違えだけど。

花田　映画では遺伝子も残っているし、自分が可愛がっている子どもは手元にいるし、全然オッケーじゃない？　って思っちゃうんですけど、多分めちゃくちゃ少数派なんでしょうね。

メレ山　そうですよね。根底が揺らぐみたいな感じで描かれていましたもんね。

花田　そういえば私が子どもの頃、「お前はほんとうは橋の下で拾ってきたんだよ」みたいなことを子どもに言って脅す文化みたいなものがたぶん全国的にあったのですが。

メレ山　ああ、冗談で？

花田　冗談でもあり、子どもを叱るときの口上というか。子どもに不安を与えて「血がつながってないなんて嫌だ！」って子どもに泣きついてもらうための親の「試し行動」だったんでしょうかね。当時は親の空気を読んで乗っかりつつ、寝る前にひとり布団の中で「ほんとうは芸能人か大金持ちの子どもかもしれない」とワクワクしていました（笑）。

メレ山　そういうポジティブな妄想のほうに、無限の可能性を感じますもんね（笑）。

花田　夢が膨らんでしまって。

メレ山　私、少し歳の離れた姉がいて。姉は子ども好きなんですけど結婚はしなかったので、子ども欲しかったなー、とたまに言うんですよね。で、数年前、私は産むのはちょっとやってみたいけど育てたくはないから、産んで姉に育ててもらったらいいんじゃないか、っていうのをわりと真剣に妄想していた時期があって。

花田　それはそれでほんとうによさそうですよね。でもなんか……それをやるって言ったときに、世間的には「そんなふうに子どもを気軽に扱うな」みたいに怒られそうですよね。逆にそうでなければ感動的な泣ける話にされそう。

メレ山　そうなんですよねー。なんかめちゃめちゃ怒られたりしそうだなって。いちおうネットで検索したら、Ｙａｈｏｏ！知恵袋で「妹の子どもをもらうのはアリでしょうか」みたいなことを書いている人が鬼のように怒られていました（笑）。

花田　（笑）。でも不思議だなって思うのは、里親もですが、シングルマザーで子どもを産みたいっていう人にはすごく覚悟を問うのに、結婚している男女にはそんなふうに覚悟を問わないじゃないですか。離婚率は上がっているし、既婚男性の育児放棄は当たり前のように起きているのに、そこに対してはすごく無責任に、子どもを持つっていいことだよとか、結婚したんだから次は子どもだね、っていうのは謎だなって。その人たちにも同じくらい覚悟を問いなさいよって思うんですよね。

メレ山　そうですよね。「結婚している男女」「血のつながった子ども」というレールの外にいる人にはいきなり厳しいですよね。

結局自分のその画策は、もし自分が産んで姉の子にする手続きをできたとしても、姉が何か勘繰られたり、周りに怒られたりしたときに自分が支えられないなら、やっぱり今の状況では難しいのかなーというのもあって、思いつきの域を出なかったんですけど。

花田 子どものことになるとすごく……そういう執念というか、みんなが信じている特別な《宗教》がありますよね。これも家父長制の呪いですかね。結局どこまでいっても「女が自分の産んだ子を特別に愛する」という幻想が追いかけてきて、メレ山さんの場合についても後年に「私の子どもだからやっぱり返して」というようなケースを心配されるのかも。もちろん実際にそう感じる女性もいるのでしょうけど。

メレ山 たしかにね。そうなったらそうなったで、「じゃあいっしょに育てようか」ってなったり、そういう選択が妙に浮かばない世の中のほうが過ごしやすそうだなと思うんですけど。

花田 少子化が困るというけど、今の時代に合わせて多様なかたちで子どもを持ち、育てることを邪魔しているのは社会通念と国の制度って感じがしますよね。変わっていってほしいです。

漫画家

田房永子

「家族という呪縛」

自分の被害を振り返れば、自分の加害の反省も再生もできる。

『大黒柱妻の日常　共働きワンオペ妻が、夫と役割交替してみたら？』

（エムディエヌコーポレーション）

ワンオペ育児を7年間続けた妻が夫と役割を逆転、「お父さん」の立場になったら見えてきたものは──？　著者初のフィクション漫画。

『母がしんどい』

（KADOKAWA）

〝毒親〟に育てられた娘が苦しみ抜いた末に自立し、自分なりの幸せをつかむまでを描いた感動のコミックエッセイ。

田房永子（たぶさ・えいこ）

1978 年東京都生まれ。2001 年第３回アックスマンガ新人賞佳作受賞。母からの過干渉に悩み、その確執と葛藤を描いたコミックエッセイ『母がしんどい』を 2012 年に刊行しベストセラーとなる。他の著書に『キレる私をやめたい』『お母さんみたいな母親にはなりたくないのに』など。

「大黒柱妻」で男女の不満が入れ替わる

花田 今作のタイトルにも使われている「大黒柱妻」というのは、夫が主に家事や育児をしていて、自分は働きに出て一家を経済的に支えている女性のことですね。あえてこのような名前で彼女たちを捉えたことはなかったのですが、言われてみればたしかに増えているような気がします。

田房 日常生活の中で「妻が大黒柱である」って言う機会がないんですよね。この漫画を見て「私も大黒柱です」って話しかけてくれる人がとても多かったです。

花田 収入や役割分担の変化によって、家庭問題のある種のテンプレだった「女ばかり負担や犠牲が多くて大変だ」という内容が男女で逆転していく。要するに生物学的に女だから大変だったわけではなく、女が取らされがちな立場が大変なのであり、また外で働き育児を任せる側になると、女でもこんなに「よくある男」のようなふるまいや思考をしてしまうのだ、ということをあぶりだした非常に面白い作品だと思いました。これを描いたきっかけは何だったんですか？

田房　主人公が、仕事に夢中になって家庭をおろそかにしていたある日、珍しく早く帰宅したら部屋が真っ暗で既に夫と子どもは寝ていた。それが夫から自分への無言の抗議だと察してビビリながらも、気づいたら誰もいないリビングで1人くつろいでしまう、というシーンは私の体験をもとにしています。

自分も夫に対して同じ抗議をしたことがあるのに、逆の立場になると同じ態度をとってしまうことにびっくりしました。家事育児分担で人間が陥りやすい心理と行動の法則がある、それを描きたいと思ったんです。

花田　配偶者や交際相手に不満を感じているときって、まず最初は相手が悪いのか自分が悪いのかっていう発想にどうしてもなりがちじゃないですか。「なんでこんなことを言ってくるんだ」「なんでこれをやってくれないんだ」から始まって。そこから特に女性が陥りがちなのが「いや私が悪い。私がもっと頑張らなければ」と自分のせいにしたあげく、「私が悪いと思って頑張ってやってやってるのにおまえは全然わかってないよな」と逆ギレする悪循環というか。そのループにいるかぎりは解決しないと思うんです。

そうじゃなくて、自分や相手をそうさせてしまってるっていうのは、立場とか、あるいは日本が長く引きずってきてしまった家父長制や、何か社会的な問題だっていうことを、この本を通して田房さんが簡潔に描いていらっしゃると思うんです。さきほど自分の体験がきっかけだったとおっしゃっていましたが、このような問題については前々から考えていましたか？

田房 私自身のことで言うと、結婚した当初は《結婚＝家のことは妻が全部やらなきゃいけない》って思っていたんですよね。家事や育児は夫にやらせてはならない。そしてその代わりに養ってもらう。それが正しい結婚だと。

花田 自ら目指したということですか？

田房 「家事は妻がやるもの、夫がやってしまったら自分の存在価値がなくなる」というくらいの強い思い込みが頭の中にはありました。でも私の身体は家事に興味なくて、仕事をするのが楽しいんです。10年前は男の育休なんて概念もあるかないかって感じで、「赤ちゃんがいる家庭は夫の仕事に支障をきたさないように妻が仕事をセーブする」が前提で社会が回ってたから保育園も少なかった。赤ちゃんを24時間365日、母親がみなきゃいけないという社会のルールを守りながら、仕事への欲求をかなえようと奮闘しつつ、家事をやらないと私の価値がないっていう強迫観念もあって、自分の思い込みと外からの圧で押しつぶされそうでした。

花田 外からの圧よりも自分自身の圧の方がより自分を苦しめていることってありますね。旦那さんも「女がやるべき」の人だったんですか？

田房 夫はけっこう、夜泣きで起きて対応したり、かいがいしく家事をやっていたんですよ。でも私の「家事は女がやるべき」という呪いが強すぎて、夫の10の家事を100として評価するみたいな歪みが発生してたんです。だから自分は3000やらなければ、みたいな感じですね。でもできるわけがないから、一人で罪悪感と自責で苦しんでいました。それで爆発してしまう。ぐちゃぐちゃの呪いと衝動と社会への恨みを一緒くたにして夫にぶつけてましたね。

花田 結局、それはどうやって解決に至ったんですか？

田房 自分の場合は、家庭にお金を入れるようになったらめちゃくちゃ楽になって。お金を入れるようにしたことで、ソファに座っていられるようになった。それまでは、夫が家事をやっているときに座っていられなかったんですよね。

花田 意外な解決策という気もしますが。でも、田房さんが自分の怒りの内訳を突き詰めたからこそわかったんですよね。

田房 自分にとっては「お金」の問題がすごく大事だった。でもそのときに男の人もこういう感じなのかもって気づいた。

花田 ああ、男の人も「こうでなければ」に勝手に囚われて、勝手に怒ったり背負ったりしている？

田房 そうそう。それは絶対あると思います。

金で自信を奪われる女たち

花田 お金のことって難しいですね。私自身は若いときから「自分の好きなことしか仕事にできない」「一般企業でOL的に働くことは自分には無理だ」というこのふたつがはっきりしていました。そして結婚して相手の収入に頼ることも無理だと思ったので、そうすると消去法で、自分の行きたい業界ではお金をたくさん稼ぐのは無理だから「人生はお金じゃない。お金は幸せとは関係ない」と考えるしかなかった。でも突き詰めて考えたら、リッチな生活はできなくてもいいけど、自分が生活できる額は稼ぎたいし、誰かに生殺与奪の権を譲り渡したくないなっていうことだとわかったんです。

田房 うんうん。

花田 とはいえ、子どもを持つと望まなくてもそういう状況になってしまうことも多い。それってそもそも個人の問題じゃなくて日本のシステムがだめなんだとも思うし、「子どもを持つ女が収入を得るようになったら問題は解決するよ」という話でもないということを、田房さんがこの本で簡潔に描いているわけですよね。ほんとうに、じゃあどうしたらいいのか、と……。

田房 赤ちゃんと参加する地域の集まりに行ったとき、同じ歳の専業主婦2人と出会ったんです。彼女たちの夫は専門職だったり地位が高めで時間もけっこう自由が効く。でも家にいるときは家事も育児も何もしない。それに不満がありつつも「手伝って」とハッキリ言えないって言うんです。とにかく2人ともなぜか「私は社会に出て働ける人材ではない、私なんかができる仕事ないし」って言うんです。「でも私にもできることを探したい」とか言って、上の子もいて赤ちゃんを産んだばかりなのに地域のボランティアをしてるんです。そんなバイタリティのある人ならどんな職場でもやっていけると私は思うんだけど、そう思えなくなってしまっているんじゃないかと思う。

花田　なぜ社会で役立てないと思ってしまうんでしょうね？　そういう呪い？

田房　夫とか周りから呪いをかけられてる場合もあるし、呪いの壺みたいなものに自ら入っちゃってる人もいるような。どんな仕事でも給料が発生すれば責任が伴うし、新しいことに踏み出すのが苦手な人もいますよね。

花田　たしかに全員が出ようとしても杭を打たれているわけではなく、自らそこに行っている人もいるのかも。私の周りでも、20代後半で結婚していて子どももいない女性が「自分のスペースがほしいから引っ越ししたいけど、生活費や家賃は旦那が払っているから、旦那にとってメリットがないと引っ越せない」というようなことを言っていて、なんでその若さでそんなに諦めなければいけないんだろうと不思議だったのですが。でも結婚したらそういうものなんだ、って自分でそっちに入っていっている人もいるんですよね。結婚したからもう自由じゃないんだ、って思い込んでしまうと、どんどん奪われていく。

田房 それ、すごいわかります。20代くらいのほうが、すごく閉じこもった感じで考えている人が多いですね。自分もそうだったし。

花田 20代で一回老人になっちゃうのかな。そこまでで大学出た後どうなるんだろう、就職できるのか、ちゃんと結婚できるのか、みたいな不安にまみれすぎて、結婚したときに「よし上がった！」みたいな感じになりすぎているというか。そこまでがつらすぎてそのあとが余生みたいに見えてしまうんですよ。

田房 30歳で終わる、って、まさに自分もそう思ってましたね。

花田 何かよくない状況を解決する力を奪われているというか、夫婦関係が破綻していても子どもがいるから離婚しない、と断言する方も多いですよね。もちろん離婚することが唯一の解決ではないのですが。

田房 「子どもが○歳になるまでは離婚しないで頑張る」と、はっきり言う人ってけっこういますよね。

花田　しかも家では口利かない、とか、けっこうこじれていたり。あと何年、というのも長いし、そっちのほうが疲れそう。みんながもっとハッピーに生きられる道を探ったほうがいいんじゃない？　って思っちゃうんですよ。

田房　ハッピーを重視すると、社会的価値観をある程度反故《ほご》にしなきゃいけないですよね。基準が「自分」になるから一気に難しくなるんだと思います。社会的価値観を軸にしていると、正解がハッキリしてるから表面的に感じる不安が少ないんだと思う。子どもをいい学校に入れるとか、いい家を買うとか。自分の衝動と信念を軸にこの社会を渡っていくってやり方は学校で習ってないし。

花田　そうなのか。そういう人から見たら、じゃあ田房さんの描いてるものって……。

田房　わけがわからないんじゃないかな（笑）。

花田　そんなわがまま言うなんて信じられない、って思うのかな。でも、読んでいて自分のごまかしを突きつけられるようでしんどいと感じる人はいそうだなって思います。

田房　成人同士でどちらかが100%養ってもらっていることで関係性が歪んでくるというのは普通のことで、そこから抜け出すには稼ぐっていうのが手っ取り早いと思う。でも誰でもそれができるわけじゃない。それでも「あなたたちは夫に対してそんなに卑屈にならなくていいと思うよ」ってあのとき言えなかったことを、この漫画を通じてあの専業主婦の人たちに伝えたい、と思ってます。

花田　専業主婦が悪いということではなく、今うまくいっていないとしたら現状を変える選択肢もあるというのは知ってほしいですよね。

田房　「夫は仕事していて大変なんだから、忙しいから」って自分を後回しにしなくていいと思う。「働いてるほうってけっこう、自由にやってるよ！　残業とか言ってバッティングセンター行ってるよ！」ってことをバラしてやりたい、という気持ちもあった（笑）。

話し合いでは問題は解決しない？

花田　相手との問題って話し合って解決することがいちばんなのかなって私は思いがちなんですけど、本書を読んでいて、対話が解決するっていうことでもないなと思ったんですよね。

今日もお話を聞いていて改めて思ったのは、結局自分で悩み抜いて自分の中を解きほぐしていくしかないというか、それはこういう親の呪いがあるからだ、とか、私の中にこういう矛盾があるからだ、と掘り起こす作業の中にしか救いがないのかなって。

田房 うん。自分の中を探るとラクになるから、それで態度が変わって、相手との関係がガラッと変わったりすることがありますね。

花田 田房さんは自らの加害性を客観的に見つめることがすごく上手ですよね。なんでそんなふうにできるのかなと羨ましいです。一般的な男性は、この作品でいうところの逆転した後の側、つまり外で働いてきて家に帰ったら疲れ切った配偶者がいる、という側しかやってないことが多いと思うんです。妻の機嫌が悪ければハーゲンダッツを買ってきたり、俺だって家事育児を手伝いたいけど、会社は残業もあるしょうがないだろう、で終わっちゃう。どうしたらそういう人が逆の立場に立てるのか。難しいと思うんですけど、どうやったら「そういうもんなんだからしょうがないだろう」から脱して、なぜ自分はこうなってしまうのか、ということに目を向けられるようになるんでしょうか。

田房 歪みって絶対「下」に出てくるんですよね。つまり、より弱い立場の人に。たとえば子どもに問題が表れる場合、それは親や夫婦関係の問題が表面化したものだってよく言われるんですけど、問題が表面化するところまで行かないと目を向けたり省みることはできないんじゃないかな。でも、すごい問題が起きていても自分が困ってなかったら、そういう人はそのままだと思うし。だいたいそこから抜けたっていう人は何かしらのきっかけがある。目に見える問題が起こったときに、これはいったい何なんだ、なんで自分はこんな目に遭ってるんだっていうところから始まって、被害から遡っていかないと自分の加害を認識できないから。

花田 自分が受けた被害を認識していない状態で改心することはできない、と?

田房 うん、無理だと思う。セクハラしてる人とかに、お前は加害者だってずっと言ってもあんまり意味ない。指摘をきっかけに本人が「なんで俺はこんなことしちゃうんだろう」って自分を振り返ってくれたらいちばんいいけど、そういう思考回路がない人に言い続けてもさらに加害してくるだけだから。

花田 改めてそう聞くとショックです。でもそうかもしれない。

田房　私の母は自身の感情を自己処理できなくて毎日私にぶつけまくってきたんですね。30年間それに振り回されてた。それを被害と認識して、自分の中にある親への恨みの感情を「そんなこと思っちゃダメだ」と抑えこまずに「恨む」をしっかりやりきる、という生活に変えたんです。そうしていると、今度は「私自身も自己処理できない感情を夫に対してぶつけている、これも加害だ」という矛盾が出てくるんです。被害者としての「加害者の加害行為を許さない」っていう気持ちがハッキリしたおかげで、自分の加害行為も許さないっていう姿勢が持てるようになって「じゃあこれはどうしたらやめられるんだろう」って発想になっていく。人からされた加害を「済んだことだ」と妙な形で許していると、自分が同じことをしていても「罪ではない、あれとこれとは違う」と片付けてしまいがち。だからそういう人は恨みを晴らせていないどころか、他人にやられた嫌なことを許してきた善良な自分なのに「お前は加害者だ」とか突然言われても受け入れられないですよね。でも、まず自分の被害を振り返ればちゃんと自分の加害も受け入れて心からの反省も再生もできると思う。

花田　なるほど。私はパートナーの子どもと接しているときは、自分が彼らに加害をしてしまわないかって思ってすごくびくびくしてる。

田房　花田さんの著書『シングルファーザーの年下彼氏の子ども2人と格闘しまくって考えた「家族とは何なのか問題」のこと』、すっごい面白かったです。ここまで考えて子どもと向き合ってる人、あんまりいないと思う。

花田　でも、自分が日常生活のケアの部分をやってなくて余裕があるからこんなふうに考えていられるのかなと思ったり。

田房　その余裕ってすっごく大事だよね。子どもにとってお母さんって、根源的なエネルギーみたいなのを吸い取る対象な気がします。連休とか子ども2人とずっと一緒にいると3日目の夜あたりで動けなくなるんです。愛という養分を搾り取られてる感じ。一人にさせて！　って家を飛び出したくなる。お母さんて日常ケアをしないで、週末に大トリで登場するくらいがいちばんいいんじゃないの、って思ったりしますもん。

花田　たしかに。「母の愛」なら無限でしょ、って片付けられてしまう案件ですね。

田房　疲れ果ててるときに「ママこれどうするの」とか立て続けに雑に聞かれたりしたらもう無理！　ってなる。冷たくしちゃって、これって加害だなって思うことがたくさんあります。努力しているけどどうしても無理なときもある。だから、もし後になって「あのときすごく傷ついた」って子どもが抗議してくれて、謝る余地を与えてもらえたらありがたいと思う。そんな風に親が子どもに甘えることもできるんじゃないかな。子どもからしたら死活問題だということはわかってはいるのですが。

花田 加害を絶対に起こさないようにする、加害をしてしまったら失格、と考えるのではなく、誰でも少なからず子どもに加害をしてしまうという前提の上で、どうしたらよい関係を築けるかという問題に取り組み続けるということですね。そうかもしれないです。

自分の加害を見つめたら、親と和解できた

花田 私は鈍感な性格ゆえに、あまりパワハラなどを苦に思った経験が少なくて、子どもとのこと以外でも、自分が人を傷つけてしまってるんじゃないかとか、誰かに何かしてしまってるかもしれないって、自分の加害性が気になることのほうが多いです。田房さんの場合はそういう心配というよりは、はっきりと自分が加害したことにショックを受けて、それが自分の加害性を見つめるきっかけになったんですね。

田房　自分の加害性に目を向けたきっかけは夫への加害で、なんでこんなことをしちゃうんだろうと思ったことですが、でも自分の親がヤバかったことは明確なので、その被害を見つめることから始まった感じですね。あれはいったい何だったんだ、と。

花田　うんうん。

田房　子どものときからそれはすごく気にしてて、大人になったらわかるよって周りの人とかにも言われてたんですよ。

花田　親がヤバいって訴えたときに、ですか？　それもひどい話ですね。

田房　お母さんはあなたのためを思ってる、大人になったらわかるから、ってずっと言われていて、でもそれが腑に落ちなくて、どういうふうにわかるんだ？　と思って当時嫌だったことをノートに書いていたんですよね。大人になったときに答え合わせしようと思って。ああこういうことだったのか、ってわかりたい気持ちがあった。反対側が見たい、って欲求がすごく強いんですよ。

花田　ああ、「反対側が見たい」という気持ちはすごくわかります。で、結局答え合わせはどうだったのでしょうか。

田房　自分の加害性に向き合えるようになって改めて振り返ってみると、不可解だった母の行動の謎が解けていったというか。当時異常だと感じた行動がまったく違う世界線のものではなく、母の気持ちや暴言の理由も、肌でわかるようになりました。母の育った環境だったり時代の問題もあるだろうと。母個人の性質だけの問題として判断するのはかわいそうだなとも思います。

花田　それだけ深く傷つけられた、と感じていたのに、被害から辿って加害を見つめることで、そこまで心境が変化したということですよね。和解に必要な道のりだったというか。

田房　和解しようとはぜんぜん思ってなくて、とにかく自分の苦しい気持ちを和らげたかったんです。親が亡くなって、自分が死ぬ間際にラクになれればいいや、って思ってました。10年間音信不通にしてたけど、予想以上に早く「もう気が済んだ」ってときが来ました。

花田　月並みな質問ですが、その道を辿ったことでお母さんを許せたんですか？

田房　行為自体はぜんぜん許してないですね。自分が子育てしてると「あんなことしちゃダメでしょ、子どもの人権侵害だよ」と当時の母の態度をよく思い出します。その体験を自分の子育てに生かしてる、それで回ってる感じです。今の母は私にすごく気を遣ってくれるので、ありがたいな、と素直に思う。母の変ちくりんな性質は変わってないし、小さいトラブルはあるけど、一個一個乗り越えていけるぞ、みたいな自信が自分についたからやっていける感じですね。だから母のこと自体は許してたんだと思う。最初から。

花田　すごいですね。罪を憎んで人を憎まず、的な。そんな心境になれるものなんですね。親子の関係って、思春期ぐらいからも変わるし、また成人して、家を離れると、親が一方的に加害できる状況から変化するし、そこで関係性の作り直しもありますよね。

田房　また昔みたいに加害をしてきたら、いつでもまた関係を断つ自信があるというか、覚悟があるから、母も私に気を遣うんだと思う。そういう覚悟がないと健全な関係を保てない。それは〝普通〟のリラックスした親子関係ではないかもしれない。でも、私はそれでも今のこの関係がうれしいです。抑圧してくる母のもとで生まれ育った自分が、その母に対して今は毅然《きぜん》と強い態度を取れているということが。

花田　毒親との関係を断ち切る、という選択肢もアリだと思うんです。一方で、田房さんが望む形を自ら模索し、されたくないことにNOと言う意思表示をし続け、ときには縁を切る覚悟を見せてきたことで、お母さんも対応が変わり、関係性が再構築されたということですよね。

田房　お互いにすごく頑張ってるんじゃない、って思います。

花田　自分を変えるということ自体、すごく難しいことだと思いますし、私自身もなかなかできていないのですが、田房さんが自分を変えるためにしていることや、自分との向き合い方で心がけていることがあれば教えて欲しいです。

田房　人って多分、どんな小さなことにでも、実は常にショックを受けてる。そこを意識していくと変われると思っています。

花田　気づかないふりをしない、自分のショックに敏感になる、ということですか？

田房　はい。最近の自分のことでいうと、娘からふくよかな体型の女性タレントに似ているとよく言われることにショックを受けていて、でも最初は自分でショックだと気づいていなくて。「かわいくていいじゃない、ありがとう」ってポジティブに受け止めようとしていると自分のショックがわからなくなる。

花田 ああ、それは自分もニセのポジティブ信仰でごまかしてやってしまいそうです。

田房 本当は似てるって言われるのショックだったんだな〜、って気づいたら、こんな感じの動かしやすい身体になりたいな、っていうイメージが出てくるようになった。それまで「日常的に運動しなければいけない」と思いながらやらない自分が嫌だったんだけど、運動が楽しくなりました。ちゃんとショックを受けるということと、何にショックを受けているのか、自分の内面を探すこと。それだけで変われるんだなあと思いました。

花田 自分の内面でカッコつけてカッコいい言葉にしてしまうと、自分が真に向き合うべき自分のダサさ、みたいなものが見えなくなってしまいそうですもんね。そのステップを抜きにして「筋トレやろう」は生まれないし。なるべく具体的に何が嫌でどうなりたいのか、私も自分に向かい合うべきだと改めて感じました。

ライター・コラムニスト

ブレイディみかこ

「エンパシーの鍛え方」

日本人は他者の靴を履いて自分の靴を見失っているのかもしれない。

『他者の靴を履く
アナーキック・エンパシーのすすめ』
（文藝春秋）

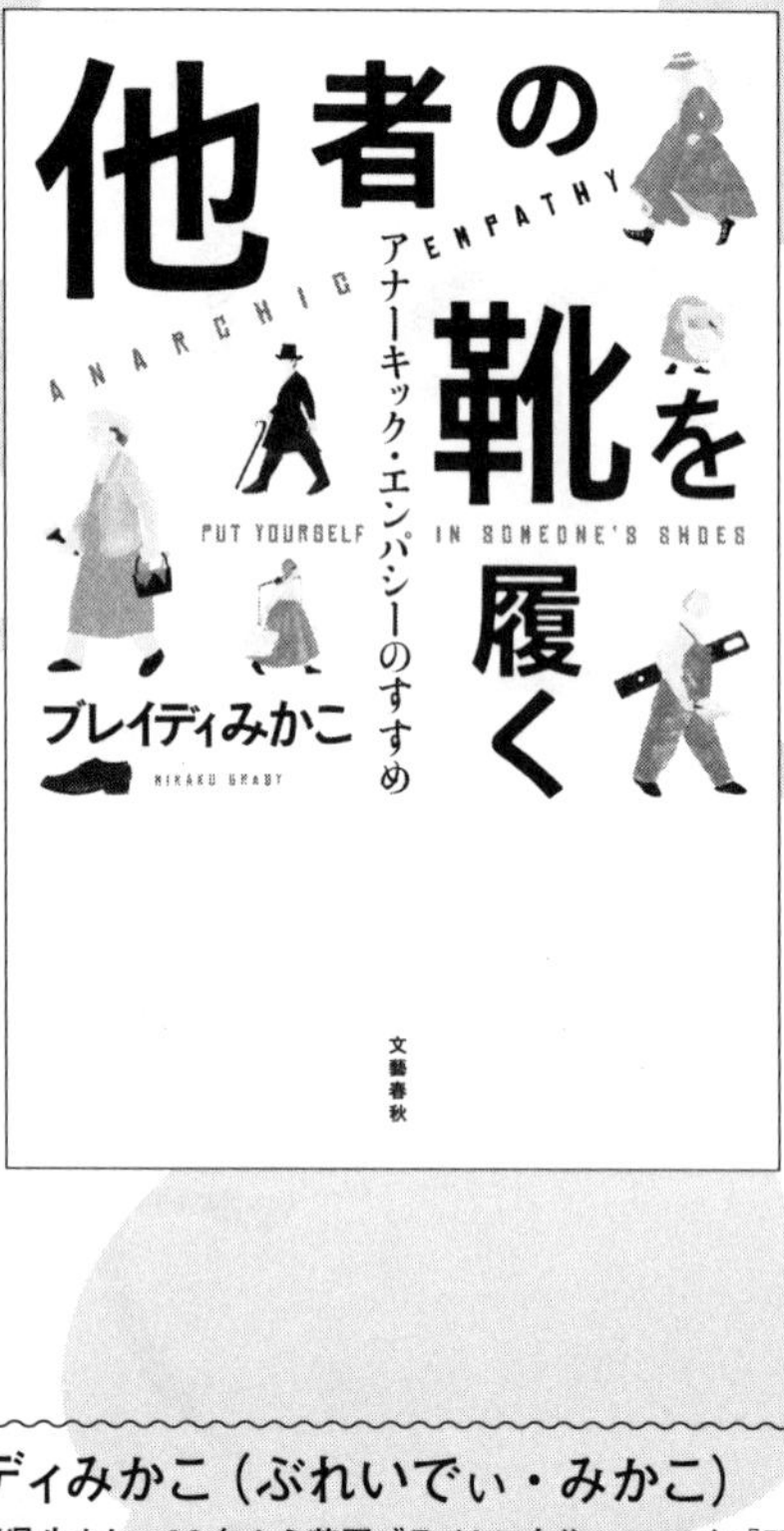

ジェンダーをはじめとする現代社会の様々な思い込みを解き放つ、
多様性の時代のカオスを生き抜くための本。

ブレイディみかこ（ぶれいでぃ・みかこ）

1965年福岡県生まれ。96年から英国ブライトン在住。2017年『子どもたちの階級闘争 ブロークン・ブリテンの無料託児所から』で第16回新潮ドキュメント賞を受賞。『ぼくはイエローでホワイトで、ちょっとブルー』がベストセラーになる。ほか『女たちのテロル』『両手にトカレフ』『リスペクト――R・E・S・P・E・C・T』など著書多数。

『ぼくはイエローでホワイトで、ちょっとブルー』はポジティブな本じゃない

花田　『他者の靴を履く　アナーキック・エンパシーのすすめ』は、大ヒットした『ぼくはイエローでホワイトで、ちょっとブルー』（以下『ぼくイエ』）の副読本という、ちょっと珍しい立ち位置の本ですよね。日本人にはあまりなじみのない「エンパシー」という概念についてブレイディさんご自身が研究・解説を尽くされた一冊です。そもそもエンパシーは辞書だと感情移入・共感などと記述されていますが、『ぼくイエ』では「誰かの靴を履くこと」としてこの言葉が紹介され、そこに特別に感銘を受けた人が多かったと。

そもそもこの本を書くきっかけとして、『ぼくイエ』の中でたった数ページだけ使った「エンパシー」という言葉がウケて独り歩きし、ときに「エンパシー万能」「エンパシーがあればすべてうまくいく」というような受け取り方をする人が多かったことに危機感を持った、と書いていらっしゃいましたが。

ブレイディ　そもそも『ぼくイエ』っていう本自体が、あまりにおめでたいハートウォーミングな話と受け止められてしまった気がしました。貧困や格差、子どもの家出など深刻な問題提起をしたつもりだし、あの本の中でだって本当は何ひとつ解決しているわけじゃない。

なのに、単なる多様性のいい話、希望の話、少年たちが困難を乗り越えていく話、というふうに語られていることが自分ではつらかった。それがエンパシーという言葉と合わさって、「他者を思いやる気持ちさえあれば、エンパシーさえあれば大丈夫。分断は乗り越えられる」と捉えられているのはちょっと危ないな、っていう思いがありました。

花田　たしかにこの本を読む前は自分も「エンパシーって最高じゃん」と考えていたので耳が痛いです……。でも、なるほど。そんなさわやかな感動本じゃねえぞ、というお気持ちがあったんですね。

ブレイディ　はい。だからちょっと反旗をひるがえしたかったというか。

花田　エンパシーという言葉がそうやって闇雲に良いものとして広がっていってしまったことへの責任感、みたいなものもあったんですか？

ブレイディ　責任感っていうか使命感っていうか、それもあるけど、いや違うんですよって言いたかったたっていうのがいちばん大きかったと思います。それにエンパシーについて本当にこれだけ知りたいっていう人がいるなら、もうちょっとどんな議論があるのかとか、エンパシーって実はヤバいんだぞってことを日本語でも書く人が出てくるんじゃないかと思って待ってたんですけど誰も書かないから（笑）、じゃあ自分でやるか、と。

自分の意見を持つためのイギリス的教育

花田　まだこの本を読まれていない方のために、本の中で最も重要である「コグニティブ（認知的）・エンパシー」と「アナキズム」、このふたつの概念について、ブレイディさんの定義をお伺いしてもいいですか？

ブレイディ　エンパシーにもいくつか種類があるんですが、エモーショナル・エンパシーがいわゆる日本語の「共鳴」に近くて、「わかる〜」「いいね〜」という気持ちから入る感覚なのに対して、コグニティブ・エンパシーというのは、気持ちからは入らない。特にかわいそうとも思わないし意見も違うかもしれないけど、その人の状況を想像してみる知的能力というか知的作業、要するにスキルですね。スキルだから、訓練すれば伸びていく。

一方、アナキズムは、「すべての支配の拒否」だと私は思います。何者にも支配されたくないという意思。たとえば私自身でいえば子どもや配偶者に私を支配させたくないし、会社、学校、もっと大きな話でいえば国家とか宗教とかＥＵとか。そういうすべてに自分を支配させることを拒否するのが、アナキズムだと思います。
アナキズムというと何でも一切合切ぶち壊すみたいな、ともすれば暴力的で無秩序、そういう過激なものだと思われがちなんだけど、実は相互扶助っていうのもアナキズムの根本にある。国とかに頼らず、自分たちで勝手に社会を回します、人に言われなくても勝手に立ち上がって助け合います、っていうのもアナキズムの考え方ですね。

花田 なるほど。日本で普通に暮らしているとそもそもアナキズムという言葉を使う機会があまりないですね。私はこの本を読んでアナキズムについて改めて考えることができたし、自分の中のアナキズムを肯定されたような気がしてうれしかったです。10代の頃はとにかく学校とか親と合わなかった。それは学校も親も、とにかく自分を押し込めることだけを重要視していたから。制服・髪型から、将来も安定した仕事に就いて成功することが大事である、っていうことだけをひたすらしつこく言い続けてきて、自分がそれについての疑問や反論を伝えても、彼らが顔色を変えることはなかったです。

ブレイディ 私も高校まで日本の進学校に通っていましたが、ほんとうに合わなかったです。

花田 アナキズムと教育っていうのは意外と近いところにあると本の中で書かれていて、これを読むまではそんなことを考えてみたこともなかったんですけど、たしかにつながっているんですね。人を画一化していく、同じにしていくことが支配する教育につながって、支配者はその方が便利であるということもすごく実感とともに納得がいきました。過去のことをいろいろ思い出して、読みながら怒りで座っていられずに立ち上がってしまったくらいです（笑）。

ブレイディ　イギリスで保育士をやっていたこともあって、日本の保育園を視察させてもらう機会があったのですが、ほんとうにイギリスの保育園はもっと自由にやってるので、日本の保育園の子どもたちがみんな同じように立って、同じように楽器を弾いて、同じように黙っている姿が信じられなかった（笑）。それを見て自分も日本の教育に画一的にされた感覚がフラッシュバックしましたね。日本ははみ出したら怒られるじゃないですか。子どもが人と違うことをしてみたいと思うのは、人間のクリエイティビティの始まりらしいんですよ。でも日本じゃ迷惑だから人と違うことをやらないで、ってことをまず教えられますもんね。最初はハサミで切るって言ってるんだから勝手に先に色を塗らないで、って。

花田　ほんとうに。全く同じ資質を持って生まれたとしても、日本で教育を受けるのとイギリスで教育を受けるのとでは卒業の時点でだいぶ差がついてしまってるでしょうね。いや、その前にもう心がボロボロに折れてしまって立ち上がれないかも。

ブレイディ　日本ではクリエイティブな子ほど叩かれ続けるから、傷が深いし生きづらいでしょうね。

『ぼくイエ』を育児本だと捉えている人もいて、どうやったらあんな子どもが育つんですか、と言われるんですけど、私は何もしてないんですよ。本を読んでもわかると思うんですけど、私は話を聞いているだけ。だからあの子を育てているのは――あの子だけじゃない、あの子の友達もみんなそうですけど、イギリスの教育であり、社会なんです。だから今のイギリスの教育と社会が合わされば、ああいう子どもが育つっていうだけの話であって、あれは家族の話とか子育ての話じゃないんですよね。私はイギリスの「社会」を書きたいというのは、ずっとあるので。

自ら考えて行動するっていう点でいえば、うちの息子だけじゃなく、息子の友達もみんなそう。もう大人だし自分の意見をちゃんと持っている。だから子ども同士の話を聞いてても面白いんですよね。へえ、そう考えてるんだ、と感心したりして。しっかり自分の考えを言える子どもをイギリスは意識的に育てていると思います。

花田　もちろん、日本式の教育のほうがお好みっていう方もたくさんいらっしゃるんだと思いますけどね。

ブレイディ　ああ、それはたくさんいらっしゃるでしょうね（笑）。

「I」でしゃべれない日本の会話

花田　日本人の会話の中に「I」っていう主語がないことが気になるんです。

たとえば「捨て犬だ、かわいそうだね」と会話の中で発するとき、かわいそうだと感じているのは自分なのか、犬なのか、あるいは相手に同意を求めているのかというところがすごく曖昧ですよね。曖昧というか、三者は同じ感情であることが前提で。

これは職場で若い子と話していてもよく感じることなんですけど、「上司がこう言っているんです。ひどいですよね？」と話が始まる。「あなたがひどいと思ったということね」、というふうに確認しても、いや上司はどう考えてもひどいじゃないですか、みたいな感じで「私」がない。私にとってのひどいはあなたにとってのひどいと一緒であるっていうことが常に前提として話されているんですよね。私はこう思った、私はこうしたい、というのではなく、これはいいのか、世間で許されるのか、正しいのかどうか判断してくれませんか、できれば同意してくれませんか、っていうような話し方をするんですよ。

ブレイディ　わかります。私も日本の人と仕事で話しているときにたまに同じことを感じますね。

花田　ブレイディさんが、ときにエンパシーが良くない方向に作用してしまうということを書いていましたが、日本人的なエンパシーの副作用というか。自分の靴の所在がはっきりしていなくて靴の脱ぎ履きがないから、他者の靴を履くも何も、まず自分の靴がわからない。そもそも靴というものが居酒屋でトイレに行くときのスリッパみたいな感じになってるんですよ（笑）。

ブレイディ　それね、実は私もすごく考えたことなんですよ。なんでこんなにもエンパシーという言葉がウケたのかな、と。それで今回の本で特に女性から「刺さった」というような感想を多くもらうのが10章のエンパシー搾取について書いた部分なんです。いつも配偶者や子どものケアをしていると、常に他者の靴を履いている状態だから他者の人生が自分の人生になってくる。だから子どもが失敗したら自分のせいだと思うし、配偶者の仕事がうまくいかないと自分が悪いんじゃないかと思ってしまう。ほんとうはそうではないのにそのあたりが曖昧になって、エンパシー搾取されてしまう。

つまり、エンパシー能力が育っているがゆえに、他者の靴を履いて自分の靴を見失っているのかもしれない。自分がないということはすごい苦しいことなんですが、でも自分をなくしたのは、これまでの「人と同じことをして画一的に生きていきなさい」っていう教育の〝成果〟でもあるわけですよね。だから「私はこう思っている」という言葉が出てこなくて、何か話すときも一生懸命に「ひどいですよね」というシンパシーをまず求めてしまうんでしょうね。

花田　以前、北朝鮮から脱北した方のノンフィクションを読んだとき、脱北した後の韓国での授業で、著者が好きな色を聞かれて答えられないシーンが非常に印象的でした。今までひとつの正解がある勉強しかせず、自分の意見を問われたり自分を表現することがなかったので、好きな色、という質問の意味すらわからなかった。先生が「私の好きな色はピンクよ」と助け舟を出してくれてやっと自分も「私もピンクが好きです」と答える、というシーンなのですが。でも日本も『北朝鮮』になりつつありますよね。

ブレイディ　そういえば私も去年、日本の生放送のテレビにリモート出演したときに、イギリスのコロナの状況はどうですか、って聞かれて、「ロックダウンになりましたから、みんな仕事もできないし。でもイギリスの場合は休業補償がちゃんと出てますし」と言った後、

「日本はまだ出てないらしいですね」って言ったら、音声がなぜか消えたんですよ。で、そのときツイッター（現X）では陰謀論というか、「テレビ局が消したんだ」とかたくさんの人が盛り上がってて、私は単なる偶然だと思って笑っていたんです。が、次にその局の別の番組に出たときに笑い話としてプロデューサーに話したら、すごく真顔で「それたぶん偶然じゃないですよ」って。

花田 えー！　こわ……!!

ブレイディ 私も全身鳥肌が立ちました。私はイギリスに四半世紀いて、日本のNHK的な立ち位置であるBBCですら政権批判をするのは日常茶飯事だし、ニュースでもバラエティ番組でも政治について侃々諤々《かんかんがくがく》と言い合っているのは普通のことだから、そんなこと想像もできなかったんですよ。ほんとうに今の日本って北朝鮮みたいになったのかと思ってゾクッとした。でも、さらに怖かったのが、その人に「どうしてそんなことするんですか、政治的圧力がかかってるんですか」って聞いたら「とりあえず面倒くさいからじゃないですか」って。

花田 ことなかれ主義なんですよね。「なんかよくわからないけど危ないかもしれないからやめておこう」みたいな考え方こそが、ほんとうにじわじわと自分たちの首を絞めている。もちろん積極的に首を絞めてくる人、要するに積極的に政権擁護の人もたくさんいるんですけど、それとはべつに、大多数の人たちの「なんとなく言わないほうがいいみたい」とか、「過激っぽくなってしまうから」「クレームが入るかもしれないから」っていうことの、その腐敗の根深さはすごく感じています。まあそれが今の日本の抑え込み教育の〝成果〟なんでしょうけどね。

ブレイディ 就活の時期になったら毎年話題になりますけど、やっぱり就職活動するときのあの女子のスーツ姿とか異様な光景ですよね。

あれももしかしたら、絶対にそうしないといけませんっていう規制があるわけじゃなくて、面倒くさいから？

花田 そうそう。企業の要項にそう書いてあるわけじゃないけど、万が一茶髪であることで落ちてしまったらもったいないな、だから一応黒髪にしておこう、という面倒くさがり方ですよね。

読み書きを教える前に人間的な器を作る

花田　『ぼくイエ』ではイギリスでの演劇の授業のエピソードも印象的でした。今作の中では坂上香さんの『プリズン・サークル』のことを中心に、刑務所の中で成功しているという「TC」という他者とのロールプレイング療法の話を書かれていますね。演劇的に他者の視点に立つことを通じて自分を獲得できるようになる、という目から鱗《うろこ》のような実例が紹介されていました。うらやましいな、日本の学校教育にもこういうカリキュラムがあれば、と思うのと同時に、今の日本の学校の空気でこれをやらされるのはきついというか、楽しくなさそう、とも感じられてしまって……。私が通っていた当時もそうでしたが、現在に至っても、そういう演劇的なものに本気で取り組んだり、あるいは合唱コンクールで真剣に歌う子を嘲笑するような風潮は相変わらず根深いようです。綿々と受け継がれているこの冷笑的な態度……もちろんその冷笑の根底にはそういう形でしか反抗できない学校教育のヤバさもあるわけで、ああ、もうどこから手をつけたらいいのだろうかと思います。やっぱりエンパシーの授業の前にアナキズムを身につける授業が必要なんじゃないかと。

アナキズムというか、自分が自分であることとか、他者に支配させないということを学ぶ機会が、日本でもイギリスの100分の1ぐらいでもいいから与えられてほしいです。

ブレイディ　でも教育ってやっぱりね、私は保育士だったからほんとうによくわかりますけど、小学生からじゃ遅いんですよね。

イギリスの幼児教育のカリキュラムでは、まず何をおいてもやらなきゃいけないのが《個人的・社会的・エモーショナルな分野の発達》とあるんですよ。まずこの人間的な器を作ってから、そのあとで読み書きや算数とかを教えていけばいいのであって、日本はこれが逆じゃないですか。

幼児が身につけなきゃいけないのは、人間的でエモーショナルな器。あと社会的なコミュニケーションスキルとか、「自分はこう思う」、と自分の意見を言える人間になるところをまずやっていかなきゃいけないということ。それで、その分野の最終目的が、自分の権利について立ち上がるための自信と能力を示す子どもにすること。

花田　とてもいいですね。日本だと幼児教育という言葉自体、数字や文字、ものの名前を教えたり、歌や工作をできるようにすること、というイメージが強いです。

ブレイディ　保育士のときに特に厳しく言われていたのが、Injustice、つまり子どもがこれはおかしいんじゃないか、不公平なんじゃないか、という意見を言ったときには、必ず時間を割いてよく聞けと。たとえば三輪車をずっとひとりの子が使い続けているとか、そういう問題が起きたときですよね。それでその状況をどうやったら解決できるかという話し合いに、必ず子どもを含めること。それは不公平だね、って子どもの話を聞く時間と、どうやったら解決できるかな？　っていうのを話させる時間を作る。
あとは自分と他者の意見が違うと子どもが気づいたときに子ども同士で解決するために話し合う時間を作る、とか。ここでもとにかく「話す」なんですよ。それに、本を読ませろ、という指導もありました。ルールとは何か、ルールは絶対的なものなのか、あるいは変えてもいいものなのか、そして自分の行動は周りにどのような影響を与えているのかということが書いてある本を子どもに読ませることで、子どもが自分自身で解決法を探れるようにする、それが保育士のすべきことだというんですね。

花田　聞けば聞くほどうらやましさが募ります。日本もそうなっていってほしいですね。

ブレイディ　日本でもこういう教育ができる機関を作ろうという動きはあるようですが、なかなか反対勢力が強いみたいですよ。やっぱりそういうわがままな子どもを作ってはいけない、というような。

花田　仮にそういういい幼児教育を受けても、そのまま日本の小学校に上がったらそこで苦しみそうですしね。

面倒くさいかもしれないけど、逃げて

花田　ブレイディさんの著書を読んでいる大人の読者の方は、搾取されるエンパシーではなくて、アナーキック・エンパシーを身につけて、よりよく生きていきたいと感じられる方がすごく多いんじゃないかなと思います。子どもたちだけでなく、私たち大人にもまだまだアナキズムとエンパシーが足りないと思いますし、今それを目指している人もさらにエンパシーを鍛えることができるという結論がこの本の希望だったと思うんですが、今、日本社会に生きる私たち大人は、まず何から始めたらいいんでしょうか?

ブレイディ　自分が自分自身を生きているっていう感覚をいつも持ち続けることですよね。

そして、建設的なアドバイスに聞こえないかもしれないですけど、逃げる、ということかなあ。「こんな社会だめだ、私が私を生きられない」とか、「この家庭だめだ、私が私を生きられない」とか、「この組織だめだ、私が私を生きられない」と思ったら逃げていいと思う。これは大事ですよね。

逃げることって個人史的に見たら革命ですよ、やっぱり。で、革命だからこれもめっ

ちゃ面倒くさいんですけど、それでも自分のために、社会に殺されないためにやったほうがいいと思う。

こういうことを言うと、「そう簡単に逃げられない立場の人もいる」って反論も来ますが、立場と自分とどっちが大事なのかって思う。その立場は誰かに押し付けられているのかもしれないし。日本の女性は特にそうですね。

武田砂鉄さんの『マチズモを削り取れ』でも、体調が悪いのに部活中に無理やり走らされて亡くなってしまったのに、それを美談にされた女子マネージャーの話が出てきましたよね。

花田　学校でのパワハラや、オリンピック選手などを含めたスポーツ界のハラスメントも、最近やっと明るみに出て問題視されるようになりました。女の子たちは大人になってもどうしてもあの愛想笑いがベースになってしまっていて、嫌なことを言われても、体調が悪くてつらいなと思っても、苦笑い、愛想笑いで何とか済ませてしまう。それが最善の判断というよりは、反射的に身についてしまっていることが多いですね。

ブレイディ　たとえば伊藤野枝なんて、社会運動、労働運動に関わったときでも、お上や有識者に頼るばかりじゃなくて、労働者も勉強して自分で頑張れって言った人じゃないですか。

それで嫌われるんですけど（笑）。でもあの感覚はやっぱり大事なんですよね。自分で立ち上がる。できないことはできないし、嫌なことは嫌なんだと、抗《あらが》う力も必要だと思う。これもアナーキーな力。バッシングされて居づらくなったらさっさと逃げれば、世界は広いから楽になれる場所が必ずある。

いつまでも自分を支配してる人たちの靴を履いていてもしょうがない。「上も大変だから私が我慢していよう」じゃなくて、まず自分の靴を履いて。そう伝えたいですね。

花田　上からくる理不尽な要求に、真顔で「は？」と返す練習が必要だと思います。

ブレイディ　ほんとうに、あの本を書いてからいろいろな反応を見てると、日本ではエンパシーの前にアナキズムのほうが大事だったんじゃないかって思いますよ。

花田　ブレイディさんが執筆のはじめに予測した通り、エンパシーとアナキズムというものはつながっていて、むしろつながりすぎているので、アナキズムのほうがまず育ってないから、エンパシーだけやってもうまくいかないんですね。ただ、今まではその共感すらもシンパシーしか認められていなかったので、そこにエンパシーという考え方が導入されたことで確実に楽にはなったと思います。

みんな同じじゃないといけないっていう枷《かせ》がちょっと外れた感じはあるので、そういう意味ではすごく楽になったんですけど、ただ、アナーキック・エンパシーを獲得していくためには、ほんとうに長い道のりがあるなと感じます。

ブレイディ　生き延びるために面倒くさいことをしましょう。逃げることも面倒くさいけど、必要。

花田　私も面倒くさがらずにやっていきます！

文学者
荒井裕樹
「マイノリティーと人権」

立場の弱い人たちほど、やりたいことに対して説明を求められるんです。

『まとまらない言葉を生きる』（柏書房）

マイノリティーの自己表現をテーマに研究を続ける文学者が、いま生きづらさを感じているあなたに、そして自らに向けて綴った、18のエッセイ。

荒井裕樹（あらい・ゆうき）

1980年東京都生まれ。二松學舎大学文学部准教授。専門は障害者文化論、日本近現代文学。東京大学大学院人文社会系研究科修了、博士（文学）。著書に『車椅子の横に立つ人 障害から見つめる「生きにくさ」』『凜として灯る』『生きていく絵—アートが人を〈癒す〉とき』などがある。第15回（池田晶子記念）わたくし、つまりNobody賞受賞。

「どうすべきか」という質問には答えられない

荒井 最初に釘を刺してしまうような言い方で大変恐縮なんですが、事前にいただいたご質問を拝見して、「難しいなぁ」って思いながら、さっき河原を歩いてました。たとえば「こういう問題はどうしたらいいんですか？　どうすべきなんでしょうか？」という質問に、私は基本的には答えないし、答えられないというスタンスなんです。

花田 はい。なるほど。

荒井 というのは、「どうすべきか」とか「何ができるか」って、それぞれの事情とか置かれた立場によって、みんな違うので。その個々人の事情を無視して「こうすべきだよね」っていうのは、私自身は言いたくないし、そもそもそういうことを言ってくる人のことをあんまり信用してないんです。なので、いただいた質問に対して、私自身が迷っていたり、うまく言葉にできないところを言葉にすることで答える、ということでもよろしいでしょうか。

花田 もちろんです。今の言葉自体が私にとっては発見で、やっぱり自分はつい「〇〇という問題がある」というときに「どうしたら解決するだろうか？」「どうしたらよくなるだろうか？」という問い方で考えがちなので、「そうじゃない」という荒井さんの言葉が、こういう言い方でいいかわかりませんが、すごく面白いです。

荒井 ありがとうございます。そう言ってもらえると、ちょっとしゃべりやすくなります。

花田 『まとまらない言葉を生きる』が発売されてからすぐ、いろいろな書店員の方が絶賛しているのをツイッター（現在のX）で見かけて手に取ったのですが、とても面白かったです。

差別問題や障害者の問題はもともと興味のあるテーマだったからというのもありますが、同時に文章の《速度》にも惹かれました。結論にまっすぐ向かうのではなく、すごくゆっくり歩いているような、遠回りをしているような速度で、でもその時間こそがとても大事なんだなと感じられる。電車で通り過ぎるときには見過ごしてしまう景色も、歩いてみると「こんなところにこんな建物あった？」と気づくような感じというか。その雰囲気がまず好きだなと。

荒井 そうおっしゃっていただけて、とてもうれしいです。現場の書店員さん、特に個人経営の小規模な本屋さんにかなりご支持をいただいていると聞いて、ほんとうにありがたいです。

花田　大きな犯罪や障害者差別、今の政治がもたらす苦しみ……と、扱うテーマ自体は重たいものなのに、なぜか心が落ち着くような、静かな気持ちになれる本ですね。

荒井　コロナ禍ということもあるので、寝室の枕元に置いておいても苦しくない本になっていたらうれしいですね。

「なぜ絵を描くの？」といちいち説明を求められるマイノリティー

花田　本書の中で「『障害者は生きている意味がない』という言葉に反論しようとしたときに、まるでこちらに『障害者が生きる意味』を立証する責任があるかのように錯覚してしまう」ということを書かれていましたが、自分の中でもとてもハッとするような発見でした。私もこんなふうに言われたらつい何とか答えなきゃ、言い返さなきゃと、相手のフィールドに引き込まれてしまいます。よく考えたら、そもそも生きる意味なんて自分のことでも立証できないし、反論しなければ、という考え自体がおかしかったな、と。

荒井　普段私たちって、たとえば電車に乗ってどこかへ出かけたり、友達を誘って飲みに行ったり、ふらりと美術館に行ったり、コンサートに行ったりしますが、なぜそれをするのか、特に説明は求められないですよね。

普通は「したいからする」で済むんですけど、でも障害のある人たちとかマイノリティーって、そういう「自分がしたいこと」ひとつひとつに対して、なぜそうする必要があるのかとか、それをやったからどうなるんだとか、何かメリットはあるのかとか、ものすごく聞かれるんですよ。

以前、精神科病院の中で絵を描いている人たちの活動を取材していたんですが、世の中に絵を描いてる人はたくさんいて、世間一般的には「何で描くの？」「描きたいからです」で済む話が、「精神障害者」が絵を描くと、「絵を描いて病気が治るのか」「症状がよくなるのか」「就業・自立につながるのか」とか、いろいろ突っこまれる。立場の弱い人たちほど、自分がこうしたいとか、これをやりたいということに対して、鬱陶しいぐらい説明を求められるんですよね。

花田　ただの欲求や願望にいちいち説明を求められるのはしんどいですね。しかも「ほんとうに必要なのか？」とちょっと抑えこまれるような言い方で。

荒井　でも、コロナ禍という混乱の中で、多くの人がその説明を求められましたよね。「今フェスをやる必要があるのか」「飲み会をやる必要があるのか」とか。

花田　ああ、なるほど。

荒井　相互監視的に説明を求める社会というのが、この緊急事態の中で形成されたと思うんです。「自分が遊びたいから遊ぶ」というわけにはいかず、「経済を回すため」みたいな言い訳が必要になってしまう。でも、マイノリティーって、昔からずっとこうした説明を求められてきたんですよ。なので、鬱陶しい時代ではあるけど、今まで私たちが「当たり前」だと思ってきたことを「当たり前」として生きてこられなかった人たちのことを、こんな感じだったのかなと想像したり、慮《おもんぱか》ってみたりすることはできるな、と。もちろん、「同じ気持ち」になるのは難しいでしょうが、でも「同じ方向」は向けると思うんです。

花田　このコロナ禍で、「マイノリティーの生きづらさの一日体験」みたいなことに、今みんながなっているんですね。

　でもせっかくその生きづらさを私たちが疑似体験できても、相変わらず他人に迷惑をかけてはいけないし、他人には迷惑をかけられたくない、という社会を続けてしまっている気もします。
駅のポスターで信じがたいなと思っているものがひとつあって。震災が起きたときには交通網が混乱するからすぐに帰ろうとするな、その場にとどまれ、という内容のものです。帰りたい人は、家族と一緒に過ごしたいとか何かが心配とか、それぞれにとって大事な理由があると思うし、そもそも理由がなくても帰りたい人は帰ろうとしていいと思うんです。急いで帰らなくても大丈夫な人や交通機関で帰れない人のために近辺に施設や環境を用意していますよ、という宣伝ならともかく、あまりにも想像力がなさすぎるな、と思って。

荒井 人ってそれぞれの事情がありますよね。その基本的なところをふまえない広告や啓発的メッセージが流布されていて、すごくモヤモヤがたまります。最近のCMでも女性の描き方の気持ち悪さが炎上するケースがいくつかありましたが、あれって、企画段階でいろんな人が参加していて、自由にものが言えていたら、「おかしいよね」って意見が出ていたと思うんです。多分それがないんですよね。
公共広告もトップダウン思考というか、単一の価値観、単一の行動指針が望ましいものとして出されちゃう。それがすごく気持ち悪いし、その気持ち悪さに気づいていない人たちがそういうものを作っているのがさらにひどいですよね。

花田 今の政治の気持ち悪さと全部つながっていく感じがしますよね。

荒井 そう、私たちはほんとうに気持ちが悪い時代を生きているなって。

「やさしさ」ってなんだろう

花田 「やさしい人になりたいな」と日々思うのですが、悩む局面がたびたびあります。荒井さんも本の中で、被災した人に『頑張れ』と言うことの害について言及されていましたが、頑張れ、という言葉には暴力性とか、あるいは言った側の自己満足という側面もありますよね。最近は被災地への千羽鶴や古着が迷惑になることもある、というケースもだいぶ言われるようになったり、善意の押し付けを拒否してもいい流れになっているのは、いいことだなと思います。

ただ、その一方で「頑張れという言葉が傷つけてしまうかも」「他の言葉でも傷つけてしまうかも」と足がすくんでしまう面もあって。たとえば近くにいる人が家族の死とか、何かつらい状況にあるときに、なんて声をかけていいかわからなくて結局何も言えなかったり。逆に自分がつらい状況にあるときでも、まわりを戸惑わせてしまいたくなくてそのことを言えなかったり。やさしさが悪い方向に空回りしているような、こういうときどうしたらいいんだろう、って思います。

荒井 どうしたらいいんでしょうね。ただ私は、こういうふうに「悩む」こと自体が大事だと思うんです。「悩む」という心のブレーキがある程度働いていれば、そこに過剰な暴力は生まれにくいだろうとは思うんですね。そのブレーキが働くかどうかということが重要なのかな、と。

「やさしい」という言葉は、ここ数年でずいぶんイメージが変わってきたような気がします。

花田 そうですね、やさしい、って言葉の意味が広すぎますね。どんなふうに変わったと感じますか？

荒井 30〜40年前だと「やさしい」は男性のジェンダーと結びつくと、力強く守ってやるという強さを想起させたし、女性のジェンダーと結びつくときは、包容力やあたりの柔らかさみたいなものとして考えられていたと思うんです。

最近の「やさしい」のイメージで印象的なのは、作家の大前粟生さんでしょうか。大前さんの作品、たとえば『ぬいぐるみとしゃべる人はやさしい』（河出書房新社、二〇二

○年）では「やさしい」という言葉が、脆弱性の許容、他者への共感、加害性への恐れ、といったイメージで使われていますよね。「やさしい」という言葉にそういうイメージが盛り込まれているというのは、やはり時代の要請があるんだと思います。弱さを認めたり加害性を自覚することが「やさしい」と言われるこの時代って何だろう、というところは考えたいです。

花田　たしかに変わってきているかも。そうすると自分が漠然と抱いている「やさしい人になりたい」とは何を指し示していたのか、自信がなくなってきます（笑）。

荒井　それから、「頑張る」という言葉にもいつもすごくモヤモヤしていて。「頑張る」って、コロナ禍でよく見聞きしましたけど、私たちは「頑張っている」んですかね。「頑張る」って望ましい姿みたいな感じがしますよね。

花田　そうですね、前向きなイメージですね。

荒井　でも、私が親しくしている飲食店の人や、旅行会社に就職した卒業生とか、「頑張っている」という次元ではなくて、もう何だろうな、溺れていて、必死にもがいているんですよ。

それは「頑張っている」ではないんですよ。

花田 ああ……。

荒井 生きるか死ぬかの瀬戸際でもがいている人っていうのはたくさんいて。でも「頑張っている」という言葉にしてしまうと、そんなに助けなくてもよくて、褒めて、拍手して、あたたかく見守ればいいよね、みたいになってしまう。医療従事者も「頑張っている」んだから、ブルーインパルス飛ばして、ビルとか橋とかをライトアップして感謝の意を示せばいいんでしょ、って。「頑張れ」という言葉が覆い隠してしまうものをきちんと見ていたいです。

花田 「頑張れ」は困難な状況にある人に対しての、自分の思考を停止させてくれる便利なワードなのかもしれないですね。

荒井 これさえ言っておけば自分は悪役にならずに済むというか、自分は無傷でいられる言葉っていうのがやっぱりあって。「頑張れ」とか、あとは「大丈夫」もそういう言葉になってしまったのかな、って。

花田　そういう言葉、無自覚に使ってしまいそうで怖いです。

やさしい言葉を降り積もらせていこう

荒井　「やさしさ」ってなんだろうっていろいろ考える中で、「こうあるべき」とかじゃなく、私は私なりにこういうことが気になっている、という話なんですけど。
　私にはパートナーと、子どもがひとりいるんですね。いつも家事とか子ども関係のことは、お互いに分担しながらやっています。で、何かちょっと手が回らなかったりするときなんかに、妻に手伝ってほしいと声をかけることがあるわけです。そういうときには「きちんとお願いする言葉」で言うようにしています。私が気にしているのは、私の姿をうちの息子が見てどう感じるかなんです。

花田　うんうん。なるほど。

荒井　私も妻も教員なので、仕事柄いろんな年齢の子どもたちと接するんですよ。そうすると、ある時期から子どもたちに、「女の人は男の人の手伝いをするのが当たり前」「女の人＝無条件に手伝ってくれる人」といった価値観がインストールされてしまうような感じがあるんです。それがすごく嫌で。なので普段の言葉づかいの中で、「人にものを頼むときは『お願い』が必要なのであって、夫が妻に何かを手伝わせるっていうのは決して自然なことではない。男だろうが女だろうが、手伝ってもらうときには『お願い』をするものなのだ」って伝わるようにと考えているんです。

花田 いいですね。「こうすべきだ」という説教より、そういう細かいところやニュアンスから影響を受けるというのは大いにあると思います。

荒井 はい。この本を書いたもともとの根っこの部分を掘り下げて、自分は何がしたかったんだろうというふうに思い返すと、何か……これからの社会にどういう言葉を残していくか、子どもたちの世代に何を残して、どういうふうにしたいのかというのを、そろそろ大人として、きちんと責任持たなきゃダメだよなって思ったんですよね。

私はいちおう言葉を職業としている人間なので、この社会に「どういう言葉を残していけるか」ということをよく考えます。苦しくない言葉のバリエーションを増やし、いろんなところに残しておきたい、というのが、自分の中にあるんです。

花田 「言葉が降り積もる」と、本の中でも書かれていましたね。わかる気がします。荒井さんのように、いい言葉も悪い言葉も、この世界に降り積もっていくものだとして、ヘイトや差別の言葉、人を苦しめる言葉に対抗するためには、と考えたとき、私は運動会の玉入れ競争が思い浮かんだんです。敵チームがカゴに入れた玉の数より多く、こちらが魂のある言葉を世に送り出し続けるしかないんじゃないかな、と。

荒井 面白いことを言いますね。

花田 スマホが普及した頃に流行した「イングレス」というゲームがあって、スマホから取得できる自分の位置情報をもとに、世界中のユーザーが青と緑のチームに分かれて陣取りゲームをするんですね。自分が初めてログインしたときには、もう既にけっこうな差で敵のチームが勝っていたんですよ。「これってもう規模が大きすぎるからくつがえらなくないか」って一瞬思ったんですけど、でも世界のみんなでやってるからくつがえる可能性もけっこうあるなってハッとして。実際に勝ち負けは流動的でした。それ自体はただのゲームなんですが、何かその体験を自分は象徴的に感じていて、一見くつがえらないように感じられることでも、勝つために何かすごく大きい作戦とかがあるんじゃなくて、とにかく自分たちが地道に一歩一歩を積み重ねていくしかない。

いい言葉と悪い言葉の戦いなんて、そんな単純なものではないとは思うんですけど、いい言葉を積み重ねる、降り積もらせていく、という地味な作戦が結局いちばん「勝つ」のではないかと感じています。

荒井 やっぱり「言葉を残しておく」ということは、すごく大事なんだと思うんです。

花田 それは名言のように輝いてわかりやすい言葉のことではなくて、ですよね。

荒井 「やさしい」というのは、瞬間的な感情も指すと思うんですよね。瞬間的なものだけでなく、中長期的にみたときに、何ができるんだろうとか、どういうことができるんだろうって考えたり、思い悩んだりしながら、自分が生きてることとか日々の暮らしを見つめ直していくというのも、「やさしい」を考えることにつながるのかなと思います。

まとめないことの大切さ

花田 この本は、いろいろな事象を通して「人権」について書いた本だとも言えると思うんです。

人権というのは私たちが日常の中ではあまり使わない言葉というか、たとえば難民の方や、もしくは法的な用語として使うようなイメージになっていますよね。もっと普通に広く、毎日を過ごす中で『人権ムード』が盛り上がったらいいなと思っています。

荒井 人権という概念自体、私たちの社会ではこれまできちんと議論することができていなかった気がしています。ただ一方で、私がお世話になった障害者運動家の方たちは「権利」という言葉をほとんど使っていないんです。

花田 それは意外です。どうしてですか？

荒井 権利とか人権って、下手に使うと「これ以上議論しなくてもよい言葉」になりかねないんですよ。「俺の権利だから！」っていうかたちで相手を黙らせる言葉になってしまう。私がお世話になった運動家の方たちは、そうした点を懸念してこの言葉を使うことには非常に慎重でした。権利とか人権って「優遇してほしい」というニュアンスで捉えられてしまうんですが、これは誤りなんです。本来は、どんなに意見や価値観の対立があって嫌ったり恨んだりしたとしても、ここから先は侵害してはいけないというボーダーラインを示すものなんですよね。さすがにこのラインを越えたらヤバいだろうという一線です。障害者運動って「障害者の要求を呑め！」とも「障害者をチヤホヤしろ！」とも言っていなくて、ただ単純に「みんなと同じボーダーラインで扱ってほしい」という運動なんです。

花田 なるほど。

荒井 だから今、この社会で人権の感覚が崩壊しているというのは、そのボーダーラインがなくなりつつあるということ。たとえば入国管理局で死亡したウィシュマさんの件、難民認定の件、それから外国人技能実習生とか、非正規雇用、ワーキングプアの問題。これらはものすごく恐ろしいことだし、これからもっと怖いことが起こり続けると思うので、みなさんもっとこの問題を考えませんか、とあちこちで言うようにしているんです。ただ、花田さんは書店員だからわかってくださると思うんですが、人権の本とかって、売れなくないですか？（苦笑）

花田 あはは（笑）。いや、でもね、私が希望だと思っているのは、フェミニズムって書いてある本は3〜4年前までは売れなかったのが、この数年で急に「『フェミニズム』と書いてあると売れる」という状況に一転しました。結局こういう問題って下から突き上げて崩すしかない、と思う中で、フェミニズムというところの穴が開いたら、今度はそこから発展する。性教育の本などが顕著なのですが、性教育で何を子どもに伝えるべきかと各々が考えた結果、つまり「人権」を教えることなのではないかという結論に全体的に辿りついてるんですよね。だからどこか一か所崩れると、けっこうなし崩し的にいける可能性があるぞ、と私は前向きに思っていたりします。

荒井 昔の社会運動の言葉で言うと「一点突破、全面展開」ですね。障害者の人権の問題は特にとっつきにくいというか、専門性が高くて、にわかには手を出しにくいと思われがちなんです。だから、そういうかたちで風穴が開いて、フェミニズムとか、あるいは環境問題とかの一点突破から、人権の問題へと面的につながっていったら面白いですね。

花田 自分ごとの問題が社会の中でひとつでも変わっていくのを体感できると、もしかしたら別の問題でも同じことが起きているかも？　と想像しやすくなるというのはあると思います。

荒井 たとえば本を書くとき、書店のどこの棚に置かれる本なのか、ということを出版社の営業さんが言うのですが、そういうことを言われるとそれを考えて本を書いてしまいそうな自分がいるわけです。でも、世界は書店の棚よりも複雑なんだから、なんで書店の棚に合わせて本を作んなきゃならないんだって思うようにしていて。書店の棚のジャンルに収まりにくい本を書く、そういう仕事をしていきたいなと思っています。

花田　自分の個人的な考えですが、どこのジャンルに分けていいか迷う本というのはやはりいい本の可能性が高いと思うんですよね。私たちって何かひとつの問題だけを抱えて生きているわけではないので。だからジャンルを横断しているような、これ何の本なんだ、どこに置くんだ、と困らせてくれるような本は、少なくとも私は好きですし、そういう本が最近注目される傾向にある気がします。

荒井　いい話を聞いたな。じゃあ書店員さんが困る本を頑張って書こう（笑）。でも花田さんはそう言ってくれるけど、今の社会は感情の整理がつかないものは嫌われるし、感情の整理がつきやすいものが好かれる傾向にあると思うんです。映画やアニメでも「ここで泣いてください」「ここで感動してください」というかたちで、感情の持って行き方が整理されているものがヒットしていると思うんです。でも、感情の整理のつかないもののほうがこの社会には多い。だからうまくまとめられないものも、できるだけ、そのままのかたちで丁寧に届けたいと思うんです。

花田　ネットニュースなどでも「要点を3行にまとめました」みたいなの、ありますね。そういうものが求められているのを感じる半面、何か貧しさというか、そうじゃないだろう、というのは感じます。

荒井　「ざっくり言うと」とか言う人がいて、それを言われるたびに「ざっくりしないでください」って思うんですよね。何か、きれいにまとめられるとムカつくというのが自分の中にあって。何を大事にするかっていうのは人それぞれ違うはずなのに、まとめるっていうのは誰かの価値観で「大事なことはこれです」って押し付けられている気がするんですよ。

花田　ほんとうですね。今日荒井さんとお話しして、「まとめない」ブームが自分の中に来そうです。「まとめない」こと、大事にしたいです。そろそろ時間なのですが……うーん、今日のお話を最後にひとことでまとめていただいて……、なんてこと絶対言えないしな（笑）。

荒井　いやいや、今日の話はざっくりまとめていただいて（笑）。

花田　えーっ！　ふふふ。ありがとうございました。

社会学者

岸政彦

「『聞く』って難しい」

面白い語りって、「そういえば」とか「今思い出した」から始まるの。

『東京の生活史』（筑摩書房）

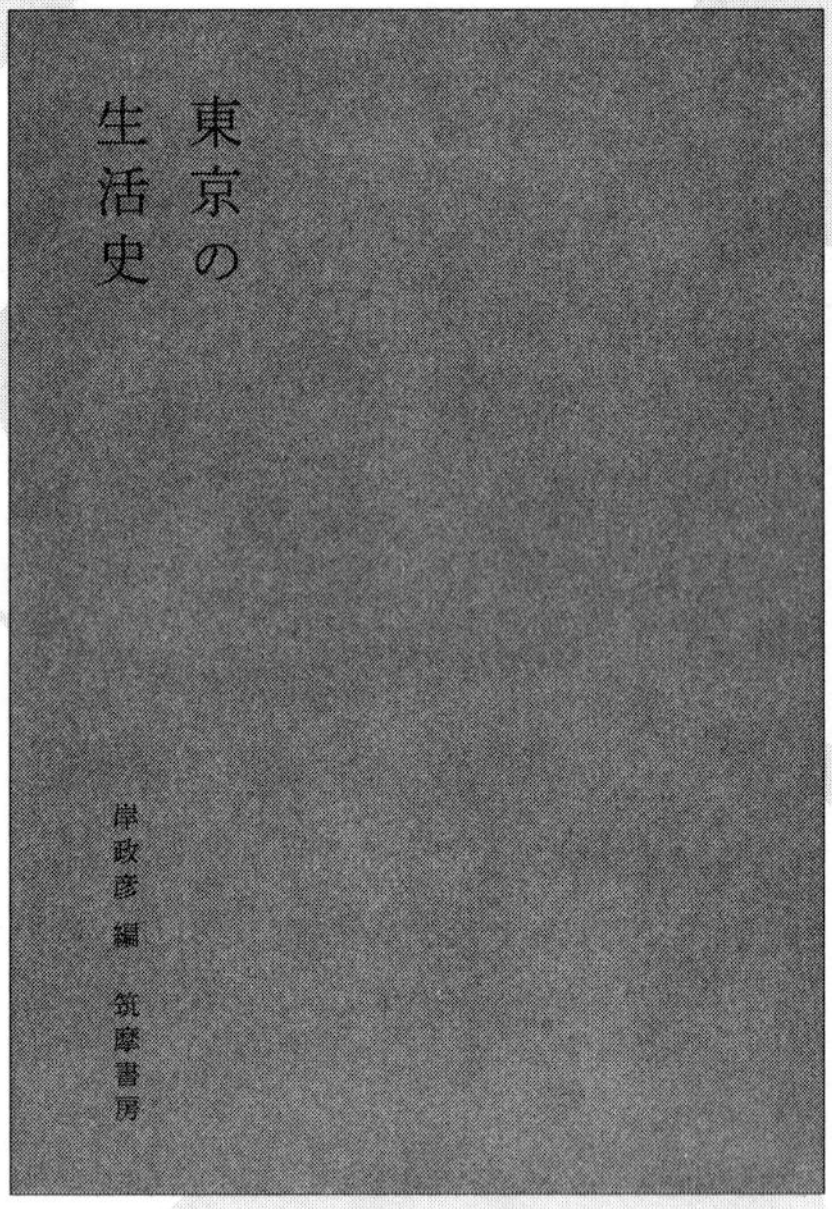

たまたま集まった聞き手が、ひとりの知り合いに声をかけ、その生活史を聞く——。いまを生きる人びとの膨大な語りを1216ページに織り込んだ、かつてないスケールのインタビュー集。

岸 政彦（きし・まさひこ）

京都大学大学院文学研究科教授。専門は沖縄、生活史、社会調査方法論。著書に『同化と他者化』『断片的なものの社会学』『マンゴーと手榴弾』『ビニール傘』『リリアン』『沖縄の生活史』（共監修）『地元を生きる』（共著）など。

目次だけで16ページある異例の本

花田 『東京の生活史』、現在は4刷と伺いました。すごく売れてますね。発売前から私のまわりを含め一部では話題になっていましたが、値段も4000円超えで、あのぶ厚さもあって、元から興味を持っていたわけではない人がどれくらい購入するものなのかなあと思っていたのですが、予想以上に注目されているなと感じています。

岸 よくエゴサするんですが、衝動買いした、って人も何人かいました。知らずに店で見かけて、何だろうって手にとって、コンセプトが面白そうだし買っちゃった、みたいな人、けっこういます。

花田 東京に何らかの関わりがある150人から150人の聞き手が人生の話を聞いて書き起こしたものを一冊の本にする、という今までにないコンセプトが興味深いのはもちろんなのですが、まず目次の長さが異常で（笑）。読んでてすっごく面白いんですよね。これは確信犯というか、狙ってやってますよね？

岸 当初、担当編集者は目次に「20代・OL」「50代・自由業」みたいなカテゴリをつけようって言ってたんですけど、強硬に反対して。だって「20代・OL」なんて人はどこにもいないから。ゲイの人もたくさん出てくるんですが、結婚して子どもができて、それが人生の最大のトラウマ、みたいな人もいて。でもゲイなんですよ。だからカテゴリをつけなくてもいいんじゃないかって。それだったらもう、語りの中のものすごい印象的なフレーズを目次に使おう、と言って並べたんです。

花田 私は発売前に書店員用にいただいた冊子でその目次を読んで……、ほんとうに「読む」という表現がふさわしいと思うんですが、とにかく長いんですよね。営業時間前にチラッと読むつもりがぜんぜん読み終わらなくて。読み切るには10分くらいかかりますね。

岸 面白いですよね。目次が長すぎて1人目が始まるのが21ページからだし（笑）。また、ええとこ（言葉）ひっぱってくるんですわ。

花田 いや、でもあれはほんとうに上手だと思う。買う気なく店頭で本を開いた人も、目次を見たら、あの、たくさんの人の人生の言葉が次々にわーっと降りかかってくる感覚に圧倒されて、買いたくなってしまうと思います。あの目次の魅力はこの本の魅力そのものでもありますね。

目次に使うフレーズは編集者さんが選んだということですか？

岸　書き手におまかせしました。書き手への説明会でも、たとえば、「あなたにとって東京とは何ですか？」みたいなことを聞かないでください、と伝えました。なんかまとめられたくないんですよ。でね、人って2～3時間語ると6万字くらいになるんで、それを1万字に削ってもらうんですけど、それも要約して削るんじゃなくて、語り口は全て残して段落単位で消してください、って。途中で話が飛んでもいいし。だから基本的に全部の話が途中から始まって途中で終わってるんですよ。だからタイトルも、「タイトルっぽいものつけなくていいです」って言って。前後の文脈がわからなくてもいいし、意味がパッと見てわからなくてもいいから、特徴的な、いちばん刺さったフレーズを一文抜き出してください、って。

花田　なるほど、そういう経緯で生まれた目次なんですね。

岸　みんな聞き取りよりも本文を1万字にするのがとにかく大変で、そっちが最大の悩みやったみたい。ただ言ったんです。使うのはどこでもいい、ランダムでもいいくらいですよと。これまでの経験上、本人チェックのときにも「ヤクザが――」とか「離婚して――」

とか、読み手としていちばん面白いところに限ってここは消してくださいって言ってくるんです。でもそこで絶対、「どうしても使いたいんで使わせてください」って粘らないで、無条件で語り手の言いなりになって全部消してくださいと。なぜかというと、これが不思議なんですけど、エキセントリックに突出した部分を削ってもその語りの面白さって変わらないんですよ。

花田 不思議です。そこが面白いですね。

岸 大鍋に味噌汁作って、そこから一杯だけ出しても味は全然変わらないでしょ？　って。これいいたとえやなって思ってるんですけど（笑）。

花田 でもそうなんですよね。聞き手はたしかに語り手の波乱万丈さに惹かれてその方を選んだんだと思うんですが、実際に読んでみるとその人の人生が派手でも地味でも同じように面白いです。あと、「今後はどうしていきたいですか」というような終わり方をしないところにかえって心を摑まれます。ホームレスの方の語りで、最後が子どもの頃の記憶、冬の狩猟の銃声のエピソードで終わる話とか、余韻がすごいですよね。

岸　あれすごいですよね。

花田　この対談の連載でも「今後の抱負は」とか「あなたにとって○○とは」で締めてはいけない、というのがすごくわかって、勉強になります（笑）。

新幹線で隣り合った人からの、突然の生活史

岸　そうそう、昨日新幹線で大阪から東京に向かってるときに人身事故があって、6時間ぐらい止まってえらい目に遭いました……。1本前の車両が浜松駅までバックして、乗客全員を降ろして車庫行きになって。その1本後ろの僕の乗ってた車両に、その人たちがみんな乗ってくることになったんです。

花田　大変でしたね。じゃあ2台分のお客さんが。

岸　うん。でもお互い様やし、僕も荷物片付けてたら、隣に70歳くらいの男性の方が乗ってきて、お互い「どうもどうも」「大変でしたねえ」って言いあって。僕がぽろっと「お仕事ですか？」って言ったら、豊橋から品川までその方の生活史を聞くことになった（笑）。

花田　そんな展開になるんですか。すごいですね。

岸　京都で会社をやってるお金持ちのおっちゃんやって。生い立ちとか、一族の相続にまつわる話とか。そのほかにも、個人情報だから言えないけど、びっくりするような話ばっかりで。

花田　やっぱり岸さんが「持っている」人なんですかね。いや、たまたまそういう人が隣に乗っても、岸さんだから聞き出せるのかな。

岸　なんかそういうこと多いんですよね。でも「どうやって人の本音を引き出しているんですか、どういう技術なんですか」とかよく聞かれるんだけど、「あるわけないじゃん、そんなの」って思う。頷いてるだけです、「へえええ」って。文字起こししてると自分の唸《うな》り声がうるさいってくらいずっと唸ってる。

花田　その話を聞けるルートと聞けないルートが分岐していると思うんですよ。さっき「あなたにとって東京とは何ですか?」みたいな質問をしないでほしいと書き手の方に伝えたという話がありましたけど、たとえばそういう質問で閉じていくルートってありますよね。

岸　ああ、閉じますねえ。

花田　それに、ただ聞くといっても、黙っていて向こうから「実は俺ね」って話が始まることもまずないですし。

岸　僕もそんなめっちゃオープンでフレンドリーなわけじゃないんですけどね。何だろうな。でも、そうだなあ、女性同士のほうがそういうの得意かもしれんね。かわいらしい鞄ですね、とか。

花田　最初のきっかけは警戒を解いて親しみを伝えるための、無難な声かけなんですね。接客にも似てるかも。

岸　そこから意外に話がすっと始まるというのはある。しゃべりたくないときもありますけどね。

花田　そう、岸さんでも、しゃべるの面倒くさいなって思うときもあるのかなって疑問に思ってました。

岸　めちゃくちゃありますよ。俺はひとりで飲みたいねん、って思う（笑）。

花田　どこかで飽きたり、いいところで切り上げたりするものですか？

岸　なんかね、聞かなあかん感じはいつもあって。那覇のよく行くスナックなんかでもそうだけど、やっぱりとなりのおっちゃんやママとの会話が始まると、最後まで聞いちゃうんですよ。多分そういうスイッチが長年のあいだにできてて。

花田　職業病みたいな。

岸　そう。もう徹底的に、相手が帰るまで聞く。こっちから切り上げないっていうのが構えとしてできているのは、ありますね。

生活史と酒場のトークはどう違うのか

花田　水商売のアルバイトをしていたことがあるんですけど、そういうところに来るお客さんの話がつまらないっていうのは世の常じゃないですか。自慢話や苦労話、自分語りをずっと聞かされるというのは基本的に退屈であり、苦痛であると。でもそれって、生活史と何が違うんだろう、って。

岸 一緒じゃないかなあ。僕が何でスナックでもどこでも聞いてるかっていうと、社会学の世界で生活史をやってきて、論文書いて就職して、教授にもなったんで、生活史を聞くってことは僕にとっては労働だから。

花田 でも、だとしたらなんで『東京の生活史』は面白いんですかね？ だから、あの当時、自分も生活史という概念を知っていて貴重な生活史を今聞いているんだと思ったら面白かったのかな、と考えてみたりするのですが。

岸 いやあ、どうやろな（笑）。でもひとりの人だけ3時間接客とかできないでしょ。

花田 たまにあったんですよ。長く在籍していたのが小さい店だったのもあるし、大きい店でもずっとひとりの人といい感じに話し込んでるなと判断されると放っておかれたり。それでがっつり2人でしゃべって、ということがあると、普段はつまらない「客の話を聞く」ということが楽しく、特別な時間だったなと感じることはありました。

岸 そうか。花田さんがそのとき聞いたような、「まとまった話」ってやっぱり面白いんだと思いますよ、どこで聞いても。

でも逆に、「酒場のトーク」っていうものもまたありますよね。だからスナックで働く子が「お客さんの自分語りも生活史だと思って聞けば面白いかも」と思って話を聞いてみたとしても、やっぱりそれは「なんかおもんないな」って思うんちゃうかな？

前に、別の社会学者に生活史全体に嫌味を言われたことがあって（笑）。「改まったインタビューで本音なんか出てこない。私は居酒屋で隣のおっちゃんがポロッと漏らした本音のほうが好きだ」みたいなことを言われて。あー調査やったことないんだな、この人、って思った。

花田 ああ、わかります。酒場などの「本音トーク」に思えるものって、本音っぽいという様式美をなぞっているだけで、むしろ本音から遠いこともありますね。真偽を問わず「あの人を尊敬している」よりは「あの人ちょっとどうかと思う」と言うほうが本音っぽく感じられるから。居酒屋ウケするサイズのトークにして話す、というパターンは多々あると思います。

岸 酒場の話はしょせん酒場の話なんですよね。本音でも何でもない。逆にシラフで初対面でも、昨日の新幹線みたいに何時間もじっくり生活史を聞けるときもあるし。

花田 それにつながる話かわからないですけど、用意された語りってつまらなくて。パッケージングされている語りって、つるっとしていて、あ、もうこれ完成されてる話だなと思うんですよね。カラオケでこの人この曲歌い慣れてる、というのがわかる感じと似ているというか。

岸 そういうことなんですよ。面白い語りって、「そういえば」とか「今思い出したけど」から始まるの。沖縄戦の研究でも最近トラウマっていう視点から入る人が多くて、僕ちょっとそれが嫌いなんです。トラウマとか、アダルトチルドレンとか、毒親とか、ケアとか、レジリエンスとか、そういうものに還元したがる人の話法っていうのはあるなあ。パターン化されて作られてるのが見えちゃう。

花田 ああ、そうか、その人が自分でパッケージしたというよりは既製のパッケージに入れた語りだから。もちろん、いったんそのパッケージに入れて自分を捉えてみることにもその人にとっては意味があるのだと思いますが。

岸　だからまあ、生活史の調査って特殊なセッティングなんだなって改めて思いますよ。インタビューってみんなやっていることだから誰でもできることなんだけど、3時間徹底的に自分の生い立ちをしゃべる経験もそれを徹底的に聞く経験も、普通の人生にはなかなかないわけですよね。カウンセラーの人も、僕のやり方はカウンセリングとも違うし、傾聴とも全然違うって言ってた。

花田　そうなんですね。

岸　カウンセリングは、たしかに相互行為的にというか、聞き手と語り手が協働して行う作業なんですけど、それでもやっぱり、たとえば家族歴とか、その人の抱えてる心的な問題の「原因」を探ろうとしますよね。何かのゴールなり目標なりに向かって進んでる。これに対して僕の聞き取りは質問しないんです。僕らはそもそも役に立たないし、どこにも向かわないんですよ。だからやっぱり他の何とも違うなと思う。昨日の新幹線の話は、あれは生活史だったな……。生活史っていうのは、何かすごい特殊な、特有の実践なんだと思います。

15分の曲を3行に要約することはできない

花田　岸さんは「生活史は役に立たない」と言いますが、これを読んで癒やしのようなものを感じる人は多いのではないかと思います。

岸　いやあ、よく言われるところでもあるんですが、やっぱりあくまでも結果の話なんですよね、それは。

花田　だからカウンセリングが効かない人にもこの本の効用はあるんじゃないか、とか。いや、役に立つからいい本だ、とは言いたくないんですけど。

岸　そうでしょう?

花田　私が感じたのは、たとえば自分の気持ちがすごく荒《すさ》んでるときにショッピングモールのフードコートなんかに行くと、この世で自分だけがつらくて他のみんなは全員幸せそうに見える。すごく世界への視力が弱まっている状態で、昔のネット上のジョークじゃないですが、「リア充爆発しろ」みたいな感覚があるんじゃないかと思うんです。

岸　銃乱射するパターンやな（笑）。

花田　そうそう、きっとその感覚の行き着く先に通り魔殺人とかがある。「誰でもいいから殺す」っていうのは実の親や同級生ではダメで、何か顔のないモブのようなものを次々殺したいという状態じゃないですか。でも、だからその対極にあるのがこの本だなと。どんどん視力が良くなる。

岸　そうですねえ。銃を乱射しなくてすむ本。

花田　銃乱射しなくなるし、あとは自殺防止的でもあるなと思います。「死にたい」と言っている人に何と声をかけるかという普遍的な議題がありますが、「生きていればいいことがあるよ」はたしかにそうなんですが、ただやっぱり死にたくなっている人に言ってもなかなか効かないかもしれない。だから「最後にこの本読んで」って、そういう効き方はあるんじゃないかと。もちろん実際のところ、それくらい苦しい方が本を開けるかどうかというのは難しいところですが、そういう種類の本だと思います。

岸　いやー、この本で思いとどまるかな、それはちょっとあれだけど（笑）。でもこの本の良さは伝えたいなと思うんですよね。僕はひさしぶりに、心からいい本作れた、って言える本ができたなと思ってます。「癒やされる」か……うーん、純粋に「面白い」でいいと思う。なんか、役に立たないはずの社会学者が役に立とうとして「これ癒やしになりますよ」みたいなことを自分で言っちゃうことに、強い嫌悪感があるんです。

花田 この本の良さを人に伝えるのはほんとうに難しくて。書店員をやっていることもあって、普段は「この本を読むと、こういう気持ちになります」とか「こういう感動があります」とか……さすがに「泣けます」は言わないですけど（笑）、そういうプレゼンを日々しているわけです。そういう言葉が見つかるんですよ。ただほんとうにこの本だけは難しい。「何も起こらないのがいい」と言いたいけど「いや、起きてる」って思うし、「いろんな人の人生がある」とかでもないし、岸さんもよく否定されてますけど「どれもかけがえのない人生」みたいなこととも違って。

岸 うん、違う違う。

花田 だから結局この本の面白さをずっと言い表せないでいるんですけど、それでもやっぱり開いてみると、なぜかずっと読んでしまう面白さがあるというか。

岸　ラジオとか音楽って、こういう感じじゃない？　だからこれって時間的な表現、というのかな。
　僕、シュノーケルで素潜りしたりとか、行き先を決めずに散歩するのがすごい好きなんです。だんだん迷っていって、で、気がつくとすごいところまで来てる、みたいなのが昔から好きで。

花田　私もそれ、すごい好きです。何もないときもあるじゃないですか。すごいいいとこに出るんじゃないかと思って歩いていったら、「いや、何にもなかった……」みたいな（笑）。

岸　普通に歩いて帰ってくるだけとか（笑）。東京とか大阪の街って基本住宅地なんで、別にそんなにドラマチックな場所じゃないんですよね。だから何やろな、なんかね、たとえば15分の曲があったとして、それは15分かけないとわかんないじゃないですか。

花田　ああ、なるほど。なんかつながってきたような。

岸　本って視覚的な表現だと思われがちだけど実は音楽に近くて、一文字一文字が音符なんですよね。それが一本の線でつながっているんですよ。本って楽譜やなと思っていて。

音楽と一緒で、いい本って要約できないし、その全部を味わうしかない。

15分の曲を3行の文章で表現するとかも、そもそもできないですよね。時間的表現っていうのは、映画でもそうだし、音楽は特にそうなんやけど、15分の曲は15分かけないとわからない。時間的展開を追っていく作品っていうのは、こっちの人生の時間も消費していくわけですよね。こっちの人生の中の15分をそれに使うという、何かそういうのが好きなんですよ。まとめて図式化するよりも、15分の曲を一緒に聴くみたいな感じ。

時間をかけて味わうしかないっていうのは生活史もそうだし、人生がそうですよね。80年生きるっていうのは。

自分を語ってみたくなる

花田 人に会いたくなる本でもありますよね。自分も岸さんに解説を書いていただいた『出会い系サイトで70人と~』の頃はほんとうによく関わりの薄い他者に会い続けていたのですが、それこそコロナ禍で人と会わない生活になって。

岸 あれもすごい本だよなー。名著ですよね。

花田　いやいやそんな、ありがとうございます。で、ずっとそんな感じで突っ走ってたんで、この1年半の凪《なぎ》のような生活は今までになかったもので、これはこれでいいな、と感じていたんです。だけど、この本を読むと「やっぱり、人と会うっていいな」って思います。

岸　いやあ、そうですよ。コロナがこの本にどう影響してるかは僕にもよくわからないけど、でもやっぱり直接人と会うほうがいいよねっていう話ではありますね。
　人と会うというか、「会話」というものには、独自の価値があると思うんです。自分自身は会話は苦手ですが。
　生活史の聞き取りも結局ね、会話を書いてるんですよね。モノローグではなくて、聞き手の語りを絶対入れてください、とはお願いした。会話の形にしてくださいと。
　でも面白いのは、聞き手がしゃべりすぎてるとそれはそれで読みづらくなる。

花田　ああ、読んでいてそれを感じた文章はたしかにありました。この人うるさいなあ、って(笑)。それはそれでまた面白いんですけどね。

岸　聞き手がしゃべりすぎると自分とは違う他者なんだっていうのが浮かんできて聞き手に感情移入できなくなるんですよ。関係ない2人がしゃべってるだけになる。

生活史を書くとき、自分は何を文字化しているんだろう、ってずっと考えてたんです。よく社会学とか人類学の中で「聞き取り調査は当事者の語りの搾取ではないか」という議論があるんですが、僕はそれがすごい嫌いで。語り手になりかわって書いてるつもりは全然ないよな、というのが前からあって。で、じゃあ何なのかというと、つまりこれは聞き手の「聞いた」という経験を再現してるんじゃないかと思うのね。だから読者は聞き手になって、聞き手に感情移入するんじゃないかと。読み手は聞き手と一緒になって語り手の語りを聞いている。

花田　そうですね、目の前でその人がしゃべっている感じがします。自伝を読むのとは違う感覚ですね。

岸　うん。違う。

花田　それで、「人に会いたくなる本だな」というのもそうですし、あと、「自分もそれをやってみたくなる」というのもいい本の特徴のひとつだと思うんです。
カラオケ欲というか、音楽でもすごくいい歌を聴くと「この歌を聴けてよかった」と思うだけでなく「自分もこんなふうに歌ってみたい」「こんなふうに演奏できたら楽しいだろうな」と思いますよね。そういう力がこの本にはある。だからこんなふうに聞いてみたくなるし話してみたくなる。私も誰にも聞かれてないけど捏造《ねつぞう》で、誰かに聞いてもらっているていで自分のことを書いてみようかな、って思いました。自分の人生をこんな静かな語りにして読んでみたいな、って。

岸　花田さんの生活史、僕聞きますよ（笑）。

花田　そんな！　恐れ多いです（笑）。

岸　でも、僕がめちゃくちゃうれしいのが、みんな自分の話をするんですよ。『断片的なものの社会学』のときもそうだったんですが、この『東京の生活史』でも、「あの、私もこんなことがあってね……」って、自分の体験を語り出す。

花田　ああ、わかります。私も『出会い系～』を書いてから、「読みました」って話しかけてくる人、本の感想を話すのかなと思って聞いているとなぜか自分のことを語り出す人がけっこういます。

「お前の話かい！」って思うんですけど（笑）、でも自分の人生のことを語りたくなるような引き金になれたんだと思うとうれしいですね。

岸 そうだよね。あと自分でやってみようかなっていう人もすごく多くて、自分でやってください っていろんなとこでも言ってるんです。

生活史を「自分でやってみよう」っていう新書も今年書く予定なんですよ。

花田 それは読みたいです。

岸 実は僕、この本ではほとんど何にもしていなくて、Ｚｏｏｍで説明会と相談会やっただけなんです。ただこの本作るのに20年かけてきたんだということについては自負があります。僕がいろいろ書くようになる前だったらこの企画は通らなかっただろうし、コンセプトも理解してもらえなかったと思う。

生活史自体は社会学では普通の調査法で珍しいものではなかったけど、これだけ面白いんだよというところまで持ってきたのは俺だ、という自負があるんですよ。それは若いときから強力な確信があって。絶対これおもろいやろ、って。

ホワイトノイズを聴くように読む

岸 僕、夜は薬がないと眠れないんですよ。眠れないときにホワイトノイズかけたりもする。ざーって流れてるだけの。ホワイトノイズって、全周波数が混ざってる雑音で、あらゆる周波数が混ざるとあのホワイトノイズになる。……あれに「ホワイト」って名前つけた人すごいよね。

花田 いいネーミングですよね。いろんな色の光が混ざると白になる、というのと似てる。

岸 変な話ですが、田舎が嫌いなんですよね、僕。海は大好きなんですけど。あの波音は落ち着くんですけどね。静かな田舎とか自然のなかって、人がいない。人がいないと自分の存在が際立つでしょう。自分の脳がうるさいんですよ。自分の存在がすごいうるさくて。俺がうるさい（笑）。で、それが紛れるのはやっぱり周りにある程度人がいるときで、ほとんどの仕事はカフェとか、コワーキングスペースとか、電車とかでしてる。人がざわざわしてるほうが集中できる。多分この本もそういうことだと思うんですよね。読んでるとなんか落ち着く。読むホワイトノイズみたいな。

NHKのディレクターが「これ読み終わったあと寂しくなりました、ざわざわわって通り過ぎて、閉じるとひとりになっちゃう感じがあるから」って言ってて。

花田　誰かを感じられるんですよね。それが近くも遠くもなくて、寂しいようで、でもその寂しさが心地いい。

岸　生活史自体、寂しいですけどね。80歳、90歳のおじいちゃんおばあちゃんに話を聞くと、今は孫やひ孫に囲まれて幸せに暮らしてる人でも、やっぱり生活史って別れの歴史なんですよ。親も死んでるし、子どもの頃住んでいた場所から離れてまた引っ越して、会社も辞めて、全部別れの連鎖なんですよ。出会って別れて出会って別れて。で、結局何か最後に残ってるのはこの人ひとりだなっていうことは思う。沖縄の研究というと普通は共同体の研究になるんですけど、僕は個人の研究ばっかりしてる。ひとりで生まれてひとりで死ぬ話を小説でも書いてるし。
　だから多分、僕はこういうの好きなんだなって。全部通り過ぎて最後ひとりやな、って感じのやつが。

花田　結局ずっとひとり、って言われると、なぜかうれしくなります。うれしいと言うと言い過ぎですが、腑に落ちる感じというか。

岸　みんなひとりなんだな。自分だけじゃなくてみんなひとりなんだな。って感じになりますよね。

文筆家

ひらりさ

「推しとお金と私」

「推し活」の苦しみや痛みも含めてオタクをやってきた気がします。

『沼で溺れてみたけれど』

（講談社）

不倫・ママ活・スピ・推し・タワマン……。溺れているのに、なぜか前向きな彼女たち。女たちの〝お金〟と〝欲望〟をのぞくインタビューエッセイ集。

ひらりさ

1989 年東京都生まれ。女性、お金、消費、オタク文化などのテーマで取材・執筆をしている。女性４人によるユニット「劇団雌猫」名義での共同編著に、『浪費図鑑 悪友たちのないしょ話』、『だから私はメイクする』、単著に『それでも女をやっていく』などがある。

語られてこなかった「女のお金」

花田 今はイギリスに留学されているんですよね（※2021年時点）。どれくらい滞在される予定なんですか？

ひらりさ 1年間大学院に通ってジェンダー論を勉強する予定です。イギリスの大学院は1年で修士号が取れるので、コスパがいいなと思ったのですが、実際は4倍ぐらい大変なだけでした（笑）。でも今2ヶ月くらい経って、やっと手を抜く方法を覚えてきました。

花田 なるほど。大変そうだけど、少しずつなじんできているんですね。
　ひらりささんはこれまでは「劇団雌猫」というサークル名義でオタクについての本を何冊か出されていて、単著デビュー作となる『沼で溺れてみたけれど』はひらりささん個人名義の本なんですね。オタクに限らずいろいろなものにハマった女性たちのお金にまつわる話の聞き書きですが、自分がオタク気質ではないのでよけいに面白かったです。

ひらりさ 劇団雌猫として女オタクたちの浪費をテーマにした同人誌「悪友Vol.1浪費」を出したのが2016年、それが書籍『浪費図鑑』になったのが2017年。それから同人活動も継続しながら、本やコミカライズを10冊以上手がけました。

ネット上で知り合う「すごい（お金を）積んでます」とか「ツアー全通してます」とか言う人たちって、どうやってお金をやりくりしているんだろう？　と日頃から感じていたのですが、日常生活のプロフィール抜きでつながっているネット上の関係性だと逆にそういうことが聞きづらいんです。それで、ネットで言えないなら匿名で紙に残そうと思ったのがきっかけです。

花田　これは『浪費図鑑』が大きな話題になった理由でもあると思うんですが、それ以前にはこういうお金の語られ方ってあまりなかったと思うんですね。オタク、推し、という言葉が市民権を得てきた時代の変化もあると思いますが、《『浪費図鑑』以前》は女性誌のお金特集でも貯金や生活や節約のことが中心で、「趣味に使っていいお金は月3万」というような語られ方しかされてこなかった。まるで日本の学校の性教育みたいに、きれいでまじめなことしか言われなかったですよね。

ひらりさ　そうやって趣味のお金が当たり前に最初に削るものとされていることへのカウンターもあったし、〈丁寧に暮らす〉〈コツコツ将来のために〉など、２０１０年代半ばの時点では、そういう価値観がまだ女性にとっての美徳にされていることへのアンチテーゼとしての意味合いもありました。

花田　たしかに。『浪費図鑑』のときはそういう意味でも無駄遣いをポジティブに語る側面が大きかったのかなと思うのですが、今回はまた違うテイストですね。

不幸話を集めているように感じる人もいるかもしれませんが、そうではなくて、止《や》むに止まれず溺れて、普通じゃない体験に振り回されたとしても「こうならないように気をつけよう」とも「不幸でもいいんだ」とも言わない。前書きで書かれていたとおり「人生は続いていく」というそのメッセージがすごく伝わってきて、そこからどどっと押し流されるようにのめり込んで一気読みしてしまいました。

ひらりさ　ありがとうございます。『浪費図鑑』は趣味への支出がネガティブに受け取られることへのアッパーな反動だったので、『沼で溺れてみたけれど』ではさらなる反動として、アンビバレントな部分も含めていろんな人のお金の話を残したいなという思いがありました。

お金を使うことはアイデンティティーになるか

花田　オタクだけでなく、たとえばホストにお金を使うといった文脈でも、無駄遣いや過剰な課金は、ストレス解消とか快楽であると語られがちだと思います。でも本書に登場する、タワマンを購入した方や不倫して慰謝料を500万円払った方の話を読むと、お金を何に使ったかという事実がその人を支えることもあるのかな、と思いました。

外野からだとCDを複数枚買うことは握手会などのイベントに参加する権利を買っているように見えますが、実は「こんなに使っている私」というアイデンティティーを手に入れるために使っていて、その金額を拠り所にしている部分もあるのかな、と。

ひらりさ　そうですね。誰かを推していること自体がアイデンティティーになるように、お金を使うと自分が存在していると実感できる感覚ってあるよなと思っています。金銭のバランスを崩して冷静な判断ができなくなっているときの、飛び込んでいる自分に対しての興奮とかも……。なんでも、いちばんハマっているときはどこかで認知が歪んでいると思うんです。オタクもそうだし、恋愛もそうですよね。それは危ないことではあるんだけど、そういう瞬間瞬間がないとやっぱり生きていけない時代だなとも思うし。

花田　オタクでない立場からすると、そんなふうにのめり込めるものがあるというのは羨ましくも感じます。自分にとってみれば「本」がそれに近くて、たしかに散財はするのですが、そういう中毒みたいな感じはないので。

ひらりさ　『浪費図鑑』では、帯文をいただいた菊地成孔《なるよし》さんに「狂気が入っていると思う」と絶賛していただいたのを覚えています。

花田　ああ、なるほど。自分に足りないのはそれかも。オタクの方の話を聞くと「本が好き、ってつまんねえ！」って思いますよ（笑）。

ひらりさ　いやいや（笑）、私も最近情熱が薄れ気味というか、オタク女性を取材し続けた結果、人の情熱に触れて満足してしまっているのかもしれない。たとえ話ですが、自分の好きなホストがもうナンバーワンで超太客がいて、自分が多少貢献しても意味ないなと思っちゃったら、あまり興味がなくなる人間なんです。逆に、私が支えたらあとちょっとでナンバーワンに……、というような射幸心が煽られ続けているときにいちばんハマってしまう。

花田　なるほど。

ひらりさ　最近私も本や映画を淡々と消費しているのですが、オタクジャンルでは、運営が理不尽な瞬間とか、推しの不祥事とか、そういうバッドイベントで出るアドレナリンも無視できなかったなと思っていて。映画とか本にはあんまりそういうことがないですよね。

オタクの語り口だけがドラマチックに見えてしまうとしたら、好きという感情の種類というよりは、その環境によって煽られている行動やイベントの種類によるのかもしれないですね。

誰かとつながることありきのオタクたち

花田　「推し活」をする上では、炎上や中傷の問題と無関係ではいられなそうですね。他人とのつながりや連帯を作りやすい半面、推しの加害を擁護して被害者を傷つけたり、推しの恋愛や結婚を攻撃したり、差別や人権の問題に目をつぶって妄信してしまいかねない側面もあるのかなと感じます。内側にいる立場からはどう見えていますか?

ひらりさ　推しや一般の人に迷惑をかけまいとするあまりのローカルルールや同調圧力の激化、などはどうしてもありますね。

どっぷりその中に入っているときには意見の対立もあって、渦中にいると苦しかったりもするんですが、その痛みも含めて私もオタクをやってきた気がします。「推しがいるとハッピー」という感情の上振れだけじゃなくて下振れもさせられることで、ジャンルの中毒になっている側面はあるかもしれません。

花田　たしかに、先ほども恋愛との比較がありましたが、恋愛も幸せなだけだとそこまで夢中にならないかもしれない。そういうところも似てますね。それで、何かを推すことが社会参加のきっかけになっているというか、自己表現でもあり、自己形成でもあり。何かの表現を好きになることがその社会に入っていく切符になるというところが面白いですね。

ひらりさ　ジャンルによって特有の文化が形成されていたのがSNSで混ざり合って、この数年ますます複雑な生態系ができあがっているように思います。違う文化同士のバトルが起きていることもあるし。その反面、「二次元オタクがEXILEのコンサートに行ってみた」とか「ハロヲタ男性が2・5次元舞台に行ってみた」とか、ジャンルを越境してブログレポを書くのが盛り上がったのも覚えています。

越境することで自分のアイデンティティーを確認したり、別ジャンルのオタクに自分のジャンルを語られることに喜びを感じたりと、SNS以降の新しい時代がきているなと思います。

花田　異文化を見に行ってアイデンティティーを再発見し、それを文章にすることで自己表現をするって、かつてはバックパッカーの海外旅行者がしていたことですね。今は自分の推しとは別のジャンルを覗き込むだけで海外旅行ばりのカルチャーショックを受けられるというのはすごいですね。

ひらりさ　異文化交流のような性質が女オタクのデフォルトになっているのですが、一方で2020年の「ユリイカ」の女オタク特集で筒井晴香さんという研究者の方がヴァージニア・ウルフの『自分ひとりの部屋』を引き合いに出しながら、自分はひとりで思索していく、『自分ひとりの部屋』的なものを求めてオタクをやっている、ということを書かれていて、それもそうだよな、と。

花田　なるほど。

ひらりさ　アイデンティティーを持つために参加しているようでいて、そのコミュニティーの大多数の意見に流され続けているうちに、自分の意見や言葉がなくなってしまう危うさもあります。何か作品を見ても「100点満点」とか「実質○○」とか、典型的なフレーズがあって、みんながそれを使って発言していたりとか。そういう場所に身を浸しすぎていたなという反省があります。自分の言葉を持てるようにしたいな、と思うようになっていたので、筒井さんの文章はすごく響きました。

花田　私も評価が分かれそうな映画を観たときなど、映画館を出てすぐ感想を検索してしまいたくなる自分がいて、1日くらいはまずググらないで自分で考えよう、と情報を見ないように心がけています。人に答えをもらってばかりだと筋力が弱まってしまう。

ひらりさ　意識してないと、ずっとSNSで他者とつながり続けてしまいます。

花田　これからの時代にはつながりを断つことを意識的にやらないといけないのかもしれないですね。

推しがいることやコミュニティーに参加することが善か悪か、というような二元論ではなく、推しがあることで人生をよりよくできる人もいれば、自滅したり自分を見失ってしまう人もいる……深い世界です。

欲望、コンプレックス……、振り回される私たち

花田　「オタク」の他に、もうひとつひらりささんのテーマになっているのが「欲望」なのではないでしょうか。本書に出てくる人たちは全員がお金持ちなわけではないし、派手な生

活をしているわけでもないけど、子どもの頃に自分が思い描いていた「大人の女」のイメージに重なるんですよね。つまり、欲望を抱えて生きる姿が大人を想起させるのかなと思いました。欲望といっても、金とか権力とかセックスみたいなわかりやすいものじゃなくて、何者かになりたいとか、満たされたいとか、そういうギラついた気持ち。自分にもその欲望はあるし、だからこそヒリヒリと生きる彼女たちのエピソードは心に沁《し》みたし、他人事ではいられなかったです。

ひらりさ　最初は「お金」をキーワードにしていたんですが、自分の興味としてはお金に紐づいているその人の生き方とか、人生の中で失敗に見えるできごとに光を当て直す狙いがありました。お話を聞いた人の中でお金が重要なファクターになっている人もいれば、そんなに重要なファクターではない人もいますね。

花田　そうですね。お金を通して語られる人生のほうが主役になっている印象です。内面の物語を引き出していますよね。

ひらりさ　それから「東京と地方」というテーマもあったんです。『浪費図鑑』では自分たちも東京に住んでいるし、東京に住んでいる人に書いてもらった話が多かったので、『沼で溺れてみたけれど』ではむしろ自分が見えていない部分を知るために、地方の方の話を意識して聞きに行ったというのもあります。ただ、そういう話を東京生まれの自分が聞くということ自体が相手にとって不快にあたるかもしれないので、そこはすごく気を遣いながらでしたが。

私、地方に生まれて、絶対に東京にいたいというハングリー精神を持って東京で暮らしている人へのコンプレックスがすごくあるんですよ。

花田 え、コンプレックスなんですか？

ひらりさ 自分の人生をきちんと自分で決めていて、自由意思で暮らしている感じがして。私は東京で育ったのに10代の頃は全然映画も観てなかったし、ライブハウスも、タワレコすらも行ったことなくて、自分の周りにいっぱいあったらしい文化資本に気づくチャンスをまったく持たずに暮らしていたんです。東京にいるから文化的なものに必ずアクセスできるわけではなくて、家庭環境とかもかなりクロスしている要素だと思うんです。でもそれを言うと「地方には本当に何もないとわかっていない」と怒られる。私の中にコンプレックスがあるのも確か。しかし、怒る人の気持ちもわかる。なので、人にわざわざ言うのはやめましたね。

もちろん東京か地方かで言ったら東京の方が文化的なものに恵まれていると思うんですが、みんなよりもチャンスがあったのに気づかずに20代になってしまった自分へのコンプレックス、なんですよね。

花田　まあ、彼らの伸び率というか、飢餓感からの吸収力ってすごいですからね。

ひらりさ　私は本とか映画を最近やっと真面目に読んだり観たりするようになって、10代20代の頃何やってたんだ、と落ち込むんですよね。まあ何やってたかっていうとBLを読んでたんだな、ってことになるんですけど。

花田　あはは（笑）。いいじゃないですか。

ひらりさ　同年代の知り合いの中でいちばん本を読んでるのは釧路《くしろ》出身の友人で、自分は都会であらゆる種類の娯楽が手に入りすぎたせいで本をちゃんと読んでなかったんだ、と思ったり……アンビバレントな気持ちがあります。なので自分と違う人の人生をもっと聞きたい、という意味で、地方生まれの人の話を今回はたくさん聞かせてもらいました。

花田　なるほど。私自身は、これまで「普通に地元で結婚して子どもを産んで、それでいいじゃない」という生き方をしている人たちに対して、うらやましい気持ちと、なんでそれで満足できるんだという見当違いの怒りのような気持ちを半々で感じていたなと思います。でも、そういう整理のつかない感情もひらりささんのこの本を読んだらそれぞれの『顔』が見えて「なんだ、ここにみんないたんじゃないか」と思えた。だから読後明るい気持ちになれたんですよね。うまく説明できないんですけど。

ひらりさ　そうですね。すごくのっぺりとして見えるものも個別の事情を聞くと、ああ、そういうことなんだ、と思いますよね。そこが知りたくて。

花田　ひらりささんが聞いたような内面の話って、信頼関係のない人から詳しく聞けることはなかなかないと思うので、こういう形でいろいろな人生に触れられたことが、うれしくもあり、励まされる感覚もありました。

ひらりさ　私は自分の人生に対してこれでいいと思えたことが全然なくて。成功か失敗か、とか安定か不安定か、とかじゃない、「これでいい」の形を探すために話を聞いているのかもしれないです。

花田　そうなんですか？　ひらりささんだって、きっと外から見たらオタク道を極めて、趣味でつながれる友達がいて、都会的で、本を出したり留学したり、キラキラと充実した人生を送っているようにしか見えないですよ。

ひらりさ　全然！（笑）　軸がないのがすごくコンプレックスなんです。結婚や出産に対するオブセッションが激しかった時期もあって、それは周囲に流されて、そういうポイントを得たら何か変わるかも、みたいな発想だったんですよね。受験勉強の弊害か、そういう思考に陥りがちです。そうじゃなくなっていきたいというのがあります。だからインプットが必要だと思って留学しているんですけど、いざ留学で学位云々《うんぬん》、となるとまたこれを「ポイント」として捉えそうな自分もいて、気をつけないと、って。

花田　自分にも似たところがあるのでわかります。自分が出会い系で本を紹介する活動を始めたのも、仕事バツ、家庭バツ、趣味バツ……という自分のプロフィールの低得点っぷりが耐えられなかったから。周囲に対しての見栄というよりは自分への見栄ですね。でもそうやって行動の原動力になっていることもあるので、まあポイントを気にしてしまう自分をうまく乗せながらやっていくしかないなと思っています。

ひらりさ　私には、他人が取っているポイントだから自分も取るべきだ……となってしまう傾向があるので、せめて人のプラスを気にしないようにと心がけています。まわりにバリバリ働いている友達が多いので、話を聞いていると自分ももっと会社員として出世しないと、とかつい思ってしまう。本当に自分が望んでいるのかを考える練習をしないとだめですね。

花田　その見分けは大事ですよね。特に結婚・出産のポイントをまわりが次々取っていく時期は、なかなか周囲を無視できないです。

お金の不安をどう乗り越えるか

花田　『沼で溺れてみたけれど』のメインテーマであるお金のことについてもう少しお伺いしたいです。

　この本は人生のストーリーでもあり、欲望についてのエピソードでもあり、お金について考えさせてくれる本でもあると思うんですが、妻でも母でもない私たちのお金についてって、まだまだ語られ足りていないですよね。自分は若い頃にサブカル一直線で「お金なんてどうでもいい」みたいな態度が染みついていて、お金に対してあまりポジティブな態度になれないのですが、お金とは、ライフプランを考えて貯蓄して……というだけではなく、自分の生き方そのものでもある、と、本書が視野を広げてくれたように思います。ひらりささんご自身はお金についてはどんなふうに考えていますか？

ひらりさ 私の場合は中高生の頃に親が別居して、母方についていったので、お金がどうなるかわからないという不安な時期があって、そのときに「ないかもしれない」という不安が根深く刻まれた結果、「やっぱり稼がないと！」という気持ちが強くなりました。それで、手に職をつけないと、とか考えて就職したけどうまくいかなくて、やっぱり好きなことをやらないと、というルートに入りつつも、この中でできるだけ稼がないと、みたいにがんじがらめになっていって。

花田 うんうん。

ひらりさ 20代後半からは稼いで、ストレスたまって、使って、のサイクルをずっとくり返してましたね。貯金も増えていったけどいくら貯めても不安で、同世代の貯金の平均を調べて比べてみたり。でも30代になって、これをずっとは続けられないし、何のためにやってるんだろう、むしろ「不安」を回すためにやっているな、と感じて、そのサイクルから抜けたくて一旦会社を辞めて留学しているというのもあります。お金がもらえるのはうれしいけど、それによって狭まっている思考もありますね。

花田　お金がなくても不安だし、あっても執着してしまうのが怖い。平穏がないですよね。

ひらりさ　でも、東京にいたときってパフェ食べたりネイルしたり、いい美容院行ったり服買ったり、そういうものにも癒やされてたけど、ロンドンは大都市で観光客向けの娯楽は多いけれど、日々の暮らしの中で小さくテンションを上げてくれる消費のバリエーションはかなり少ないんですよ。東京って異常な都市だった気がする。使わないでいたら意外と欲が消えてきた。これは面白い体験をしているな、と今まさに感じています。

花田　たしかに東京は昔より貧しくなった分、小銭を搾り取るのがすごくうまくなっているなと感じます（笑）。最近一軒まるごとガチャだけのビルとかがよくあるのですが、なんだか貧しいなあと思いながら自分もついやってしまう。海外で一回リセットするというのはとてもよさそうですね。

ひらりさ　私はいろいろなものの依存症なので、そこをひとつひとつチューニングできる30代になりたいです。

花田　どうすれば依存状態をリセットして自分が望んでいる自分を取り戻せるか、というのはこれからの重要なテーマになりそうです。ひらりささんがこれから見つける道のりが、今オタクをやっている後進の10代や20代の人たちの役にも立ちそうですね。

ひらりさ　どうだろう、みんな私よりは理性的な気がする（笑）。オタ活でのお金のつぎ込みも含めて、20代の頃は大きな刺激で不安から目をそらしていたので、今は安心したい。そのためにいろいろやっている感じです。

花田　私たちが悪いわけではなくて日本全体の問題ですが、老後が不安なのはもちろん、この今、今月の不安を抱えているという人もすごく多いと思うんですよ。だから不安の根本をすぐに解決することはきっとできないと思うんです。私は少し前までは孤独死することが、家の中で誰にも見つからずに腐っていくことがとにかく恐怖だったんです。でも最近は人体の動きを感知するセンサーとかが登場してきているので、私が死ぬ頃には大丈夫だなと思ったら安心できるようになった。この恐怖ってそんなことで解決するのか、と自分でも意外でした。あとは今パートナーがいるか、今収入があるかということよりも、友達を作れる能力とか、ひとりを楽しむ能力とか、お金がなくても生きていける方法をいくつ持てるか、そういうことのほうが不安をなくしてくれるのかなと思います。

ひらりさ　私もずっと他人と暮らすことは無理だと考えていたのですが、留学してやむを得ず学生寮でキッチンを共用しながら暮らしてみたら意外と大丈夫だった。これなら老後も誰か一緒に住んでくれるかもしれないと思えるようになりました。できないと思って頭から排除しているものが実は平気だったとわかったり、不安が減るのを実感して、歳をとることがちょっと楽しくなってきました。

花田　たしかに。若いときほど「自分にはこれは無理」と頑《かたく》なになってしまうところってありますすね。それとは逆説的ですが、思い込みではなく実際に経験することで、自分が好きなものと嫌いなものがはっきりしたり、これはできるこれはできない、とわかると生きやすくなりますよね。

ひらりさ　自分が生きやすくなるために今までいろいろ本を出してきた、というのもあります。もっと生きやすくなるように、これからもまた何か新しいことをやっていこうと思っています。

臨床心理士・公認心理師

東畑開人

「心を守るには」

臆面もなくウザい奴のほうがヘルプを得やすいんです。

『心はどこへ消えた？』（文藝春秋）

リスクが豊かな時代がやってきた今、心は消滅の危機にさらされている。「心とは何か」という直球の問いに迫る、渾身《こんしん》のエッセイ。

東畑開人（とうはた・かいと）

専門は精神分析・医療人類学。白金高輪カウンセリングルーム主宰。著書に『野の医者は笑う　心の治療とは何か？』『ふつうの相談』など。『居るのはつらいよ　ケアとセラピーについての覚書』で第19回大佛次郎論壇賞、紀伊國屋じんぶん大賞2020受賞。

サーカスのように賑やかな心理学エッセイの誕生

花田　『心はどこへ消えた？』はカウンセリングの事例を中心とした雑記的エッセイと言えると思うのですが、1冊に3冊分くらいの面白さがつまっていると感じました。本来であれば、一話につき一例、カウンセリングの症例だけを紹介するようなものとして書くこともできたと思うんです。でも東畑さんご自身のダメさの語りがあり、今という時代を俯瞰するような分析もあり、「こういう本だよ」とひとことでは紹介できない三位一体の不思議な魅力があります。あっちに行ったりこっちに行ったりする様子は東畑さんの表現どおり、まさに「サーカス」のようですね。

東畑　ありがとうございます。

花田　カウンセリングのことだけでなく、ご自身の私小説的な部分や創作も交えて、という形は、どのようにして生まれたものだったのですか？

東畑　この連載が始まってすぐ、大学院時代に自分といっしょに心理学を学んでいた人たち全員に運動部の補欠をしていた過去があったというエピソードを書いたんですが、そこで何かが起きたんです。ブレイクスルーしたというか。

花田 偶発的なものだったんですね。でも、たしかにあの本の方向性を決めてしまうくらい、補欠のエピソードは印象に残るお話でした。やっぱり一軍になれなかった人だからこそ生み出せるものがあるんですかね。

東畑 というか、補欠にしか見えない世界があるのだ、と（笑）。

花田 ふふふ。書店員もだいたい、子どもの頃友達がいなかったとか、いじめられてたとか、周囲となじめなかったって言う人が多いです。それで「でも本だけが自分の心を慰めてくれて……」って続くんですけどね。体感だとほぼ１００％です。そうなると「そういう人しか世界にいなかったのかな？」って思ってしまう。

東畑 補欠的な人が出版だとか書店だとかをやったりするのではないでしょうか（笑）。自分の経験についていろいろ考えちゃう人というか。

花田 自分の話になりますが、実は今働いている店が閉店することになった、というのを数日前に聞かされたばかりで（対談日は2021年12月）、ショックを受けてもいて、つらい気持ちや不安もあるんですが、その一方で、自分で負の感情をこねくり回すのが好きなんだなあとつくづく思います。その気持ちをパン生地みたいな感じで（笑）、ずっとこねてひっぱって、折りたたんで眺めたりしている。

東畑 そうですよね。だって、もう本にしようと思ってるでしょ？

花田 あはは！　でも、閉店と言われたその日から日記は書き始めましたね。

東畑 そうそうそう、やっぱりね。

花田 なんなんでしょうね。

東畑 僕は昔、伊集院光さんのラジオのヘビーリスナーだったんですけど、彼が「何か嫌なことが起きると、『これはラジオでしゃべれる』と考える。それが俺の健康法なんだ」みたいなことを言っていたんです。僕は感動してしまって、人間そうやって生きていかなきゃいけない、というのをそのときに思ったんですね。人生ってみじめなことが多いじゃないですか？　それは話されたり、書かれたりするべきだって。これはカウンセリングという仕事の原点でもあるように思います。

花田　そうか、そうですね。でも、たしかに東畑さんのユーモアやエッセイの流れの感覚は、ラジオ的なのかな。伊集院さんがルーツだと考えると納得がいきます。ラジオも整ったり大きく盛り上がる回だけがいいものなのではなくて、ぐだぐださや、「結局いつものオチかよ！」的なものこそ愛せるというか。そんな匂いを東畑さんの本からも感じました。

「個人」と「社会」、どっちの視点で考える？

花田　エッセイの中で、今は「個人」から「社会」の時代になっていて、昔ほど「心理学」というものが注目されなくなってきている、とお嘆きでしたね。たしかに自分の若い頃は河合隼雄《はやお》さんをはじめとする心理学の本や、心理テストなどもとても流行っていました。ただ、現在でもADHDとかHSP（繊細すぎる人）、などと新たなジャンルが作られ、ブームになっているようにも思うのですが。

東畑　昔は心理士というか臨床心理学って「みんなの話」をできてたんですよね。「みんなの中にも本当はこういう部分があるんじゃない？」というような語り口です。たとえば河合隼雄さんの「日本人の心」みたいな問題の立て方もそうだし、土居健郎《たけお》さんの「甘えの構造」なんていうのも、主語は「日本人」なんですよね。ただ、それはやはり時代が変わったと思うんです。日本人というカテゴリーで、心について語るのは難しい。ルーツにしても、国籍にしても、ジェンダーやセクシュアリティにしても、あらゆる差異が刻まれているので、「主語が大きい」ということになってしまいます。とはいえ、それでも心について語るためには、なんらかのカテゴリーが必要で、それが今は診断名のようになっているんじゃないですかね。

花田　たとえば犯罪が起きた時に、以前は「心の闇」というような語られ方をしていたのが、今は「社会の問題」と語られることが多い、と書かれていたところが非常に興味深かったです。それでお伺いしたいのですが、個人と社会というのは対極にあるものではないですよね。たとえば自分も、10代の頃などは「みんな『結婚して子どもを持つことが幸せだ』と言うけど自分はそうは思わない、こう考えているのは自分だけなのか」と疎外感を持ったわけですが、徐々に同じ社会を生きる同じ世代の人の何割かは同じ意見を持っていると気づく。要するにこれは突然個人で思いついたことではなく、社会全体の動きなのだと発見したときには救われるような思いになりました。一方で、たとえば「40代の女性はこうだ」とくくられると面白くなかったり、あるいは「私たちはつらい思いをしている」と言葉にするときに「いや、個の私自身は本当にそのつらさを感じていたかな？」と疑ってしまうこともあります。心と社会の関係性について、東畑さんはどんなふうにとらえていらっしゃいますか？

東畑 基本的には社会のせいであるものを、ちゃんと社会のせいにしていくことが大事だと思ってます。自分の問題だ、と考えるのと、自分の外にある問題なのだ、と考えるのでは、やはり外から始める必要があります。自分のせいじゃないことまで自分のことだと思って考えるのには無理がありますから。

花田 なるほど。

東畑 社会のせいであることを発見することの良さの一つは、連帯が生まれることですね。自分だけの問題じゃないことがわかると、同じ当事者性を持っている人たちとつながることができて、そこで言葉が生まれます。それは社会や環境を変えていく力になります。

ただし、連帯したうえで、それでもシェアできないことがあるのも重要です。その次の問題もある。同じ属性や問題を抱えていても、でも自分にしかわからない事情って、必ずありますよね。これがいわゆる「物語」です。個人には個人の物語がある。そういうときに、自分の心を考えることには意味があるのではないかなと思います。それを考えるのはしんどいんだけど、すでに仲間たちとの支えがあるならば、取り組めるときもあるのではないか、と。なので、先に社会、次に心という順番ですね。

花田 そうか。そう考えると、どちらかに偏らずに「社会の問題として考えてみる」「個人の問題として考えてみる」、両方の視点を持っていることが非常に生きてくる感じがします。

「エピソード」がすべてである

花田 「エピソード」の重要性についても語られていましたね。「私たちはこうすべきである」というような具体性のない一般論は、なぜ人の心を動かす力が弱いのかということをちょうど自分も考えていました。エピソードになると、そこには計算外の人の動きとかセリフとか人生があって、そのほうがかえって大きなテーマを受け取ってしまう。

東畑　クライエントさんの成育歴とかを聞くときに、たとえば小学生のときのことを教えてください、って尋ねるんです。それで「いろいろいじめられてつらい時期でした」と話してくれたりするんですけど、実はそれだけではどうつらかったのかってなかなかわかりません。

花田　そうですね。

東畑　だから、何か具体的に覚えてることあります？　って聞いて、そこで「廊下でこういうことされて」というようなエピソードを語られると、一気にどれくらいつらかったのかが伝わってきます。エピソードが心を運んでくれる。逆にいうと、普段僕らは無防備に相手に心を伝えないようにしてエピソードを排したトークをするわけですよね。あんまり具体的なことを語らないようにしてる。

花田　うわあ、それ、よくわかります。「いじめられてててつらかったです」と言うだけでは、言った側も一ミリも傷つかなくて済むということですよね。

東畑　ただ、その具体的なエピソードを覚えてない人もけっこういます。

花田　ああ……それは、つまりどういうことなんですか？

東畑　「先週は具合悪かったです、嫌な気持ちでした」とクライエントさんが言う。じゃあ、何が起こったの？　と聞くと「いや、ちょっとよく覚えてないです」みたいな。それってつまり援助を求めることができなくなっているわけですよ。心を伝えるのが難しくなっているわけだから。助けてほしいと思ってるんだけど、でも心のもう一方のところで他人は危険、助けをくれるようなものではないと感じているのかもしれないんです。

花田　ガードして言わないようにしているわけではないんですか？

東畑　いや、なんかね、本当に忘れてるんです。記憶がちりぢりになってるんでしょうね。そうやって、心を守っているのだと思います。

花田　表現力がない、ということとも違うんですね。

東畑　表現力の問題ではないと思いますね。でも、やっぱり、もやもやしている話は具体的に人に伝えられると楽になるとは思います。

花田　そうですね。それで言うとまた自分の閉店の話になりますが（笑）。昨日も友達と話しているときに閉店のことを話すかどうか迷ったのですが、言ってみたんです。でもそうするとしんどさが減るし、心が軽くなりますすね。話してみてから、あ、そんなふうに自分は考えているのかな？　と思ったり。話していることが本音かどうかもわからないのですが。

東畑　うん、閉店というのも、できごと自体は比較的シェアしやすい。でも閉店をめぐっているんな考えが浮かんでくるわけですよ。最悪の事態が思い浮かぶかもしれないし、いろんな不安が出てきますよね。その中に人に言いやすいやつと言いがたいやつがあって、言いがたいやつのほうが基本的には頭の中でずっと回ってる。これを聞いてもらえると楽になる。

花田　うん、そうですね。

東畑　なんでかっていうと、多分自分で思っているより自分のことを責めてるからだと思うんです。たとえば自分は役に立たないと思っていたり、自分は助けてもらえないって思ったり、自分のことを悪く言う声が僕らの中には響きがちです。人はあんまり自分がそういう罪悪感を抱えてるって気づいてないけど、実は結構強烈に罪悪感があって、頭の中をめぐっているのではないか。だけどそういうことを話してみると案外現実はそこまでもないんですよね。でもそれは話してみないとわからない。

花田 心の中でもやもやしているとき、そのもやもやを罪悪感という言葉ではとらえていなかったので意外なワードです。でも話してみた瞬間に、何をこんなに悩んでいたんだろう？と思うことはよくありますね。人に言ったら大変なことになる、と思っていたのが拍子抜けするような。

東畑 きっと想像上の他者に怯《おび》えてるんだと思います。

花田 もやもやを言語化して具体的なエピソードにできたときに、何か、不安の渦のようなものから抜け出せる感覚があります。これからはちょっと意識的にエピソードを語ることを心がけてみようと思います。

出会い系で人の話を聞いて一冊すすめる、という取り組みを本に書いてから、いろいろな方に「本をすすめてほしい」と言われることが多くなりました。それが悩み相談に似てくることも多いのですが、私のゴールは悩みを解決することではなく、その人を慰めることでもなく、一冊を探すことなので、ヒントを得るために具体的に話に切り込んでいくことになるんです。

東畑　はいはい。

花田　大変だね、と相槌を打って共感する、という感じではなくて、「それって結局何に対して苦しいと感じているんですか？」とか「今感じているつらさをどうしたいですか？　解決したいんですか？　それともつらさと向き合いたいんですか？」というような。それがはっきりしないと本を選べないので。でも本をすすめるという目的があることが、かえって人の話を聞きやすくしてくれてるんですよね。

東畑　たしかに。ミッションがあるからね。

花田　そうなんです。カウンセリングの場合はやっぱり、症状を解決することがゴールになるんですか？

東畑　なんていうか、そのゴールを決めることがゴールになったりするんですよ。たとえば夫婦の問題を抱えているとしても、離婚すべきなのか、結婚生活を続けるべきなのか、どうなっていくのがいいのかわからない、みたいな。ゴールさえわかれば、自分で努力できるっていうことは多いです。

花田 うんうん。

東畑 おそらく「詳しく話をしよう」というのがカウンセリングなんです。複雑なものを複雑に話してみる。そういうことをする中で、自分にとっては何がゴールになるのかがちょっと見えてくる。面白いですよね、普段僕らはゴールがどこなのかわからないままに、走るだけ走ってるわけですよ。

東畑的締め切り論&編集者論

花田 締め切り恐怖症について書かれていた文章は、とても共感しました！ 私も以前にこの対談で、原稿をやらないとと思えば思うほどスマホのどうでもいいゲームを6時間やってしまうという話をしたことがあります（笑）。

東畑　あー、逃避ですね。

花田　2時間で終わることのために6時間を無駄にしてしまうんです。

東畑　僕は締め切りが恐ろしすぎて原稿を早く出しすぎてしまうんです。朝日新聞に連載をしているのですが締め切りの1ヶ月前には提出していて、朝日新聞史上、僕がいちばん早いと言われました（笑）。あるとき不安になりすぎて、締め切り2週間前に「もう今回は本当に無理かもしれない」と記者に伝えたら、わかりました、じゃあ明日打ち合わせしましょう、と言ってくれて、そうしたら打ち合わせの前に書けてしまった。

花田　それはそれで病んでいますね（笑）。心のプロである東畑さんでもそうなってしまうというのは意外です。

東畑　そうそう。本当にヤバいんです。だから連載に穴を開けなければ、どんなにダメな原稿だろうがなんだろうがいいんだ、と最近は自分に言い聞かせています。

花田　実際にはあまり面白くないエッセイを1回掲載したとしても、そんなものは世に溢《あふ》れていますし、それで仕事がなくなることもないのに、そういう不安に駆られてしまうんですね。

この本の編集さんも、「締め切りがあるから書けないのだ」という作家さんに「じゃあいつでもいいから私の定年までに何か書いてくださいね」と伝えたら翌日に原稿が届いた、と言っていました。

東畑 結局、自分の中にいる他者からの目に怯えているんです。これを精神分析では超自我と呼ぶわけですが、ここで重要なのは、超自我が強くなりすぎると書けなくなる、しかし、超自我があるから書けてる部分もあるということですね。超自我が「もうちょっといいものを書こう」「この文章はイケてない」「これはもうちょっと面白く書けてるよ」とか自分の中で言ってくれるからいい文章を書こうとするわけで。ただ、この声が強くなりすぎるとパニックになって破綻する。ここが難しい。

花田 そうですね。本来だったらここで東畑さんに「そうならないためにはどうしたらいいですか」と聞きたいところなのですが、プロでも難しいわけで。

東畑 だから編集者がいることって非常に大事です。自分の中だけで対話していると、超自我って意味不明だから、何が良くて何が悪いかがわからなくなってしまう。かといって、超自我が弱すぎると、「どうでもいいか」ってゆるくなっていくから作品は悪くなっていく。編集者がこの二つのバランスを取ってくれるんですよね。

花田 ああ、そうか。その解決に他者を入れていいんですね。編集者はその問題を解決するためにいてくれているとも言えますね。

東畑 編集者論ってけっこう熱いと思っていて。何かを書いている人だけじゃなくて、もうちょっと汎用的な意味があると思うんです。会社の管理職とか、チームをサポートする仕事とか、そういうものにも通じる。編集者って書き手とパーソナルな関係でしかも二人でタッグ組んで一つのことをやるわけじゃないですか。支配してもダメだし、放置してもダメだし(笑)、面白いですね。

花田 不思議な関係性ですよね。つらいときほど疑心暗鬼になって、褒められているのに「なんで嘘つくんだ!」みたいなときもあるし、依存してしまう部分も必ずあって、「面白いですか? 面白いんですね? じゃあ大丈夫ですよね?」みたいに、責任を負わせようとしたりもする。謎の関係です。

東畑　書き手から深い不信感と承認欲求を向けられる、つらい仕事だと思います（笑）。

花田　締め切りの話に編集者の話。出版業界の人に興味深く読んでもらえそうなテーマですね（笑）。東畑さんにこのテーマで一冊書いてほしいくらいです。

ウザくなって、人に助けてもらおう

花田　チック症状が出ている男性の話も印象的でした。身体から「助けて」という悲鳴がサインとして出ているのに「俺は別に悩んでない。うまくやれている。この症状だけ治してほしい」という……。これは自分かもしれないと思いました。ストレスやつらいことがあってもポジティブに捉えようと言い聞かせてしまって、自分自身もつらさに気づけないんです。

東畑　やっぱりつらさに気づいて、それを表現して、周りから心配されたほうがいいです。

花田　「助けを求める」ということよりは「心配されるような行動をする」というほうがハードルが低そうですね。誰かに何らかの形で伝えることが大切なんですね。

東畑　そうそう。だから「聞かれる技術」みたいなものを身につけていったらいいんじゃないかと（これはその後、『聞く技術 聞いてもらう技術』という本になりました）。たとえば人前で薬を飲む、とか。なんかちょっと心配されるじゃないですか。

花田　あはは（笑）。でもたとえばよくある物言いで「昨日2時間しか寝てない」って自慢してくる奴ウザい、みたいなのあるじゃないですか。そうなっちゃいません？

東畑　それ、でもね、僕はそういうのであんまり嫌いになったことないな。みんなちょっとね、ウザくなってしまうことを恐れすぎてるって思ってて。ある程度ウザいほうがいいのではないかと。臆面もなくウザい奴のほうがヘルプを得やすいんですよ。

花田　そういえばそんなエピソードも本の中に書かれていらっしゃいましたね。人当たりがいい人でずっと素直に振る舞っていた人が、時間をかけてカウンセリングを積み重ねてやっと初めて「不快な自分」を人前で出せるようになるという。

東畑　そうです。嫌な奴になる。

花田　自分もそうですが、「ウザいと思われたくない」と考えている人は多いと思います。迷惑をかけたくない、心配をかけたくない、という言葉とも似たトーンですね。でも自分も人に迷惑をかけることはとても大事だと感じています。これは知り合いがいない集まりに、よく一人で出向いていた時期に身につけた技術なんですが、他の人たちは知り合いと話していて自分の居場所がないときってありますよね。そういうときにスマホを見たりして「やることあるんで大丈夫です、困ってません」というように振る舞うと、傷つかずに済むけど外に開かれないんですよね。だから明らかに困り顔で突っ立っていたほうがいい。

東畑　たしかに「スマホを見ない」は「聞かれる技術」ですね。

花田　ただ、一人でぽつんとするというのはけっこう胆力がいる。鋼の心が必要です（笑）。

東畑　そうですね。誰かが来てくれるだろうと信じる心。

花田　それまでは無表情で溜めておいて、話しかけてもらった瞬間に、ニコ〜〜！　って。

東畑　可愛いじゃないですか！（笑）

花田　いやいや。でも困りをオープンにしていくと、人とつながったりもするし、助けてもらえることが多いと思います。

東畑　そうですね、けっこう助けてくれますよね。

作家

西加奈子

「助けを求める」

社会がおかしいと主張するのと同時に、自分自身も変わらないといけない。

『夜が明ける』

（新潮社）

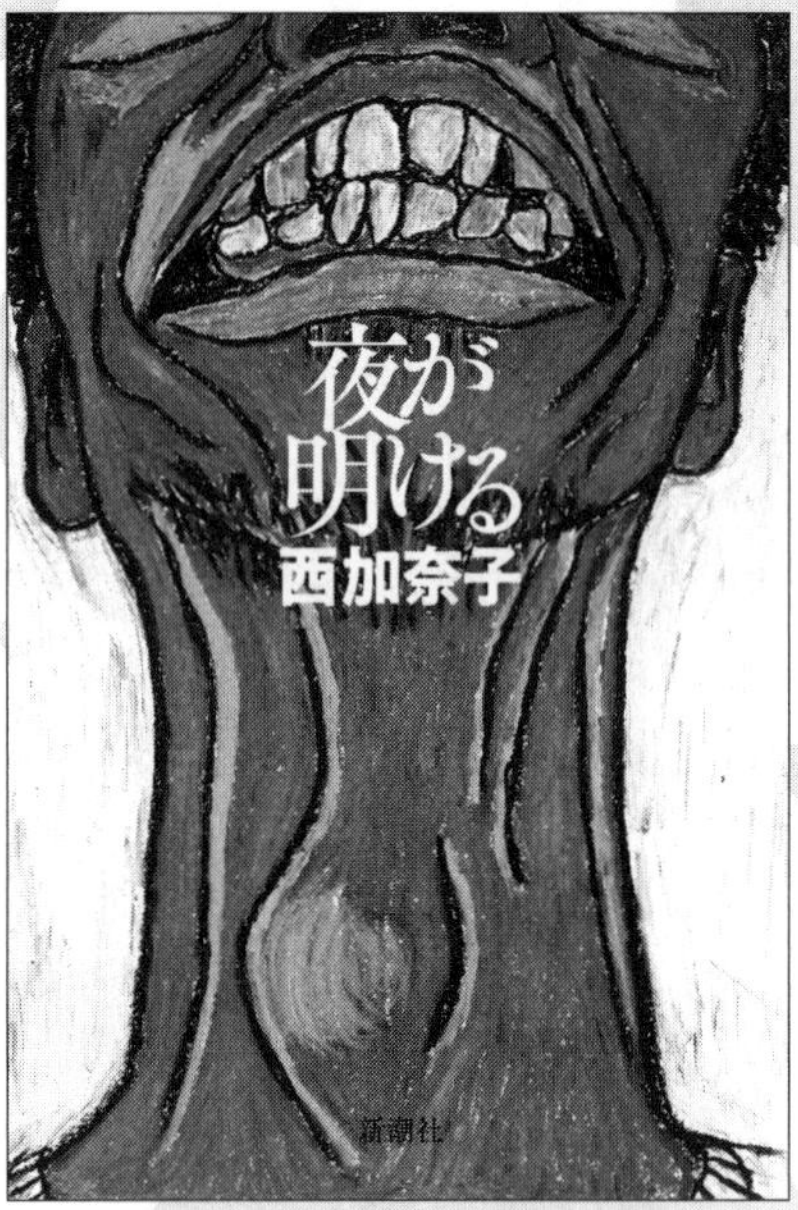

普通の家庭で育った「俺」と、母親にネグレクトされていた吃音のアキ。男同士の友情と成長、そして変わりゆく日々を生きる奇跡を描いた、再生と救済の感動作。

西 加奈子（にし・かなこ）

1977年イランのテヘラン生まれ。2004年に『あおい』でデビュー。07年『通天閣』で第24回織田作之助賞受賞。13年『ふくわらい』で第1回河合隼雄物語賞受賞。15年に『サラバ!』で第152回直木賞受賞。ほか著書に『さくら』『i』『くもをさがす』『わたしに会いたい』など多数。

新たな作風の小説が誕生した理由

花田　『夜が明ける』、これまでの西さんの作風とは大きく変わった部分がいくつもあったと思いました。まず男性が主人公であり、彼が名前のない「俺」として物語が進んでいくこと。それから、実際に日本で起きた政治や社会の事件が取り上げられていること。そして何より、今の日本の貧困や格差、過重労働の問題が主題となっており、ハッピーエンドとは言えない結末だったのも衝撃でした。この小説に取り組まれたのは何か特別なきっかけがあったのでしょうか？

西　そもそも最初は、今までの私の小説と同じような感じで、ふっと気になることが2、3個重なって、それが組み合わさっていくような書き方だったんです。まず一つ目は、友達が連れていってくれたものまねバーで、みんな芸が達者でパフォーマンスもできてすごいと感動したのですが、もし何も芸がなくてただ似てるだけの人だったらどんな感じなんだろう、とふと思ったこと。それからフィンランドを旅行した際にとある古いバーに入ったら、たたずまいが「人生そのもの」という雰囲気の、身体の大きなおじさんがまったく身動きもせずにただそこに座っていて、その人の姿が忘れられなかったこと。それともう一つは、その年に亡くなってしまった高橋まつりさんのこと。関係ないはずのその三つがずっと頭にあって、そこから物語が生まれていきました。

花田 なるほど。一見脈絡のないような偶然のできごとがつながってひとつの小説になるんですね。面白いです。ただ、高橋まつりさんの死がきっかけになるとしたら、そのような女性が差別や過重労働と闘っていく物語にしようとは思われなかったのでしょうか。

西 そうですね。日本の差別や貧困の問題で何がみんなを大きく苦しめているのかと考えたら、男女問わずマッチョイズムが原因ではないかと思い当たったんです。それで主人公の一人称を「俺」にしました。私の中で「俺」という一人称は、マッチョイズムの始まりだと思うからです。強くあらねば、と苦しむ男性を描くならば、そこで可視化されない女性はどれほど苦しいのか、というところを直接描かずに表現したいと思ったんです。

花田 昨今フェミニズムが盛り上がっていますが、それは男性の生きづらさの問題ともダイレクトにつながっていますよね。男の人で反感や抵抗感を持つ人がいるのも理解できるのですが、フェミニズムの問題が解決すると男性もすごく生きやすくなるだろうなと思います。最初だけは自分が損をするように感じられるかもしれませんが、しがらみを手放せるようになると思うので。

西　ほんとにそうなんです。男性には特に、弱者が弱者のまま生きられないという現象があるのではないでしょうか。それ自体、フェミニズムが解決しようとしている問題でもあるのだけど、古い考えに囚われて反発してしまう男性が多いのも想像できる。この本は男性にも手に取ってほしいと思いました。

小説は政治的でなければならない、という言葉の意味がわかった

花田　自分自身、この本を読んでいる最中は、出口が見つからないような、息ができなくて苦しいような、とてもつらい気持ちでした。そういう読者はたくさんいらっしゃるんじゃないかと思います。

西　やっぱり「苦しかった」という感想は多いです。

花田　彼らに感情移入するゆえの苦しさもあったのですが、それとは別に、今まであまり思い出さなかった記憶が突然あふれるように蘇《よみがえ》ってきたことでの苦しさも感じました。自分が若い頃の労働体験は、まさに「やりがい搾取」の典型で、パワハラや過重労働も当た

り前だし、自分は社員でしたが、アルバイトの子たちはもっと未来が見えなかったと思う。それでも会社はもっと努力していい成績を出せば明るい未来がある、今お金がないのは努力不足、自己責任だと思わせ続けた。

自分の話で、今でもとても心に残っていることなのですが、そういう環境の中で働いていて、店長なのに時給は650円で、見知らぬ土地に異動して過労で入院したりしながら、それを「乗り越えて」「やりがいのある仕事を」頑張っていました。その自負がいつしか醜い気持ちを連れてきてしまっていて、あるとき「他の自治体で、最低時給を1500円にしようという運動をやっている」というニュースを見たときに「は？」と、「そんなの許せない」と思ってしまったんです。自分はこんなに頑張ってきたのにラクをする人がいるなんてずるい、と。そのときそう思った自分がいたという記憶は生活保護のバッシングのような話題が出るたびに蘇ってきて、今でも自分が嫌になります。

西　私のある友人も大学の奨学金を返しながらバイトをしていましたが、その職場で「あの子、時給安いのによく働いてくれる」と言われたい、そう言われるように頑張る、と言っていたのが忘れられないんです。その友人と最近やりとりをしたときに「なぜあなたが『貧困に苦しんでいる人たちをもっと助けるべきだ』という考えに至ることができたのかを知りたい」と言われました。「頭ではそれが正しいとわかっていても心ではそう思えないのだ」と。それは自分に厳しくしてきたからだし、それだけ心が傷ついているんだと思います。彼女は本当に頑張り屋さんなんです。だから花田さんもその友達も「自分が嫌だ」なんて思う必要はないし、そもそもそこまで自分を犠牲にしないといけないシステムがおかしいんですよ。そしてそのシステムの上には、そうやって頑張っている人たち同士をいがみ合わせることでラクして得をする人が絶対いるんです。私はそれが悔しいなって思います。

花田　生活保護を受給する人を必死でバッシングしている人もまた、つらい状況に置かれている人ですよね。フェミニズムの問題でも、女同士の対立構造だと思わせることで誰が得をしているのか？　という指摘がよくなされますが、その構造に気づくと問題の本質が見えてきますよね。

西　でも、構造って大きいじゃないですか？　やっぱりしんどいときって、大きなことより、身近な「自分より頑張っていない人」を憎む方がラクですよね。疲れてるときって大きいものに太刀打ちできないというか。だからそれは寄付と同じで、余裕がある人間から構造のことを考えたり声を上げていかないと、と思います。今まさにしんどい人に「あなたたちが当事者なんだから声を上げて」と言うのは酷ですよね。

花田　恥ずかしながら、自分自身、政治のことに目を向け始めたのは最近のことなんです。

西　私もです。

花田　それまでは、政治家は多少悪いことをするかもしれないけど、まあいい感じにやってくれるんだろう、と思っていた。それに20代くらいまでは、自分の周囲も政治に対して冷笑的だったり無関心な態度をとることがメジャーだった気がします。でも「あれ？　国ってこんなに平気で嘘をつくものだったんだ？」と最近やっと思い始めて。

西　うんうん、私自身もそれは大きな変化です。トニ・モリスンが、確か「小説というのは常に政治的でなければならない」と言っていたんです。その言葉だけが作家になる前もなった後もわからなかった。どうしよう、尊敬する人の言葉なのに、とずっと悩んでいたのですが、最近やっとその言葉の意味が少しずつわかるようになりました。個人の生き方がどれだけ社会的な環境……つまり政治に影響を受けているか。個人の苦しみは社会に直結していたんだなあと少しずつわかってきて、これからもっともっと勉強しないと、と思っています。

花田　『夜が明ける』を読んだときに、これはすごく社会的なメッセージでもあるし、ひとつのエピソードでもある、本当に西さんにしか書けないもので、ノンフィクションではできないことをしていると感じました。なのでニュースやノンフィクションだけでなく、小説家が具体的な政治の問題や社会の問題に切り込んでいくというのがとても意義のあることなんだなと改めて思いました。

西　ニュースやインターネットだけでは頭に入ってこないんです。それがひとりの物語になって初めて自分のこととして考えられる。ブラック・ライブズ・マターのときもそうだったんですが、小説で読むことで初めてわかることって自分もけっこうあって。だから自分の作品もその一助になればいいな、という思いはあります。それもあって「俺」には名前をつけなかった。読者に自分ごととしてお渡しできたらと思ったんです。

「助けを求めろ」は「逃げろ」に続くキーワード

花田　この物語のひとつの結論が「助けを求めろ」という言葉に集約されるのかなと思ったのですが、実は以前この連載に出ていただいたブレイディみかこさんやヨシタケシンスケさんも「逃げろ」というキーワードをとても大切にしていらっしゃいました。ほんとうに今の日本社会の中では逃げることが重要なアクションで、一見それはネガティブにも感じられるけど、実は能動的で、世界を変えていくためのアクションでもあると思うんです。それでその先にあるのが、この「助けを求めろ」という言葉なのかな、と。これからの時代の核になるキーワードではないかと思います。

西 私もブレイディさんの大ファンで、彼女からとても影響を受けています。彼女が紹介していた、イギリスの貧困地区で育ち、アルコール依存症の問題を抱えているダレン・マクガーヴェイという著者の『ポバティー・サファリ』という本の中に「ほんとうにこれ以上誰かに『貧困はあなたのせいじゃない。社会のせいだ。地域のせいだ』と言われたら俺はまた酒を飲み出してしまう」という一節があったんです。一見「あなたは悪くない」という言葉は素晴らしいように感じるけど、実は彼らを弱者という箱に入れる行為で、彼らの主体性を奪う言葉でもありますよね。私もそれまでは「あなたたちは悪くない。システムが悪い」とだけ思っていたので。

花田 うーん、なるほど。

西 彼をすごく尊敬するのは、この社会のシステムがおかしいと主張するのと同時に、自分自身も変わらないといけないと気づくところです。今回の小説でもとても影響を受けました。そうやって本を読んで知ることで自分もいろんな問題を自分のことにできるので。ブレイディさんご自身も、社会ももちろん変わらないといけないけど我々も勉強して変わろうぜということをおっしゃっていて、とても信じられます。それが主体性を持って、能動的に生きるということではないでしょうか。

花田 たしかに。たとえばフェアトレードという考え方はある程度根づいていますが、それでも日本国内の格差や貧困の問題に直面したとき、つい「あなたは悪くないんですよ。何か困っていることはありますか」という態度になってしまいがちかもしれないです。それはステップの一歩目ではアリかもしれなくても、彼らは弱者ではなく人間である、ということを忘れずに接していかないとならないですね。

西 言葉の問題もありますよね。たとえば「生活保護を受ける」という言い方も引っかかります。だってそれは当然の権利なんだから。ただ利用するだけなのだから、「受ける」なんて言い方する必要はないですよね。

花田 「受ける」と言うことで「恵んでもらう」みたいなニュアンスになってしまいますね。公共のものという意味では道を歩くのと同じことだから。公道を歩くときに「この道を使わせてもらってほんとうにすみません」とは思わないわけで。

西 そうそう、そうですよね。

花田 でも仮に最初は恥ずべきことではないと思っていたとしても、「恥じろ」「申し訳ないと思え」と石を投げられて、萎縮するしかなくなる。

西 「恥と思ってもらわないといけない」って、そんなことを政治家が言う世界なんて異常ですよ、やっぱり。

花田 小説の中でも「保護なめんな」のジャンパーについて触れていましたね。そうやって叩かれた人は加害の連鎖で、自分も誰かを叩く側に回らなければ、と思わされてしまう構造もまたありますよね。

西 ね、すごく悲しい話ですよね。たとえば欧米でも、移民を移民がバッシングするという意識があるそうなんです。白人ではなく古くからいた移民が、後から来た移民を「あの人たちと自分は違うんだ」とバッシングする。なんて悲しいんだろうと思います。でもそれこそ、「それで喜ぶのは誰だろう?」ということです。

翻訳できない「迷惑をかける」という言葉

花田 最近は、人に助けてもらうことや迷惑をかけることの大切さをやっとわかってきましたが、それでもやっぱり「相手に心配をかけたくない」「迷惑をかけたくない」と思って頼るのを躊躇してしまうことは多いです。西さんご自身はどうですか?

西 私はもう「助けてちゃん」やから。友人には、ほんまにすぐ助けを求めることができる方ですね。

花田 私を含め、「自己責任」と「人に迷惑をかけたくない」という意識が染み付いてしまっている人は多いと思います。この二つはほんとうに呪いのワードだなと思うのですが。

西 「迷惑」って、改めて考えると、英語での翻訳が難しくて。たとえば「国に迷惑かけたくない」というような言葉を直訳できない。友人と一緒に考えてみて、あ、burden（精神的な負担、重荷、などの意味）かな？　と思い浮かんだけど、同じ使い方を海外でしたら「負担になるって、何が？」ってなってしまいますね。そもそも福祉についていえば、国が個人を助けるのは当たり前だという考えが個人個人に染み付いている。だから日本のホームレスの方達のことを説明しようとして「家族に迷惑かけたくないから言えない人がいる」と伝えても「どういうこと？」「彼らは自由でいたいわけ？」と理解してもらえない。だから「迷惑をかける」というのはきっとすごく日本人的な考え方なんですよね。

花田　なるほど。少し前に日本で『翻訳できない世界のことば』という本がヒットして、それは「まったり」とか「サウダージ」とか、その言語でしかニュアンスの伝わらない素敵な言葉を集めたものだったんですが、そのディストピア版があったら「迷惑をかける」は必ず採用されそうです。日本って……まあ自分もやっているのですが、メールに資料を添付してほしいとお願いするだけでも「お手を煩わせてすみません」なんて書いたりしますよね（笑）。

西　そう。だからそれも翻訳してみたらbother you（あなたの邪魔をする、困らせる、などの意味）とかになるのかな？　と思ったんだけど、何がbother youなん、全然やん、って。あと、「甘える」もそうでした。「甘やかされる」はbe spoiledという言葉があるけど、カナダ人の友人に「甘える」という能動的な動詞のことを聞くと、「うーん、ないかな」って。だから「甘え上手」とか「お言葉に甘えて」みたいなニュアンスがそもそもないのかも。仕事をやってほしいならaskだし、そもそも相手の仕事ならやってもらうことは当然の権利だから。

花田　そうやって聞くと、海外に出ることで気づく日本特有の嫌な感覚ってたくさんありそうです。

西　いや、でもね、日本のよさもめちゃくちゃあるんです。日本って、個人レベルではみんなすごい優しくて責任感があって、日本の保育園なんてほんとに素晴らしいですよ。保育士さんや看護師さんたちは年収1000万円以上あって当然だと思います、本当に。今、私が住んでいるカナダではもちろん例外もありますが、みんな仕事もカジュアルに休むし、個人個人の主張があって、「私がやるのはここまでです」みたいなドライなところがある。でも日本人はたとえば医療でも最低限の義務を超えてやってくれるでしょう。看護師さんも年収億超えていいと思います。「客」として行く日本は素晴らしくて、けど、そのせいなのか、電車とかの雰囲気めっちゃ悪くないですか。みんな疲れてて。

花田　ああ、わかります。デフォルトの設定として、仕事中は我慢してニコニコいい対応をさせられてるんだから、そのスイッチを切ったら駅のエスカレーターで割り込んだ人に舌打ちしてもいいし、ベビーカーを押しのけて電車に先に乗ってもいいという感じ。殺伐とすることを自分に許しているような。

西　悲しいですよね。まず満員電車に毎日乗らなければいけないだけで精神がやられると思います。

花田　ふふふ。ほんとに、まずあれを我慢できるというのがすごいことなのかも。

西　だから、海外から見たら、今日本人はこれ以上できないくらい本当に頑張っているし、ひとりひとりの努力と犠牲で成り立ってる。こんな国ってなかなかない気がします。

花田　頑張り屋ではあるのですが、「助けを求める」という言葉がそれこそ日本語の中にあまりないというか、そうされて当然と考えることが苦手なのかもしれないです。

西　それは3・11のときにものすごく感じました。「家を流された人もいるのだから、それに比べたら自分なんて」と言っている方を見たんです。それがすごく悲しくて。あなたの苦しみはあなたの苦しみだよ、誰にも比べられない苦しみだよって思ったんですね。「あの人に比べたらマシ」という考えは人間どうしてもあるけど、「だから自分はもっと頑張らないと」と思う必要はない、自分の苦しみをきちんと認めてあげてほしいっていうことをこの小説でも書きたかったんです。

花田 そうですね。それに「他にもっと苦しい人がいるのだから」という言葉は一見謙虚なように感じるけれど、もしかしたらその考え方は、ときには自分より小さい被害なのに自分よりも苦しみを主張している人を戒めるようなニュアンスにもなってしまうかもしれない。統一されたひとつの価値観で苦しみをランク付けするような……。比べずに、自分のつらさも他人のつらさも独立したものとして受け入れられたらいいですよね。

おばちゃん力が世界を変える

西 私、この小説で「助けを求めろ」って書いたけど、「助けろ」って書くべきやったなと思ってて。みんなやっぱり、本当にしんどいのに無理をしてしまうから、その人にいかにおせっかいできるかが大切だと思うんです。私たちはもう、おばちゃん世代じゃないですか。私が若い頃って、たとえば背中が大きく開いている服を着てたら「あんた！ここ冷やしたらあかん！」って、知らないおばちゃんが必死で肌を温めようとしてくれて（笑）。そういう「おばちゃん力」のおせっかいをどんどんしていこうと思ってます。

花田 たしかにそれはいいですね（笑）。ただ、「あ、困ってるかな？」と思っても「話しかけられたくないのでは？」「本人がいいと思っているならいいのでは？」と躊躇してしまうというか、そういう言い訳のもとに、踏み込む勇気が持てないときがあります。

西 自分も経験があるんですけど、「何か困ったことがあったら言ってね」じゃなくて「これやるね」って先に言ってくれると、すごい助かるんじゃないかな。

花田 ああ、そうかもしれない。

西 私ね、昔、新宿駅ってベビーカーだと階段が大変だから、ベビーカーを押している方を見かけたら助けるっていう取り組みをやっていたことがあって。

花田 えっ、すごいですね！

西　いや、ほんとちょっと、2、3分とか待つだけなんです。それで、そのときに「持ちましょうか？」と聞くとけっこう恐縮されるので、「持ちますね！」って言うんですよ。そうするとわりと「あ、ありがとうございます」という展開になるので。先におせっかいで「やる」と宣言するのは有効だと思います。

逆に自分が助けられる側になったとき……たとえば風邪をひいてしんどい、というときには「何かほしいものがあったら言って」ではなく、「食べもの適当に買って玄関に置いておいたよ」というのがめっちゃうれしいんですよ。ちょっと無理にやってもいいから、って思います。その人が嫌がっていたらそこでやめたらいいし。

花田　うんうん。まずは頭でシミュレーションして失敗を恐れるだけではなく、経験を重ねることも大事ですよね。障害者の方が書かれた本などを読んでいると「障害者の人になんと声をかけたらいいですか」「何を助けたらよろこばれますか」という質問に、彼らはだいたい「そんなの人による」と答えている。正解はないんですよね。もちろん本から事前に知識を得ることも大事ですが、どこかにマニュアルがあるわけではなく、やってみないとわからない。車椅子の人に一人も声をかけたことがない状態での思考の量と、100人に声をかけてみた後の思考の量はまったく違うと思います。その中には怒られたり嫌な顔をされる経験もあるかもしれないけど、そこで初めて「なぜ嫌がられたのか」

という問いに立脚することができるので。

西 今住んでるところではバスでも何でも、すごく子どもが声をかけられるんですよね。この前も、といってもコロナ禍の前だけど、バスに乗っていて子どもが泣き出してしまったときに、運転手のおばさんが自分のお弁当箱から生ニンジンを取り出して「ニンジン食べるか?」って言ってきて。誰が食べるねん! って(笑)。

花田 あはは!

西 でもそれで、少なくとも「ああ、泣いてててええんや」って思うじゃないですか。ニンジンはいらないとしても(笑)、「ニンジン食べるか?」ってひとこと声をかけるだけで違いますよね。こういう意思表示を反射神経でできるようにしたいです。これは訓練ですよね。

花田 訓練。まさにその通りですね。頭の中でゴニョゴニョ考えているだけでは上達しないなあというのは身にしみて感じています。

西 ほんとにそう。

花田　でもそういう「おばちゃん力」の明るさやハッピーさって、一見この『夜が明ける』のシリアスな問題とはつながらないようでいて、意外と答えというか、解決策になっている気がします。

西　うん、これからの時代は「おばちゃん力」だと思いますよ。

花田　勝手に踏み込んでいって勝手に助けるということですね。

西　個人的にはもっと人に踏み込んでいいと思ってます。コロナでもう十分に距離は離れていってしまっているから、これからは人と近づくということを本気でやっていきたいです。

写真家

植本一子

「家族について書くということ」

自分が責任を取り続けるんだ、と思います。

『個人的な三ヶ月 にぎやかな季節』（自費出版）

２０２１年の１月から３月までの三か月間、緊急事態宣言下で身の回りに起きた数々の出来事や、かけがえのない人たちとの日々を、約15万字で綴《つづ》った日記。

植本一子（うえもと・いちこ）

1984年広島県生まれ。2003年にキヤノン写真新世紀で優秀賞を受賞。13年より下北沢に自然光を使った写真館「天然スタジオ」を立ち上げ、一般向けの記念撮影をライフワークとしている。著書に『かなわない』『家族最後の日』『愛は時間がかかる』などがある。

何のために日記を発表するのか

花田 私は自分で本を書く以前から一子さんの文章が好きで、ずっと愛読していました。それから縁あって知り合ってから、もう5年くらいになりますね。『出会い系サイトで70人と～』の書籍化に向けて原稿を書いているときに一子さんに相談をして、アドバイスをいただいたこともありました。

植本 そうそう、なんか言いましたねえ。

花田 実在している人へのネガティブな感情やできごとをどういう覚悟で書いたらいいのか、という心構えをお伺いしたのですが、一子さんの毅然とした姿勢に励まされたし、迷いが吹っ切れた気がしました。

一子さんはご自身と元夫である石田義則さん（ラッパー・ＥＣＤとして活動。２０１８年にガンのため死去）、お子さんたち、そして現在のパートナーのことなど、日記形式でずいぶん長い間書き続けていますよね。

植本 子どもが生まれたときから、と考えると14年かな。

花田　ご自身とご家族のことを日記で発表しようと思った最初のきっかけは何だったんですか？

植本　子どもを産んだばっかりで、社会とつながれなくて寂しかったのもあるし、日々育っていく様子を残したかったんです。それは写真でもできるけれど、写真だけだと残しきれないと思った。それが最初の動機だと思います。

花田　それが多くの人に読まれるものになっていって、書くことの意味は変わりましたか。

植本　たくさんの方が読んでくださることで商業出版ができるようになって、そこからコンスタントに日記を発表し続けたのは、表現活動ももちろん必要だったけどお金になるというところも大きかった。表現とお金がつながったのは「助かった」という思いでした。

花田　育児の苦しさから配偶者の闘病とともにある生活、そして死別、新しいパートナーと家族の再構築、そこで見えてきた自分自身の問題……と、14年の間にもいろいろなできごとがありましたよね。

植本 そう。だからずっと何かしら自分のことを書いている状態ですね。

花田 「お金のため」という動機も大きかったということですが、仮に今、生活するのに潤沢なお金があったらもう日記を発表しないかもしれないですか？

植本 うーん……。それでも、書くと思います。基本的に嫌いじゃないんですよ、何かを作って売るということが。それと自分の表現がつながっているということも居心地がよくて、それで続けられているというのもあります。

花田 近年はずっと自費出版の形式で日記を発表されていますよね。

植本 コロナ禍以降は自費出版にシフトしています。原点回帰というか。家のプリンターでちまちま作って郵送するとか、卸してもらう本屋さんとの連絡だとか、細かい作業ややりとりが苦手な人には自費出版は向かないと思うのですが、私はそれが全然苦じゃなくて、楽しいです。

花田 ある程度売れるようになったらその部分を出版社に任せたいと考える人のほうが多いか

もしれないですね。自分のリーチできない部分にまで本が半自動的に届くというところが商業出版の大きな利点なのだと思いますが。

植本 自分の規模がわかっちゃったんですよ。だいたいこれくらいの読者がいて……という数が。それで、そのお客さんの数だったらもう自分でできるな、と思って自費出版にシフトしたというのもあります。自分の本が売れる書店もわかってくるし、大きい書店でそんなにばーっと置いてもらえるわけでもないし、それだったら自分とお客さんの関係性も作っていけるから、よりいいなって。

花田 私もちょうど企業で働く書店員ではなくなり個人で書店を始めたこともあって、よくわかります。数や規模を追うのはもういいや、という気持ちがありますね。それに著者からすると全国の知らない書店に広く置かれることも魅力的ですが、やはり一般的な書店では、現場の人間がいい本だなと思っても発売から数ヶ月経つと店のいい場所から移動させざるを得ないのが現状なので。

植本 入れ替わりが早いですもんね。そういえば、元夫である石田さんもいっしょで、まずメジャーにぼーんって行って、そこからどんどん先細りになって、どこかのタイミングで自主制作にシフトする、というやり方をしていたんですね。そういうのを見ていたからというのもある気がします。

バッシングされて思うこと

花田　『かなわない』が出版されたときには、内容についてのバッシングがかなりあったと聞いています。主にはお子さんへの態度や、結婚しているのに他に好きな人がいるのを公言して憚《はばか》らないことなどへ向けられたものだと思うのですが、あらためて振り返ってみて何か思うことはありますか。

植本　いろいろあったと思うんですけどね。あんまり覚えてない。すごく長いDMが来たり、直接お手紙をいただくことも多かったですけど、当時は自分の生活のほうが大変すぎてそれどころじゃなかったっていうのもある。『かなわない』が出て1年後くらいには夫がもう病気になっていたし。

でも、そのときも今も、何か言われるということはとてもショックで、何か一件でも言われた瞬間はがーんって来ちゃうんです。あんまり受け止められないですね。

花田　受け止められないときはどうするんですか。

植本　昔からなんですけど、すぐまわりの人に言うんですよ。こんなのが来ました、って担当編集さん全員に送る（笑）。そうやって共有することで助けられていましたね。信用できる人がまわりにいて、その人たちの言葉で守られて、みんなに支えられてきたという感じがあります。

花田　本を通して知る一子さんの生き方全般にも感じることですが、とにかく周囲に頼りまくる、という姿勢が通底していますよね。いろいろな人が家に来て一子さんたちを助けたり、逆に一子さんたちがいろいろな家に行ってお世話になったり。今、日本のあちこちで虐待死や自死が起きる背景として、まわりに助けを求められずに孤立してしまうというケースが多いのかなと感じています。なので「とにかくいろいろな人に」というのは自分を助けるライフハックですよね。

植本　ほんとうにそうだと思います。それに、こういうことが許せない人もたくさんいるんだなというのは受け入れてはいるのですが、その反面、そこまでの労力を使って私に文句が言いたい人というのはどういう人なんだろうと考えると、そんなに怖くもないというか。

その人自身が何かしら抱えてらっしゃるんだろうな、と。

花田 賛同しないということと、許せない、何か言ってやらなければ、という気持ちはまったく別物ですよね。

子どもが離れてしまう前に

植本 花田さんの『シングルファーザー〜』は発売した頃にパートナーが買ってきて、私より先に読んでいましたよ。うちの状況と似ていたんですね。

花田 そうですね。とても似ていて、性別的にはちょうど真逆で、私の場合は血のつながっている男3人家族のところに自分が入っていく形でしたが、一子さんのところは血のつながっている女3人家族のところに男がひとり入っていく形ですよね。

植本 最近ようやく余裕が出てきて、ああ、パートナーもそんなふうに思ってこの本を手にとったのかなとか、あのときこんなふうに考えていたのかもしれないなって、やっと相手の気持ちに寄り添えるようになりました。そして花田さんも大変だったんだなあ、って面白く読みました。

花田　ありがとうございます。

植本　まだお付き合いされてるんですか。

花田　はい。子どもは今、高1と中2になって。

植本　でかい。でかくなってる。うちは中2と小6だから、まだ下の子はベタベタしてきたりもするんですけど、上の子は中学に入ってからはサーッと。寂しくなりますよね。

花田　そうですね。子どもとは距離ができてくるし、さらに「親とかといっしょに外にいるの見られたら恥ずかしい」みたいな空気もあるし。男女差や個人差もあるでしょうけどね。

植本　えー、寂しい！（笑）　わかるけど、やっぱりそうなっちゃうんだ。

花田　距離感にも波がありませんか？　一言も話したくない、みたいな時期もあればやたらフレンドリーに絡んでくるときもある。逆に自分がもうおばあちゃんみたいだな、って感じるときもあって。この前上の子が遠足に行ったときに、おみやげに「ふたりで食べて」って和菓子を買ってきてくれたりして、「ああ、もうそういうフェーズなんだ」と感慨深いものがありました。

植本　いいですね。

花田　いいのかなあ。

植本　うちは私がトラウマ治療を始めたこともあって、自分も楽になったしパートナーとの付き合い方も楽になったから、今がいちばん家族がベストな状態な気がしていて、ああ、こういう穏やかで楽しい状態がずっと続いたらいいなって思うんです。でも子どもたちも育っていくし、友達と遊んでるほうがいいとか、家に帰ってこなくなったりしたら、今みたいにみんなで楽しくごはんを食べて、梨をむいて食べて、そのあとボードゲームをやろう、みたいなことがあっという間になくなっちゃうんだなと思ったら、すごく寂しく感じて。

花田 そうか……。でも、間に合ってよかったじゃないですか。家族がいい状態になることが。

植本 間に合ってよかった……うん、そうですね。そういうキラキラした瞬間が本に残せたのでよかったなと思います。

実在する他者を書く「責任」

花田 お子さんたちも思春期に差しかかってくると関係性も変わってくるし、プライバシーの問題もあって書くことに気を遣う部分もありますよね。私もこういう形でパートナー家族との生活を書いたり話したりすることもあるのですが、子どもにまつわることをじっくり書くことは今後はもうできないなと思います。中学に入って以降は書き残せないなと思うできごとが多かったです。

一子さんはどんなふうに考えてますか?

植本 私が徹底しているのは、自分のことも含め子どもの性や身体に関することは書かないということ。子どもたちの成長が著しくなってきて記録しておきたかったこともあるけど、書かないようにしています。それはやっぱり、自分がやられたら嫌だろうな、という基準がベースになってる。

花田 そうですよね、性のことは嫌ですよね。お子さんは、自分たちのことが本に書かれていることは知ってるんですか。

植本 もちろん知っています。

花田 そのことについて、何か話したりしますか。

植本 『働けECD』まではべつにかわいいものだけど、『かなわない』以降はもうちょっと大人になってから読んでほしいかな、とは伝えています。

成長期が来てからの子どもたちのことは、残したいことはちょこちょこ書いてはいますが、お互いの間に起きた引っかかるようなことはあまり書かなくなった気はしますね。自分のことで手一杯というのもあるし。それでもべつに、それに対して許可を取っているかというとそうでもなく、読んでもらっているわけでもないから、自分の判断ではありますよね。危うい判断です。

花田　そうなんですよね。だからといって、子どもに対して「これを書くけどいい？」って聞いて「いいよ」って言われたとしても、相手は子どもだから、あとから不満を伝えられたとしても「あのときあなたがいいって言ったんだからあなたの責任ですよ」と言うこともできないなと思うし。

植本　私は子どもに対してはやっぱりどこか自分のものみたいな意識があって、私が責任を取る、というように思っているところがありますね。
　それよりも他人、たとえば大事な友人が言ったことなどを書いて、「これを出して大丈夫？」と聞いて許可をもらったけど、時間が経ってやっぱり嫌だなと思うこともあると思うんですよね。だから許可を取ることも大事だけど、いつまで効果があるのかは疑問。そう考えると、自分が責任を取り続けるんだ、ということは思いますね。いつひっくり返されてもそれを受け入れていく、というような。

花田　法的な責任とはまた違いますよね。大人に対しても「あのときあなたがいいって言ったんだから」とは言わない、ということですよね。

植本　うん、言えないですよ、やっぱり。

自分に嘘をつかない至上主義

花田　先ほど、自分の読者の数が見えたとおっしゃっていましたが、逆に言えば自費出版に切り替えてもそれだけの固定ファンがしっかりついているということだし、今の日記文学の代表的な存在でもあると思うんです。赤裸々な部分やネガティブな心情の吐露の部分が注目されがちですが、私としては、観察のタッチや文体にも大いに魅力があるのではと思っています。一子さん自身はどう思っていますか？

植本　いや、なんでこんなに読んでくれる人がいるのかというのは自分ではわからないですね。育児は誰でもしんどいものだとは思うんですが、私はほんとうにしんどいと感じたから、ブログに書いているときから「誰か私の気持ちをわかってくれる人はいませんか」「誰か私を助けてくれませんか」という気持ちで発表していました。それがあんなに売れるとは思わなかったけど、やっぱり引っかかってくれる人がいたんだなとも思うし、しんどい人はいっぱいいるんだなと思って、そういう人に寄り添えた本になっているならよかったですね。

花田　私も同じしんどさだ、という人はもちろん、そうじゃない人にもこの、リアルな心がここにあってそれが動いているという感触を感じられるから、一子さんの文章に引き込まれるんだと思います。こちらも心が動かされるというか。

植本 ただ自分をアウトプットしたいというだけでずっと続けていて、嘘を書こうとか、自分を大きく見せようとか、そういうことは一切ないので、そうやって素直に自分のことを書いただけの私の文章を支持してくださるのはありがたいです。

花田 自分の内面を書くことが苦手、怖い、恥ずかしい、という人もたくさんいますよね。ほんとうの自分を書くことって、ときに自分のみっともなさやかっこ悪さをさらけ出すことでもあるじゃないですか。なぜ一子さんはそのためらいから抜け出せているんでしょうか。

植本 みっともないこととか、恥ずかしいことを書いているっていう意識も実はないんですよね。赤裸々って言われることもよくわかってないし。もう屁をこくように書いてるんですよ、ほんとうに。しゅるー、って（笑）。おならをしないと苦しいのといっしょで、やっぱり書かないと気持ち悪い。それで書き終わると清々《すがすが》しいし。そういう性質なんだと思います。

花田　本の中で、事実をよく見えるように補正されていないですよね。そこにもまったく興味のない感じにきっと読者は虚を突かれるんだと思うんです。

植本　嘘をつかないということを小さいときに徹底的に叩き込まれた感じがあって、嘘はつきたくない。もちろん書いた時点で「創作」だから厳密ではないですが、「自分に嘘をつかない」が至上主義ではありますね。自分の気持ちに正直な文章ほど、あとから読み返してもいい文章だなと自分でも思えるし。

花田　私はけっこう、自分のことを書くときに葛藤があります。恥ずかしいとか、これは書きたくないな、とか。

植本　へえ。たとえば？

花田　シングルファーザーの彼とその子どもたちとの関係を本に書いたときにも、やっぱり彼らと仲良くなりたかったし関係を肯定したかったから、「うまくいってなくてもいいんじゃない」という突き放した見方では書けなかった。それにやっぱり「シングルファーザーの家庭に入っていったけど、こんなにうまくやれている私」というのを世の中に提示したいという欲があるなと思ったんですよね。

植本　ああ、すごい正直。

花田　でもそうたくらんでいる気持ちのほうが恥ずかしいというか、その欲のままに「素敵な私」を書いてしまったら恥ずかしいな、とも思っていたので、うまくいってない部分を認めて意識的に書くようにしていました。だからそこに最初からとらわれていない一子さんに憧れる。

植本　まあ、尊敬できる人といっしょにいられる自分、っていうのはいいな、とは思ってましたけどね。でも素敵な私に見せたい、はないかもな。お母さんらしくあるべし、みたいのもマジでないし、お化粧もしないし、わからない。楽に生きたいなとは常々思ってます（笑）。

トラウマ治療は面白い

花田　トラウマ治療の話が先ほど少しありましたが、どういうものなんですか。

植本　ＥＭＤＲという治療法なんですが、トラウマになっているできごとを振り返るんです。当時のできごとを思い出すために左右に流れる電光掲示板の光を眺め、そのできごとにフォーカスしていきます。先生から、今何が見えますか？　と聞かれ、それを何度か繰り返すというものです。

治療の準備段階で、０歳から現在（38歳）までの人生の折れ線グラフを書くように言われて、やってみたんです。そうしたら無意識にすごく下げて書いている時期があった。それをきっかけに頭ではたいしたことないと思っていた記憶のことを指摘されて。ぼんやり嫌だなとは思っていたけど、記憶に蓋をしすぎてもう思い出せないくらいのことだったんですよね。そういう、本に書いてもいなかったことが掘り起こされたりもして、面白いと言ってしまうとあれなのですが、面白いです。

花田　そのお話だけ聞くと、かなり精神的にきつそうですね。でも面白い、というのもわかる気がします。

植本　ほんとうに一回一回、除霊されたみたいな気分になるんですよ。あんなに苦しんでいたのが嘘みたいで、自分じゃないみたいな、漂白されたような感覚があります。記憶の書き換えなんだと思う。

花田　ペス山ポピーさんという漫画家の方がコミックエッセイとしてご自身のトラウマ治療の体験を『女の体《じぶん》をゆるすまで』という作品で描かれていましたが、とても面白かったです。彼女のトラウマは漫画家のアシスタント時代に受けたセクハラで、できごと自体は人によっては「そんなに気にしない」というくらいのものかもしれなくて。でもそれが自分を深く傷つけているということと、トラウマ治療の壮絶さが伝わる作品でした。

植本　そうそうそう。私も取るに足らないことなんですよ。トラウマって呼んでるけど、たとえば友達に仲間外れにされたとか、まあそういうことってあるよね、というようなことで。でもすごく自分の中に残っていて今の自分に影響を及ぼしている。トラウマ治療というと、とても辛い目に遭った状況の人だけが受けるものだと思ってたけど、それに限らないと思います。傷つくことに大きいも小さいもないです。もっと広まってほしい。

花田　どうしても「他の人に比べたら自分が遭ったことなんて大したこともないのに、治療なんて受けていいのだろうか」というような悩みの矮小化《わいしょうか》ってしてしまいがちです。でも占いやマッサージに行くくらいの感覚で気軽に行けたら楽になれそうですね。

植本　トラウマ治療は自分にとっては大きいできごとではあるから、原稿を書き溜めて、まとまりそうだったら編集さんに相談しようと思ってるんです。

花田 おお！　そうなったらひさしぶりの商業出版ですね。もう書き始めてるんですか？

植本 うん、書いてます。

花田 先ほども自費出版の話の中で聞いたところですが、固定の日記ファン以外の人にも興味を持ってもらえそうな題材だからいいかもしれないですね。植本一子さんの本は読んだことがないけどトラウマ治療には興味がある、という人にも届くかもしれないですし。

植本 そう。自分に書く使命があるとしたら、文章を通して誰かの役に立つことで、次はこれかな、という感じはある。そんなふうにこれからも書き続けていこうと思っています。

花田 トラウマ治療にも興味がありますが、それが一子さんの文章でどんなふうに描かれるのか興味深いです。きっと絶対面白いものになると思います、楽しみにしています。

作家

大前粟生

「そもそも恋愛って何?」

人と人は違うということの中で、それでもなお残るのが愛情だったりするのかなって。

『きみだからさびしい』（文藝春秋）

好きな人は複数の人とオープンな恋愛関係を持つ、ポリアモリーだった――。恋がしづらい私たちのための、１００％の恋愛小説。

大前粟生（おおまえ・あお）

1992年兵庫県生まれ。2016年、「彼女をバスタブに入れて燃やす」が「GRANTA JAPAN with 早稲田文学」公募プロジェクト最優秀作に選出され小説家デビュー。著書に『回転草』『ぬいぐるみとしゃべる人はやさしい』『おもろい以外いらんねん』『死んでいる私と、私みたいな人たちの声』など。

「やさしい主人公」は作者と同一ではない

花田　『きみだからさびしい』は私の中では、ほんとうに10年に1冊くらいの素晴らしい恋愛小説でした。コロナ禍で変わった世の中と、ポリアモリーのような新しい時代の恋愛観をふんだんにちりばめながら、人を好きになる気持ちがとてもフレッシュに描かれているなと思いました。

大前　ありがとうございます。

花田　大前さんは『ぬいぐるみとしゃべる人はやさしい』など、以前の作品でも、男性の加害性――恋愛の場で女性に加害してしまうこと――を恐れている男性の主人公をたびたび書いていますよね。大前さんがこのテーマを意識するきっかけが何か特別にあったのでしょうか？

大前　何年か前に、東京医大の不正入試とかジェンダーの不均衡に起因する事件が立て続けにあった時期に、松田青子さんの『女が死ぬ』を読んだんです。『女が死ぬ』はドラマや小説、いろいろな物語の中で、女性キャラクターが男性優位の展開のためにいかに勝手に殺されたり妊娠させられたりしているかということを暴いていくような小説なんですが、それを読んだときにすごく身につまされて。自分がそういうことにいかに無自覚に生きてきたかを自覚しました。で、ちょうどその頃にフェミニズム関連の本も、それまで関心のなかった人にも受け取りやすいようなものが次々と翻訳されて、それで一気にばーっと集中して読んで。

花田 なるほど。じゃあ子どもの頃から自身の問題として悩んでいて……という感じではないんですね。

大前 そうですね。作家になってから本を読んでいく中で、がーっとのめり込むような感じで共感していきました。それは加害者側の環境の中で生きてきた男性への共感でもあり、自由や尊厳を一方的に奪われる女性の側への共感でもあり。で、その頃に『ぬいぐるみとしゃべる人はやさしい』の編集の方から「女性差別に傷つく男性を主人公に小説を書きませんか」と声をかけていただいて、いったん書いてみたんですが、これからもこういう問題に悩む男性はどんどん増えていくのかなと思ったので、まだまだこのことについては書けそうだなと。

花田　大前さんが繰り返しこのテーマを書かれることで「自身の加害性に悩む主人公＝作者自身」と考える読者も多いのではないかなと思うのですが、今のお話を聞くと、ご自身の中ではちょっと主人公とは距離があるというか、あえてこういう人物を描いている、という感覚なんでしょうか？

大前　まあまあ距離があります。人の弱さとか臆病さを、非難すべきもの、生きづらい要素という意味ではなく、そのままに書きたいというのがすごくあって、それでそういう問題に悩んでいる主人公を設定することが多いです。でもたしかにいただいた感想を読むと、僕自身がやさしい人だと思われていたりすることもあります。違和感もありますが、そういうふうに作者がキャラクターづけられたほうが売れやすかったりするんだろうな、とかも思ってしまう。

花田　ふふふ。じゃあ、大前さんからはこの物語の主人公、圭吾のことはどう見えますか？

大前　あんまり好きじゃないです（笑）。

花田　そんな……！（笑）

大前　エヴァンゲリオンの碇《いかり》シンジみたいにずっと悩み続ける人を主人公にしようと思ってたんですよ。面と向かって気持ちを吐き出したり、正面から喧嘩したりできたらいいのに、なかなかそれができない。好きではないけど、そういうふうに悩んでしまう気持ちはわかるなあ、と思いながら書きました。

花田　作者と主人公はそんな関係なんですね。面白いです。
　私自身も大前さんの作品を紹介するときに「今っぽい」という言葉をつい使ってしまうのですが、文学界・カルチャー界でも大前さんの作品は「今の若者の価値観」とか「世代の声を代表している」というような評価がなされることが多いのではないかと思います。「世でも大前さんはおそらく「今っぽくしよう」とか「世代を代表しよう」とかいう気持ちでは書いていらっしゃらないだろうなあと思うので、そのように言われることには違和感や戸惑いがあったりするのでしょうか？

大前　自分としては、世の中にある最近出た作品を全部「今っぽいじゃん」とか思うんですけど。でもわりと積極的に「現在」のことを書こうとはしています。今って、いろいろな価値観や考え方が出てきている過渡期だと思うんです。そういう過渡期だからこそ生まれた悩みとか葛藤の内容は、将来的に折り合いがついていくと忘れられてしまうかもしれないけど、悩んだり葛藤すること自体が面白いと思うので、それを小説にして残しておきたいというのがありますね。

今の時代、恋愛小説を書くことは難しい？

花田 この作品は「コロナ」「ポリアモリー」「お片付けサークル」という、一見つながりがないような3つのキーワードが奇跡的に組み合わさってできている物語だなと感じました。なぜこの3つを組み合わせようと思ったのですか？

大前 コロナと恋愛と片付けっていうのは自分の中ではけっこう重なっていて。コロナ禍でステイホームになって人との雑多な出会いがそもそも減って、それで誰しも人恋しさが刺激されて、そのことによって、ほんとうは違うけど恋愛の状態と錯覚してしまうことが起こりうるのではないかと思ったんです。あと、片付けは、こんまり（近藤麻理恵）さんが動画の番組で、毎回片付けを始める前に家のいちばん広いところで家の神にお祈りするんですよね。そうやってものを捨てる人の罪悪感ややましさを減らそうとしていて、ものを捨てたり手に入れたりすることはメンタルヘルスとすごく関係があるんだろうなと思って。誰かを想うとか遠くを想うということ自体が恋愛というものとちょっと重なりうるというか。恋愛ってよくわからないものですけど、そういうあいまいなものだからいろんな要素を入れ込めるなと思ったんです。

花田 なるほど。

大前 ポリアモリーについては、それ自体というよりは恋愛でのすれ違いを書きたかった。考え方の違いとか、そもそも人と人は違うということの中で、それでもなお残るものが愛情とかだったりするのかなと思って。

花田 たしかに、ポリアモリーに関しては別の何かに置きかえても成り立つ小説かもしれないです。

大前 そうですね。

花田 私個人としては、この10~20年くらいで日本での「恋愛」の扱いが大きく変化している気がしているんです。大前さんは私の10歳ほど年下ですが、私が20歳くらいの2000年頃はみんなが恋愛至上主義で、クリスマスイブに恋人とデートしていなくてバイトのシフトが入っているのは恥ずかしいことだという考え方が蔓延《まんえん》していましたし、長期間恋人がいない人をからかうことも日常的でした。

けれどリアルでも小説や映画の世界でも、異性愛の成就を目指さなくてもいいよね、という価値観が広がってきていて、対象が同性でもいいし、友人関係やひとりでいることを優先してもいいよねというメッセージのほうが多くなっていると思うんです。

なので恋愛小説にとっては厳しい時代であり、時代の最先端を行くような大前さんが今あえてストレートな恋愛小説を成功させていることがすごいなと思ったのですが。

大前 僕の感覚としては花田さんとは真逆で、メッセージが増えても、それが実際に受け入れられているかというと、正直どうなのかな、という思いがあります。コンテンツに関しても、まだまだジェンダーの不均衡に則《のっと》った恋愛ものがめちゃくちゃ多いなという印象です。しかもティーン向けとかになればなるほど多いように感じます。お互いの寂しさにつけ込んだり、依存関係にあることを恋愛と呼んでいるコンテンツが多いなと。一方でたしかに時代の変化を感じ取った作品も増えていて、コロナ禍でさらに二極化していくのかなという感覚があったんですね。そのあいだを埋めるというか、どっちのことも否定しないというか、両者を描きながら従来通りの恋愛が好きな人のことも肯定できる作品を描きたいというのはありました。

花田　今おっしゃっていたとおりで、あらゆる価値観の人への肯定があって、ただ尖《とが》っているのではないところが大前作品のよさなのかもしれないです。私自身も、若い世代に向けて「恋愛しなくてもいいんだよ」と伝えるだけでは不十分だなと思っていて、恋愛したい人や今恋愛で苦しんでいる若い人に何を伝えられるだろうと悩んでいたので、自信をもって「推せる」小説ができたな、とうれしく思っています。

　一方で、たとえば中高年の男性が「何を言ってもセクハラになっちゃうからもう恋愛なんてできないよ」と嘆いたりしますが、その嘆きもわかる気がするんです。もちろん女性を酔わせて無理やり連れ帰ってセックスすることを恋愛と考えるような人には滅んでほしいですが、フェミニズムが進むことで人のプライベートな領域に踏み込みづらくなって恋愛しづらくなる、という側面もあるのかな？　と。大前さんはどう思いますか？

大前　そもそもそういう人たちが名残惜しく思う「恋愛」ってほんとうに恋愛だったのかと思ったりもしますね。職場で恋愛せんでもええやん、とか（笑）。まあ、そうですね、いろいろな価値観が取り上げられていくこととほんとうに浸透していくことはまた別なのかなと思います。自分のまわりには、作家さんだったり編集者さんだったり、いろいろな価値観について「解像度を高く保っておこう」と意識している人が多くいるんですね。でもそういった環境にいることで、僕自身、感覚が麻痺《まひ》している部分もあるのかな、と。

身の回りは、いわゆる「やさしい世界」かもしれないけれど、その外側では、いろいろな価値観や多様性などについての話って、けっこう他人事だったりするんじゃないかな、って。でも、だからこそ、自分の小説が、そういう人たちから遠く離れてしまっていないだろうかということはすごく気にします。だから作品でも登場人物のモヤモヤした気持ちとか、戸惑いとか、新しい価値観に乗れているわけではない人とか、矛盾した気持ちを書こうとしています。

なぜ恋愛は契約になってしまうのか

花田　恋愛のことを考えるときに不可解だなと感じる決まりごとってたくさんあります。たとえばこの小説の中だと、圭吾に告白してふられている金井くんが、自分の想いが叶わないことに対してちょっと被害者的な気持ちでいて、「俺のことを好きでもないくせに」って圭吾の言動に逆ギレするような現象とか。自分は相手を好きになったことで傷ついているのだから多少相手を責めてもかまわない、みたいな現象ってありますよね。

大前　そうですよね。最近だと、たとえばYouTuberに恋人がいた疑惑が出て炎上するとか。なぜか「まなざす側」が「まなざされる側」を所有したような気分になっているというか。

何でしょうね。期待が裏切られたときに、自分の心を守りたくてそうするのかなと思います。誰かを攻撃するっていうのは。

花田 自分のまわりの恋愛結婚している人たちを見ていても、男女問わず、配偶者や元配偶者にものすごい憎しみを燃やしている人ってたくさんいます。恋愛の要素がなければそこまで遠慮のない憎み方をしていないのではないかと思うんですよね。一度でも恋愛関係が成立していた相手には剝き出しの感情をぶつける権利があると考えている人が多いのかなと。

大前 何でなんですかね。恋愛関係になると、それぞれが自分の時間を双方にとっての「良きもの」になるように形成すべきだ、という前提があるんですかね。それが裏切られたような感覚になるのかな。

花田 「恋人に浮気されて悲しい」は理解できるし、相手の浮気によって自分の今後の位置づけはどうなるのか、これから関係性が変わるのか、と不安になることも理解できるのですが、そこに「自分が常に最優先される立場なはずだ」と権利を主張するふるまいというのが昔から理解できないんです。

大前　なるほど。一般的には恋人という関係になることで「約束を結んだ」というようなことになってるんでしょうね。

花田　はい、「契約」ですよね。

大前　僕もそういう、関係性に契約を要請するノリみたいなのはあまり理解できなくて、この小説も書けば書くほど恋愛って何なのかと思ったし、何が「やさしい」のかもわからないです。だからこそ興味があるし、書けてしまうというところもあるのですが。

花田　自分もどちらかというとそうなのですが、大前さんの書く「やさしい」は、ともすれば相手の領域に勝手に踏み込めない臆病さでもあると思うんです。その人を尊重するあまりに強引になれない。ひと昔前の、ヒロインをぐいぐい引っぱっていくドラマの主人公のように「俺といっしょにアメリカに来いよ」とは私は言えないけど、リアルな恋愛の場面でそう言って引っぱってほしい人もいるし、恋愛きっかけの他者の踏み込みで自分が変われることもある。

大前　そうですよね。それにいっしょにアメリカに行くことがやさしさだったりする場合もありますしね。

花田 「俺とアメリカに来たらあなたは幸せになれるよ」と相手に断言してほしい人もたくさんいると思います。

大前 誰かにそう言われるとラクですよね。

花田 この人ひとりをずっと愛すると宣言して、家族を作って実際にその人が死ぬまで添い遂げるというストーリーも素敵だし、それが結果的にうまくいったのであればいいと思います。でも、そうでなければならないと社会や恋愛相手に言われるのは嫌だし、私自身は契約によって相手を失わずにすむ、と思う安心よりは、契約を結ばされることなく自由でいたい気持ちのほうが強いです。でもその二つの間で揺れている人が多いのかなと思います。

大前 どうなんだろう。契約は多分わかりやすい「物語」で、自分でも納得しやすいし他人にも納得させやすい。だから個人も世の中も、疲れていくとどうしてもそっちを求めてしまうのかな、という感じはします。

あいまいな恋愛小説だからできること

花田　大前さんはこの小説を読者にどんなふうに読んでほしいですか？

大前　いろんな考え方のいろんな恋愛をしている登場人物が出てきて、それぞれがそれぞれにぐるぐる悩んでいるので、もしかしたらリアルタイムで恋愛に悩んでいる読者の悩みと被っていたり、同じ悩みがそこにあることでちょっと気が楽になるかもしれないし、逆に自分にまったくない考えが書かれてるかもしれない。「読者といっしょに悩んでる」というと言い過ぎかもしれませんが、人間、悩むのは悪いことじゃないし、今ここで悩んでいることが将来何かの役に立ったりするかもしれない。だからどんどん悩んだらいいし、もし誰かに相談できるようなら相談したらいいかなと思います。

花田　大前さんの小説って、いろんな人やいろんな生き方を肯定してくれるのですが、悩むことも肯定してくれているような気がします。

大前　そうですね。世の中のだいたいのことは答えがないし、悩んだり矛盾してたり一貫性がなかったりするのが当たり前だと思うんです。ＳＮＳや人間関係で病んでしまう人が多いのって、はっきりした答えを求められたり一貫性を求められたりすることが多いからというのもあるんじゃないでしょうか。そういうとき、本や小説が、あいまいなものとしてその人のそばにあったらいいのかなと思ったりします。

花田　SNSは特にそうだし、あるいは対面でのおしゃべりでも「そんな彼氏とは別れたほうがいい」とか「誰々が悪い」というような白黒のはっきりした結論に陥りがちなところはありますね。小説ってそれをせずに数時間ぐるぐるさせてくれる装置なのかもしれないです。「別れるべきか、続けるべきか」という二者択一ではなくて、いろいろなところに光を当ててくれる。だから私たちには小説が必要なんだなと改めて思いました。

「僕自身はまったくエピソード記憶がない」

大前　実は僕自身は、どうもエピソード記憶がないんですよ。エピソードとして何かを覚えてるっていうことがあんまりなくて。だから今日みたいな対談でも人間全般に当てはめようとして話してしまっていて、あまり自分の話というものがないんです。

花田　えっ、そうなんですね。ちょっと想像しづらいです。記憶がないんですか？

大前　何なんですかね。記憶がないというか、エピソードを覚えていない。

花田　うーん……自分の身に起きたことを概念単位で抽出していて、エピソード単位では保管しないということなんですかね。

大前　そうですね。エピソードを話すという回路がないというか、そこに興味がない。だからこういう対談の場で話をさせてもらっていても、登場人物だったりできごとを分析するみたいにしか話せなくて。だから相手からご自身のエピソードを話してもらったときに自分もエピソードで返したいと思うんですけど、何もないので、いつもどうしたもんかなと思うんですよね。

花田　あまりそういう人に会ったことがないので、興味深いです。そうすると、たとえば「何でもいいのでご自身の恋愛のエピソードを聞かせてください」とお願いしても何もないんですか？

大前　恋愛の経験はあるんですけど、このときにこういうことがありました、というような話が出てこない。自分自身についての言葉があまり出てこないし、何というか、困ってしまう。だからもしかしたら、自分には過去というものがないのかなと……いや、わからないです。きっとネガティブな感じではなく自分のことに興味がないし、自分のことを人に話そうというのもあまりない。

花田 一般的には作家さんって、自意識とエゴのかたまりというか、「俺の話を聞け」の人だと思うんです。だけど実体験をそのまま書くのでは直接的すぎるので、アレンジしたり膨らませたり……という人が多いのかなと思っていましたが。

大前 僕も以前はそういうイメージがありました。でも自分に関して言えば、当初は少しはありましたが、小説を書けば書くほど自分のことを表現したい気持ちがどんどんなくなっていく。ジェンダーについても自分がこう考えたからそれを登場人物にフィードバックするとかではなく、登場人物がこうだからこう行動するんだろうな、というような書き進め方です。だから自分のこの空っぽさはなんなんだろう、と思いますね。

花田 「空っぽ」と言ってしまうとよくないことのように聞こえてしまいますが、作家になるべくして生まれた特別な才能なのかもと思います。もちろん大前さんがそのことで苦しんでいるとしたら別ですが。

大前　いや、なんかどうでもいいんですね。

花田　小説を書くことが苦しいときってありますか？

大前　いや、パソコンを開いたらそれまで自分が書いていた文章があるから、そこからどんどん続けていけるんです。ただただ連想で書いているみたいな感じかもしれないです。何ていうのかな。「今、文章を書いたから、そのことによって次の文章が書ける」みたいな。当たり前のことのような気もするんですが、生まれた言葉に対して反射的に小説を書いているのかもしれない。反射だけで。

花田　バドミントンで飛んできた羽根を打つような。

大前　ああ、そうです、そうです。そういう感じで書いてますね。

花田　大前さんにとっては、小説を書くことが「さあ仕事するぞ、面倒だけど書かなくちゃ」というオンオフのあるものではないんですね。小説を書くことで生きているというのか、生きる中に小説が組み込まれているというのか。

大前　そうかもしれないです。中年男性が仕事や家族のため、という外からの動機づけがなくなることで自分が空っぽだったと気づいて鬱になる、というようなパターンがよくあると思うのですが、もしかしたらそういうものと紙一重なのかなと思ったりもするし。

花田　小説がなくなってしまうと、自分はただの空っぽだったって、行き先がなくなってしまうというようなことですか。

大前　そうですね。すみません。なんか不思議な話で。

わからないからこそ書ける「恋愛」

花田　「自分の空っぽさ」というようなものが実生活での恋愛において、特異になってしまったりしないですか？

大前　お付き合いしている人がいても、普通にその人との関係があって、その人のことが好きだけれど、それが「恋愛」という大きな言葉に回収されることにモヤモヤがある。ふわふわしてる言葉に、あまり自分を委ねることができない。自分はアロマンティック気味なのかなと思ったりもするんですけど、そういう、自分をどういうネーミングで定義するかということもわりとどうでもよかったりするので。

花田 そうすると、世間一般で語られるような、きらびやかでせつなくて、大きく心が動くような「恋愛」というものへの違和感とか、そこからの「自分は普通ではないのではないか」というような悩みはなかったですか？

大前 ああ、でも違和感はありましたね。恋愛って「みんながするもの」みたいな空気感になっているからみんなしているだけなんじゃないの？　と思うことはけっこうあって。ほんとうに恋愛感情を持っている人っているのかな、とか、自分の恋愛感情のわからなさゆえにそんなふうに思ったりします。

花田 大前さんが思う「ほんとうの恋愛」の条件って何ですか？

大前 えー……、何ですかね。わからないです。

花田 そうですよね、私もわからないんですが……。ドキドキする気持ちや独占欲も、ほとんどは性欲由来であるように思いますし、逆に性欲由来のドキドキとか興奮とか「何とかこの人と近づきたい」というものをすべて取り払っていくと、最終的には人間的なリスペクトや信頼やその人が存在していることへの感謝、みたいになってしまって、それもまた恋愛とは呼べないのではないかと思います。

大前 そうですよね、言葉で分解していくとそうなりますよね。

花田 でも『きみだからさびしい』に書かれているものは確実に、これ以上ないくらいに「恋愛」と呼んでいいような気がするんですよね。

大前 おお。登場人物の恋愛を書いたという感覚はすごくあります。だから、自分がもし読者として『きみだからさびしい』を読んだとしても、「へえ」としか思わないかもしれない。

花田 そんな（笑）。でも、先ほども「わからないからこそ興味があるし、書くことができる」という主旨のことをおっしゃっていましたが、不思議とそういうものなのかもしれないとも思います。幽霊や透明人間のような人だけが見える世界があるというか、舞台の外にいるからこそ舞台の上にいる人たちを俯瞰で切り取れるのかもしれない。これからも大前さんの特別な視点から生まれる作品を楽しみにしています。

コラムニスト

ジェーン・スー

「おばさんを楽しむ」

みっともない感情や辻褄の合わないこと、それから欲望を「なかったこと」にしない。

『きれいになりたい気がしてきた』（光文社）

40代を迎えて改めて考える、美の楽しみ方と向き合い方とは。お年頃セカンドシーズンが楽しくなるエッセイ。

『ひとまず上出来』（文藝春秋）

今までのやり方を止めたり、整えたり。心地よいサイズを見つけてみたらもっと息がしやすくなった！　いまの自分の「ちょうどいい」が見つかるエッセイ。

ジェーン・スー（じぇーん・すー）

1973年東京生まれ東京育ちの日本人。作詞家、コラムニスト、ラジオパーソナリティ。『貴様いつまで女子でいるつもりだ問題』で第31回講談社エッセイ賞を受賞。他の著書に『女の甲冑、着たり脱いだり毎日が戦なり。』『女のお悩み動物園』『闘いの庭　咲く女　彼女がそこにいる理由』などがある。

「美魔女」を馬鹿にしていた時代があった

花田　『ひとまず上出来』と『きれいになりたい気がしてきた』には、中年女性が楽しく生きるための心構えや自分自身を肯定するためのヒントがいっぱいで、アロマディフューザーのように部屋中にこの二冊のエッセンスをずっと漂わせておくことができたらいいのに、と思ったくらいです。ユーモアや共感はもちろん大きな魅力なのですが、その根底に知性というものがひたひたと満ちているように感じました。

ジェーン・スー（以下、スー）　うれしいです。『ひとまず上出来』は「CREA」、『きれいになりたい気がしてきた』は「美ST」の連載をまとめたものです。どちらも女性誌ですが、両方の雑誌を読んでいる人はあんまりいないと思うんですよね。で、どちらの層にも「あ、そうか」とか「私もそうだな」と思ってもらえることを書こうと取り組んでいました。ただ基本的には私が自分で本当に思ったことや感じたことじゃないと説得力もないし、書いていてつまらないので、それを毎月探すのがけっこう大変でしたね。

花田　自分には「CREA」よりも「美ST」の世界のほうが遠くて、美容についてのトピックは知らないことも多いですが、スーさんの文章を通してだとふだん関心を持っていないそちらの世界に橋をつないでもらえるので、新しい発見ができて楽しいです。

スー ありがとうございます。

花田 『きれいになりたい気がしてきた』の冒頭で、昔「美魔女」に対してミソジニーを抱いていたことを振り返って書かれていたのが印象的でした。その嫌悪はかつて自分自身にもあったもので、男性だけでなく、彼女たちより若かった自分のような女も、彼女たちを「ああはなりたくないよね」と嘲笑していたと思います。今となっては自分を恥じるばかりですが、このような嘲笑はかつての「スイーツ（笑）」というようなネット用語にも近く、また昨今の「インスタ映え」も、女性には中身がないと嘲笑するニュアンスで使われていることがたびたびあるなと感じています。当時の自分も含め、なぜ私たちは誰かを馬鹿にしようとせずにはいられないのでしょうか？

スー うらやましいんじゃないですかね。本当に興味がなければ多分目にも入らないから、自分の中にも同じ欲望があることに気づいて嫌悪するんだと思います。嫌悪したり嘲笑する気持ちを延々濾過《ろか》していくと、最終的に残るのはうらやましいという感情じゃないかという気がします。

花田　なるほど。エッセイの中でもちょっと上の世代の方が「ディスコ復活」的なイベントでとても楽しんでいるのを目撃したときに、自分たちの世代が「年甲斐もなく」「はしゃぐ」ということに対して大きな恐怖心を感じていると気づいたと書かれていましたね。そうやって人をジャッジしてきたし、自分がジャッジされることへの怖さもあります。

スー　「大人はこうあるべき」というものを教わってきているしね。

私たちが10代、20代の頃の30代、40代ってもっと大人然としていたんですよ。長渕剛が浮気したときに志穂美悦子がレポーターに突っ込まれる動画がYouTubeに残っていて、そのときの志穂美悦子は30代ですが、今の55歳くらいの貫禄がある。30代の若さで55歳の貫禄をやると妖艶ですごく綺麗なんですよね。なるほど、これはこれでかっこいいな、と思いました。今はこなれと抜けとカジュアル感と若さ、みたいなのが尊ばれていて、「凄み」を目指す人は誰もいないでしょう（笑）。まあ当時も凄みを目指していたわけではないだろうけど、若さを潔く捨てることで得られるものもあったんですよね、きっと。

花田　たしかにそうですね。

スー　自分も昔ははしゃいでいるおばさんが嫌だと思っていました。それは多分「はしゃいでるおばさんはみっともない」っていう刷り込みがあったからで、全部を社会の刷り込みのせいにするのも違うけど、自分がゼロから思いついたことでもないと思います。まあ、はしゃぐことに関して言えば国民性というか、和を乱したり空気を壊したりすることに対しての恐怖感もあるのかもしれないですね。

「おばさん」像はどう変化した？

花田 ところで、今の時代に合った中年の生き方の見本が足りないなと常々思っています。時代が変わりすぎてしまって、親世代の当時のふるまいがまったく見本にならないというか、自分の親が40歳くらいの頃を思い返してみると、自分自身の人生を楽しむということに対してとても禁欲的で、大人らしい「大人」をやっていたなあと思います。

スー そうですね。

花田 だからそういう意味では、スーさんが新しい時代の中年女子たちのリーダーとして私たちを引っ張っていってくれる存在だと感じているんです。

スー　そんな大げさなものじゃないですが（笑）、でも私より少し前のバブル世代の女性が本当に元気なんですよ。最初はそれが疎ましかったんですが、今になると松明《たいまつ》のようでありがたい。野宮真貴さん、甘糟《あまかす》りり子さん、酒井順子さん……と、いろいろなタイプの人がいますしね。でもその世代の人たちに聞くとユーミンという松明があるから元気なんだと言います。そうやってやっぱり、わーっと楽しくやることが下の世代にとっての松明になるんだというのが大きな学びだったので、楽しくしていようとは心がけています。それで下の世代の子たちが「あれでいいんだな」って思ってくれたらいい。

花田　遠くではなくて、ちょっと先にいる人が必要なんです。自分としても、尊敬する、憧れる女性、という意味では、たとえば樹木希林さんとか小泉今日子さんとか、いるにはいるのですが、特異すぎて自分がそこへ行けるとは思えない。オピニオンとかふるまいも含めて、スーさんがちょうど今より少しいい自分を目指させてくれているように思います。

スー　ありがとう。

花田　スーさんがコラムニストとして初の著書を出されたのが2013年ですよね。その頃からある種、「若くない女性」の代表として発信し続けているかと思うのですが、この10年でおばさんというものの捉えられ方もだいぶ変わったのではないですか。

スー そうですね。まあでも、その頃にはYOUとかキョンキョンとかが出てきていて、そのあたりから、かつての「おばさん」は崩壊してきてましたね。10年というと私が38のときだけど、自分について言えば、そのときのほうが今よりもおばさんだった気がします。って、この常套句《じょうとうく》、おばさんあるあるですけど（笑）。もうすぐ40、どうしよう、みたいなおばさんビビりをしていました。

花田 たしかに、30代になったら、40代になったらあれもこれも失うぞとさんざん脅されてきているので、30も40も、なる前よりなった後のほうが元気になれる現象はありますね。

スー そうそう。来年50になるんですけど、今、健康という観点から初めて「加齢が怖い」と感じるようになった。今までの加齢への怖さなんてオプションみたいなものでしかなかったな、って（笑）。この先確実に死があると認識するようになったのが40代だったので、50代はもっとそれをひしひしと感じるんだろうなと思います。「歳を重ねることは怖くない」はよくおばさんが若い人たちに言う言葉だけど、あれはもうちょっと咀嚼《そしゃく》すると「君たちの怖さなんて、怖さのうちに入らんわ」ということなんじゃないかと思って。

花田　シワが増えるとかそんなレベルじゃなくて。

スー　そんなのは命に関係ないから（笑）。でも、自分の「おばさん」を楽しくいじれるようになってきたのはここ数年ですね。

花田　自分の感覚としても、ひと昔前は自分の加齢について話すときにはもう少し自虐を入れるほうが自然な気がしていました。「私、おばさんだけど、こういう服を着るのもいいかなと思って」と一応ひとこと入れておくというか。今は前置きなしで言うほうがかえってスムーズな感じがします。おばさん周辺の問題に限らず、ルッキズムの意識が行き渡って他人にも自分にも「ブス」とか「ババア」とか言わない社会になってきたこともあると思いますが。

スー　そうですね。我々も解像度が低かったというか……解像度っていう言葉、手垢《てあか》がつきすぎていてあまり使いたくないんだけど（笑）。昔は男性に対してひとくくりに「どうせ若い女が好きなんでしょ」「どうせおばさんのことなんて人間だと思ってないんでしょ」と考えていたのが、おばさんになってきて「いや、そうでもないな」とわかる。安易に性的対象の箱に入れられないからこそ腹を割って話せたり、そういうことに関係なく近づいてくる人もたくさんいて、自分も先入観で世間を見ていたことに気づきました。

自分をいい環境に置くことがいちばん大事

花田 スーさんの文章を通じて常に語られているのは、美容のジャンルだけでなく、恋愛、仕事、趣味、とすべてにおいて「こうでなければならない」という考えを「やってもいい」「やったら楽しい」「頑張ってもいい」に書き換えてくれるようなメッセージだと思います。油断するとすぐ「やらないとやばいかも?」「他の人に比べて自分はどうだろう?」という考えに取り憑《つ》かれてしまう。だからそういう考えに侵されないために、メンテナンスをするように繰り返しこういう文章に触れ続けたいなと思いました。

スー 「べき」という言葉は自分が言われるのが嫌なので、意識的に使わないようにしています。それと、私自身もひとりでいたら多分どんどん考えが凝り固まっちゃうし、古くなっていくと思うんです。世代関係なくいろんな人と話すことで気づくことがたくさんある。私という人間は友達の集合知、ＡＩのようなものだと思っているので、常に情報を更新していきたいんですよ。それによって自分がいいほうに、自分の好きなほうに変わっていくというのを体感としてわかっているので、そのインプットは続けていきたいです。

花田　どこにいても周囲に左右されず「いい自分」でいられたらいいのですが、実際のところ影響は受けてしまうもので、自分が集合知だと考えるとどんな環境に身を置くかという取捨選択はとても大事になりますね。

スー　うん、絶対そうです。だから自分の嫌なことをやらずに済んで、自分の会いたい人に会える環境にいられるように自分でしていますね。

花田　たとえばですが、ネガティブなことばかり言ってくる人たちからどうやって遠ざかればいいのでしょうか？

スー　そこからいなくなる（笑）。それしかないです。それができないと言う人もいるけど、ほんとうにできないというのはたとえば身動きの取れない病気をしているとか、究極的にはそれくらいだと思うんです。出産したばかりとか介護があるとかいろいろあっても、やっちゃう人ってやっちゃうんですよ。だから「それはできないのですが、どうしたらいいですか」というお悩みに関しては「私はできる、と自分で自分を説得する」という回答しかないのではないかと思います。

花田　なるほど。それで言うと、おそらくは私もわりと「やっちゃえる」側なんですよね。だからそういう悩みに共感できないときもあるし、そういう人に対してなんて言ってあげたらいいかわからなくて悩みます。

スー　自分で説得する、信じる、ということしかないと思いますよ。「そうは言ってもあなたは特別だから」って言われてしまったらもう閉店ガラガラなんですけど（笑）。

ラジオで「本当のこと」を言うために

花田　ラジオは特に、いろいろな立場の方が聴いている媒体じゃないですか。必ずしも先進的な考え方の人ばかりではない。その中でのスーさんの言葉の強さと寛容さのバランスというものが、ほんとうにすごいなと思うんです。しっかりと主張があってなあなあにはしないのだけど、それを押し付けないやさしさがありますよね。

スー　だってね、ラジオは嘘をつくと全部ばれるんです。書く仕事も嘘をついているとすごくわかりますが、ラジオは声だけだからもっとわかっちゃう。０・５秒の間とか、「わあ」っていうひとことの言い方でばれちゃうんですよ。演技だとできないんです。だから絶対に本当のことを言わなきゃいけない。
　でも聴いている人と自分の間には感覚のズレや許容範囲のズレがあったり、日照時間のズレがあったりするんです。そういうことをラジオを始めるまで知らなくて、最初の頃は大失敗していました。それで自分が嘘をつかずに、かつ環境の異なる人を傷つけることなく言葉を伝えるとしたらどういう方法があるのかというのを模索しました。

花田　模索した結果というのは、どういうものだったのですか。

スー　まず、意図がちゃんと伝わるように丁寧に説明するということですね。それから相談コーナーは、ラジオ放送ではあるんですが、リスナーではなく相談者に向けて答えるようにしています。まわりにやんややんや言われたとしてもそこは腹をくくる。
　たとえば今日の相談コーナーでも娘が学校に行かないことに悩む母親からのメールを取り上げたんですが、最初にまず「親のあなたとそっくりなんじゃないの？」って思ったんです。でもそれを言ったら相談者も傷つくし、リスナーの中には親から虐待を受けていた人もいるかもしれない。だから話す順番を変えたり、「こういう場合は違うよ」と前提条件を説明したり、そういうことを重ねて本当のことを言えるようになってきました。

花田 それはラジオパーソナリティを長く続けているからこそ培われたテクニックだと思うのですが、そのテクニックのベースにスーさんの嘘をつきたくないという意志と、相手を思う気持ちとがあってこそのものですよね。それが「こういうときはこうするといいよ」というテクニックの羅列だと意味をなさないというか。

スー 絶対なさないですね。ポッドキャスト番組の「OVER THE SUN」はあまり気を遣わないで全部吹っ飛ばしてしゃべれるので楽しいですけど、ラジオは違いますから。別物です。精肉店や美容室の店頭など自分から聴きにきたわけではない人がたくさんいるので、そこで不快な思いをさせるというのは不本意です。ポッドキャストは自分で聴きにきているだろうという前提があるので、そこの配慮がいちばんの大きな違いです。

花田 それだけを聞くとポッドキャストのほうがより面白そうに思えますが、実際にはどちらも同じようにスーさんの魅力を感じられます。

スー 単純に法定速度が違うというだけですね。

世界はあなたを傷つけないように
デザインされていない

花田 エッセイの中でも『ひとまず上出来』に収録されていた「頑張れたっていいじゃない」という一編が特に好きです。ブラック労働で徹夜で頑張ったりすることが当たり前だったからこそ「頑張らなくてもいいじゃない」という言葉が生まれて、それが新鮮に効いた時代があったんですよね。だけど、今はそちらが強くなりすぎたというか、「頑張らなくていいじゃない」ばかりになりすぎて、頑張っている人がちょっと肩身が狭いような空気があります。だから「頑張れたっていいじゃない」という視点にとてもハッとさせられました。

スー 今の時代は、言葉を選ばずに言えば「弱者のターン」だと思います。それはそうなってよかったし、そうなってしかるべき時代なのでいいのですが、それによって誰かの可能性が潰《つぶ》されたり、頑張ることが卑《いや》しいと思われたり、自分が頑張ることが誰かを傷つけることにもなってしまうという弊害もありますね。それと、「頑張らないほうがいい」というようなSNSの同調圧力には慎重になってほしいと思います。その風潮はSNSの中にしかなくて、気にしない人は気にせずに虎視眈々《こしたんたん》と自分だけ頑張って、次の場所へ抜けていくんです。だから馬鹿正直な人が「頑張らない」という風潮に合わせてしまって結果的に自分の可能性を潰してしまわないといいなと思っています。

花田 一冊のエッセイ集になるまでの期間の中で、ダイエットがうまくいっている時期もあれば、サボって元に戻ってしまったと書かれている回もありますよね。努力していない側から読むと、失敗を読んでいるほうがラクだし楽しいし、「頑張ってます、うまくいきました」ばかりを読むと自分に照らし合わせて、できていない自分が責められているように感じてしまうこともあると思います。でも、意地悪な気持ちで受け止めないトレーニングが必要だなと思うんです。頑張る楽しさもいいものだし、自分はこれを頑張れない、と挫折を自覚することもまたいいものだと思うんですよね。

スー そうですね。そのときに、自分に向けて書かれたものでもないのに「あなたが頑張っていると私を傷つけるのでここで頑張らないでください」と言う人がいるけど、《世界はあなたを傷つけないようにデザインされていない》というのが大前提で、そこを知っているか知らないかで受けるショックの量は全然違う。そこを理解すれば「傷つけられている」という錯覚は減るんじゃないかなと思います。「傷ついた」と「傷つけられた」はまったく別物です。

花田　それは大事かもしれないですね。自分中心のカメラしかないと「この人の発言が自分を傷つけてきた」と感じられる。実際には、その人はあなたのことなんて見てもいないという……。

スー　頑張る頑張らない、に関しては、ちょっと議論が本質からはずれてきているような気がしています。子育てや介護、あるいは自身の健康の問題で公正なチャンスを得られない人がいる現状を是正していくことが「頑張りすぎなくてもいい」社会ということ。一生懸命やっている人が迷惑、というのはズレていますよね。

花田　ダイエットが題材だと「あなたが頑張っていると私が傷つく」がいかに馬鹿馬鹿しい言いがかりかということは明快なのですが。

スー　本当ですよね。それはわがままますぎる。

花田　そうですね。ただ、それが出産や仕事のことになるとその論旨が通ってしまう危うさがある。自分がつらい状況にあるときほどポジティブな人を攻撃することで、なんとかならないかと思ってしまうという心の動きがあるのかなと思います。

スー　あと、SNSのせいでテンプレができてしまって、すべての人がだいたい同じことを言っているなと感じます。フェミニズムに関しても他の社会運動に関しても、なんでみんな同じことを言ってるの？　自分の言葉で言いたいことってないのかな、と思ってしまいますね、そこは。

花田　たしかに。何を議論していても三択で自分の考えに近いものに○をつけているような印象があります。

みっともなさを、なかったことにしない

花田　女性の40代、50代を語るとき、更年期障害のことは避けては通れないのかなと思うのですが、実際のところどうですか？　感情のコントロールができなくなったりするものでしょうか？

スー　私は逆に感情がとても外に出るようになってめっちゃ楽しいです。

花田　楽しいんですか？

スー 第二の思春期みたいなものですよ。突然泣いたり、落ち込んだり、「もう私なんて生きている価値がない」と思ったり、48歳でまた14歳が来たようで楽しいですね。それこそ一生懸命働いてきたりすると、とにかく精神に日常をブラされてはいけないと軍人のように心を鍛えてきたじゃないですか。ちょっとやそっとのことでは傷つかないし泣きもしないし、やけどをしたらもっと熱いお湯をかけることで治すような生き方をしてきた。それが、雨が降っただけでも悲しい、と思うようになるんです。

花田 そう聞くとなんだかいいものに思えます。

スー 人間としての私のシナプスが戻ってきた、という感じ。

花田 山田ズーニーさんという方が『17歳は2回くる』というタイトルの本を書かれていましたが、それは社会人として仕事について悩み考えるようになる34歳くらいにもう一度思春期がある、という内容でした。我々は一生なんだかんだと理由をつけながら「思春期」をやるのかもしれないですね。70歳の頃には「今が本当の青春」とか言ってそう。

スー あるでしょうね。「何年ぶり何度目」でいいんじゃないですかね。

花田　そうですね。そうやってやっていくんだと思います。それも大人になりきろうとしない我々の時代の生き方というか。

スー　この歳になって特に思うのですが、みっともない感情や辻褄《つじつま》の合わないこと、それから欲望を「なかったことにしない」、というのを心に決めているんです。というか、それをなかったことにすると最終的にもっともっと辻褄の合わないことになって自分の居場所をなくしていく。

花田　自分のみっともなさを見つめるとかそれを書くということって、とても大事だし、読者からしても読んでいて心を動かされますよね。ただ、読者は読んで「この人恥ずかしいな」とは思わないとしても、書く側は勇気がいりませんか？

スー　それは大丈夫。逆に、自分のみっともない部分をなかったことにして書いて提出することのほうが恥ずかしい。心臓に悪い。

花田　なるほど。でもたしかに、それを書ける人のほうが信頼できるかも。

スー　やっぱり世の中には露悪的な人とそうでない人がいて、花田さんも私も完全に露悪的な人ですよ。

花田　え？　私？（笑）

スー　完全に露悪側です。今日、これだけはしっかり伝えておきますけど。

花田　何のことを言われてるんですか、私は。

スー　いやいや、書く仕事をしている人は基本的に露悪ですよ。で、露悪を娯楽にできる人とそうでない人に分かれていて、できる人のほうが禁忌事項が少なくて生きやすいと思うんです。私もやっぱりだんだん、露悪な人じゃないと面白くないと思うようになってきているので。

花田　禁忌といえば、とてもオーガニックで素敵な暮らしをしているイメージの知人が「本当はファストフードも好きだけど、インスタではそんな自分は出せない」と言っていて、セルフイメージをコントロールしていることに驚きました。でもたしかに自分もまんまとそのイメージに騙されていた。

スー そういう人、いっぱいいますよ。鍵アカで友人しか見られない場所でも自分の顔写真は上げないとか。そうそう、花田さんの著書『出会い系サイトで70人と～』なんて超露悪じゃない。

花田 いや、あれも書く前は「このことは恥ずかしいから書きたくないな～」ってそうとう逡巡しましたよ。嬉々として書いたわけではない……ですが、恥を捨てて書いてみたらけっこう楽しいし、大丈夫なんだなあ、って思いました。

スー 人がどこを楽しむかをわかっているということでもあるし、そのあたりはとても微妙なバランスなんですが、エッセイなんかを書いている人がいちばん露悪的だなと思います。私も一応、コラムニストと名乗っていますが、コラムは時事ネタだったり批評性があるんです。でもエッセイというのは超露悪。私はたまたま、自分が持っている欲望と露悪精神が中年期と重なって、読んでいる人に楽しんでもらえているんだろうなという気がします。たまたま今、中年でよかったな、って。

楽しいことを最優先して生きよう

花田 スーさんには今後も少し先を歩く先輩として、私たちの時代の楽しいあり方を見せ続けてほしいなと思っていますが、ご自身としては目前にある50代、さらにその後の60代、70代に向けて、何か展望をお持ちですか？

スー ないです（笑）。期待は全部すかしていく心意気だし、誰の期待も背負いたくないので、何を書くかもわからない。誰の言うことも聞かないぞと思っています。

花田 不良ですね、いいですね。今日いちばんのいいメッセージかもしれないです。

スー そう、不良です。しかもＢＡＤの不良じゃなくて、不良品のほうのね。検品でパッとよけられる感じでいきたい。

花田 ラジオを続けたいとか、文筆で、とか、そういうのもないですか？

スー マジで全然ない。飽きたらやめます。

花田　いろいろな人の期待を背負わないことや期待に応えないことも、意外と大変じゃないですか？　誰かに必要とされたいと思ってしまう気持ちとの葛藤というか。それをはねのけて、ということなんだと思いますが。

スー　神輿《みこし》の音が聞こえたら走って逃げるから（笑）。

花田　そうすると第一に優先すべきは何ですか？　飽きないことですか？　楽しさ？

スー　そうです、楽しいことです。楽しいことしかしたくないですね。でも私は何をやるにしてもその中に楽しさを見つけるのはうまいんです。そして楽しくないことはやらないことですね。

漫画家

吉田貴司

「男と女のすれ違い」

漫画に描いてみて、あのときのあの子の気持ちが初めてわかることは多い。

『やれたかも委員会』（双葉社）

もしもあの時、勇気を出していたら……。そんな誰もが心に秘めている忘れられない夜を犠星塾塾長・能島明、ミュージシャン・パラディソ、財団法人ミックステープ代表・月満子が判定！　切なくも愛しいノンフィクション的漫画。２０２３年現在５巻まで発売中。

吉田貴司（よしだ・たかし）

1980 年大阪府生まれ。2006 年「弾けないギターを弾くんだぜ」でデビュー。著書に『フィンランド・サガ（性）』（講談社）、『シェアバディ』（作画：高良百／小学館）など。16 年『やれたかも委員会』がネットで話題に。『中高一貫!! 笹塚高校コスメ部!!』（2023 年現在４巻まで発売中）。

他者の恋愛エピソードを描き続ける理由

花田　吉田さんの代表作とも言える『やれたかも委員会』、連載初期からずっと読ませていただいています。男女の恋愛やセックスを扱った作品は互いの勝手な願望が描かれがちなので、面白いと感じるポイントに性差が生じやすいですが、この作品はどちらの性でも同じように楽しんで読めるところがすごいなあと感じています。それから吉田さんの作品の中では「男はこういうもの」とか「女はこうあるべき」というような決めつけがまったくないので、そういうところも読んでいて心地いい理由なのかなと思いました。

吉田　ありがとうございます。実際に読者からエピソードを送ってもらって、気になった部分はメールで聞いてという感じで、なるべく創作を入れずに聞いたままを描くようにしているのがうまくいっているのかもしれません。送られてきたエピソードが破綻していたり変だなと思う部分があっても、ツッコミを入れずに、とにかくよく読む、あるいはよく聞くようにしています。

花田　作中でも審査員の3人が気怠《けだる》そうに話を聞く構図になっているわけですが、語り手の破綻や自己陶酔があっても、3人が冷静に締めていくから読みやすいのかもしれないです。

吉田 そうですね。無視ではないけれど、分析したり、神輿に乗せて持ち上げたりはしない。何でもない、あくまでしょうもない話として聞くくらいがすわりがいいのかなと思っています。

花田 このような「恋愛の失敗」と言えるエピソードを長期間作品にし続けているのは、どうしてですか。やはりご自身が若い頃にうまくいかなかった体験をたくさんされてきて、今でもわだかまりが残っていらっしゃるのでしょうか。

吉田 僕は今、42歳なのですが、今回の対談を機に振り返って、この作品を描き始めたのが2013年だと改めて知り、愕然《がくぜん》としました。もう10年もこんなことをやってるのか、バカじゃねえか？ と(笑)。
　でもこの作品には自分の30代が詰まっていると思います。20代は右も左もわからない漂流時代で、なんで俺は誰からも相手にされないのか？ と思い悩んでいました。30代になって脳みそが少しずつましになってだんだんこの世界の全体が見えてきたときに、じゃあああのときのあれはなんだったのか？ と20代の頃のできごとを振り返るようになった。それがこの作品を描き始めたきっかけだと思います。

花田 相手の気持ちがわからない、相手があのときほんとうはどう思っていたのか知りたい、という作品の核の部分はそこから生まれているんですね。

吉田 こんなことを言ったら異常だと思われるかもしれませんが、当時はバイト帰りに女子といっしょになるときや、男女混合のただの飲み会など、どんなときでも常に「何か」が起きるのではないかと期待していましたね。そういう若者でした。今考えると結構ヤバい奴だったかもしれません。

花田 何か、というのはつまり性的なことですよね。そうすると、実際には期待していたことは起こらず、何もないまま終わることが多いわけですよね？

吉田 そうですね。なので次はもっとこうしたらいいんじゃないかという対策を自分の中で練ったりするんですが、そんなのは自分勝手な想像の世界の話なので、余計世の中とのズレが出てきて、ついには奇行に走ったり、そのおかげでみんながさあーっと引いてしまったりということもありました（笑）。空回りの多い人生でした。

花田 当時の自分への後悔や反省が原動力になっているんですか？

吉田　反省もありますし、この漫画を描きながら自分自身が勉強しているという面もあります。エピソードを読みながら「ああ、わかるなあ」と同化して描いているうちに、「じゃあ、あのときのあの子の気持ちもこうだったのかもしれない」と考えたり。漫画に描いてみて初めてわかることは多いです。

相手が何を考えていたのかを知りたい

花田　『やれたかも委員会』は、一人の男性（ときどき女性）が審査員3人のいる部屋を訪れ、自分自身の成就しなかった恋愛のエピソードを語り、3人がそれぞれ「やれた」「やれたとは言えない」どちらかの札を上げて判定するシステムです。そしてほぼすべての回で男性審査員2名が「やれた」を上げ、唯一の女性審査員の月満子が「やれたとは言えない」を上げて辛辣《しんらつ》なコメントをするのがお決まりとなっていますよね。私自身も月満子に近い視点で作品を楽しんでいます。

吉田　月満子視点で読むと、どういう点が面白いんですか。男子たちが滑稽だなと思って読むわけですか？

花田　上から目線で滑稽さを笑っているわけではなく、もっと自分ごととして読んでいます。童貞男子のこともかつての自分だと共感しているし、その一方で相手側にも共感しています。若い頃、自分に好意を向けてくれた男子たちも自分に一方的に期待して、一方的に盛り上がって、一方的に傷ついたと言って被害者の顔をしてきたりしたなあとも思うんです。そういう既視感というか。

吉田　たとえば作品の中で、みんながいる鍋パーティーで女子が急にそっと手を重ねたりしてきて、男がドキドキする、みたいなシーンはどう読んでいるんですか。男をかわいらしいなと思うのか、それとも男はそんなことでドキドキするものなのか、という驚きなのか。

花田　いえ、女側は「やらせる」気もないのに確信犯でやっているのだと思うので、自分も過去にそういうことをしていたかもしれないと反省しながら読んでいます。

吉田　当時の記憶を思い起こして読んでいるんですね。たとえば鍋パーティーでの女子の行動は、あれはどういう意味だったと花田さんは思いますか。

花田　「女子はこちらの反応を面白がって弄《もてあそ》んでいるのか？」という疑問を男性側からたまに聞

きますが、ほとんどの場合は女子側にもそんな余裕はなく、自己肯定感が低くて承認欲求を満たすためか、あるいは自分の商品価値を確認したいとか。あるいはその異性に勝手に期待して勝手にがっかりしてたりとか。自分の気持ちがわからずに必死な女子の方が多いと思います。

吉田 はぁ〜、そういうことなのか。そういう気持ちも今ならわかります。しかし20代の頃はまったくわかりませんでした。僕個人の体験を思い返してみても、突然急接近してきて興味を持たれたり、「遊びに行こうよ」と言われたりして付き合えるのかと思ったらある日突然冷たくなる。あるいは連絡がこなくなる。そんなことも多かったですね。

花田 若さゆえの傲慢さだったと思います。

吉田 そうか、やっぱり傲慢さなのかな。

花田 傲慢さというか、やっぱりお互いに相手には自分の完璧な理解者であることを求めて、相手の気持ちが揺れたり傷つくということをあまりイメージできていなかったのではと思います。作中の主人公たちは「なぜやれなかったのか、何が決定的なNGだったのか」

と思い悩むじゃないですか。でももし相手の女性に今インタビューしたとしても、答えは「覚えてない」か「何となく」になるんじゃないかな。

吉田 そうだと思う。2巻の最後に収録している回で、数年後に会ってその夜のことを答え合わせする男女を描いたんですよ。

花田 いっしょのベッドに入るところまでは行って、男性が「好きです」ときちんと告白してからセックスをしようとしたのに、告白したら振られたというエピソードですね。

吉田 男性が「あのとき告白してなかったらセックスしていたと思うか？」と聞いたのに対して、女性が「どっちでもよかったかな」と答えるんです。そのエピソードを読んだときに、そんなわけがある!?と、ハンマーで殴られたような衝撃を受けました。これはものすごく勉強になりました。女の人の気持ちを学ぶ学問の教科書があったらここは絶対太字です（笑）。「どっちでもよかったんだ」と。

花田 難しいですね。女の人も優しかったのかあるいは面倒くさかったのか（笑）、告白を受けてセックスをするのはちょっと重かったということですよね。何となくやってしまった、くらいのほうがよかったということだったのか。いずれにせよ、彼を重要視していなかったことははっきりわかります。まあそこからうまくいく関係もあるので何とも言えませんが……。

吉田 でも、相手のことを好きだったらずっと考えてしまうわけじゃないですか。あれがよくなかったのかな、これがよくなかったのかな、って。それって女の人に聞いても絶対教えてくれないじゃないですか。

花田 (笑)。男の人も教えてくれないですよ。女の場合は「やってしまった委員会」もあります。やっと一晩を共にして彼女になれるのかと思ったのに、いきなり男が冷たくなる、というのも女側の「あるある」です。理由はわからないままですが、まあ「さめた」ということですよね。

吉田 そうか、男も言わないか。そうかもしれないですね。何か悲しい気持ちになってきました。

花田 自分は悪い意味で大人になってしまって、「そういうものだ」と現実を受け入れていました。それも随分昔のことですが。吉田さんにとってはその悲しみはまだフレッシュなんですね。

吉田 これは『やれたかも委員会』の最終話で描こうとしているのですが、たとえば僕がこう、今、水を飲むとして、でも水を飲むことに意味はない。人ってこれをしようとかいちいち決定して生きているわけではないんだなと思って。人間は理屈で生きていないから、あのときあの子が帰っちゃったのも、何となく、雨が降ったとかペットが心配だったとか占いが悪かったとか、そんな理由だったりもすると思うんです。

でも想いが叶わなかった側は相手の「何となく」に対して無理やり理屈を持ち込んで考えようとするんですよね。人は何となく生きているのに、振り返る過去に対しては、「人生全体には意味が欲しい」と考えてしまう、みたいな。そういうラストにしたいなと考えています。まあここで言っちゃったのでそうしないかもしれませんが（笑）。

花田 それはそうですね。人生全体が「何となく」なのは悲しいです。連載が終わってしまうのは寂しいですが、どんなラストになるのか見届けたいです。

炎上を経験して、フェミニズムについて思うこと

花田 吉田さんが作中で取り上げるお話は2000年前後の回想が多いですよね。その頃は今よりももっと恋愛やセックスが「しなければならないもの」だったと思うのですが、世の中の変化について何か思うことはありますか？

吉田 どうなんでしょう。なるべくいただいたエピソードに向き合うようにしていて、それってとても個人的な作業なので、あまり時代の変化のことは考えていないですね。女の人についてもそうですが、恋愛とか男女の駆け引きみたいなことも「ああ、このパターンか」と理解できてしまったらもうリアルな気持ちが描けなくなってしまうと思うので、そうはなりたくないと思っています。でもずっと無知のままではいられないですし、そのあたりが悩みどころですね。

なので世の中の変化やたとえばフェミニズムについてはあんまり作品には反映させないようにしています。

ですが去年、おとといあたりでフェミニズム系の炎上が活発になっているのも聞こえてくるし、そういう意味では時代は変わってるんだなと思います。で、そういう動きの中で花田さんはけっこうフェミニズムに詳しい方だから、もしかしたら今日怒られるの

かなと実は思ったりしていました（笑）。でも以前「クイック・ジャパン」の記事でこの本のレビューを書いていただいたのを読んでいたので、まだこっち寄りなのかな？　とか。
　そのあたりはどう思われているんですか。フェミニズムにめちゃくちゃ興味があるけど、それも好きだしこっちも好き、という感じなんでしょうか。

花田　吉田さんの作品はとてもフェミニズム的だと思います。私は基本的にフェミニズムは自分にとっても社会にとってもいいものだと思いますが、特にSNSで見られるような炎上案件のすべてに賛同しているわけではないです。きっと外から見るとひとつの大きな集団のように見えているんだと思いますが、そんなことはまったくないですよ。個人的には昔から女の人よりも男の人と話しているほうがラクだし好きなので、男やエロが敵という気持ちが他のフェミニストの方より薄いのも関係あるかもしれないですね。吉田さんはフェミニズムをあまり意識していないのに、そこをパスするような視点を独学で手に入れているのが面白いです。

吉田　いや、いちばん最初に炎上しましたよ。

花田　それは知りませんでした。何が原因だったんですか。

吉田　『やれたかも委員会』というタイトルがもうダメで、男が女をやれるかやれないかで見るということ自体が許せないと怒られました。まあ結局それを言っている人は中身を読んでいない人だったので、それが「読んでない人発見器」的な感じだったんですが。

花田　攻撃の標的になってしまったんですね。

吉田　僕はこの炎上のときまでフェミニズムというものの存在自体を知らなかったんです。だからそこでフェミニズムってものがあるんだ、と思って調べたりしてたんですが、ある程度の段階までいって手を引きました。やっぱり読者は漫画で正論を読みたくないと思うので、正しくなりすぎてもダメだと思って。そういうこともあって世の中の動きとかそういうものではなく、あったことをそのまま描くことに注力するようになったのかもしれません。

花田　なるほど。いいことかどうかわかりませんが、自分はあまりＳＮＳの論争には参加しないようにしているので、吉田さんのタイトルに文句を言っている人を見かけたとしても反論をあえて書くということはしないかもしれないです。でもそういうご経験があると、やっぱりフェミニズムというもの全体に対してあまりいいイメージを持てないですよね。

吉田　正直いいイメージは持ってないですね。距離はとっておきたいなと思います。今日も怒られる覚悟で来ましたし……。

花田　そんな覚悟で……ありがとうございます。もちろんフェミニストの中には吉田さんの作品に問題があると感じる人もいるのかもしれないですが、自分はそうは思わないですね。たしかに「あの女やれそう」だと蔑視の気配があるんですが、吉田さんの『やれたかも〜』には性差もないし、蔑視の感覚がまったくないように感じます。

吉田　そうですね。「あの女はやれそうだ」って言っているような人は僕のところに絶対メールをよこさないんじゃないですかね。でもまあ間違ったり正しかったりするのが人間だと思うので、どちらかに偏りたくないなと思っています。

若い頃の恋愛を語るのはノスタルジー？

花田　炎上関連の話が続いてしまうのですが、少し前に「ＰＯＰＥＹＥ」という大人の男性向けの雑誌で「ガールフレンド特集」というものがあったときにその表紙の女の子があまりに幼すぎるということで少し炎上があったのですが、ご存じですか？

吉田　いや、全然知らなかったです。

花田　その炎上について話したいわけではなくて、そのときに思ったのが、『やれたかも～』もノスタルジーの話でもあるということなんです。近年ヒットした燃え殻さんの『ボクたちはみんな大人になれなかった』やカツセマサヒコさんの『明け方の若者たち』も、中年男性が青春時代の恋愛を振り返る構図になっていたのが気になりました。つまり、「POPEYE」の表紙も40代の男性が10代の女子をときめいて見ているのではなく、自分が10代に戻ることでしかそのときめきを得られないのではないかと感じたんです。中年男性が、今、現在の恋愛をあの頃のような爽やかさやほろ苦さで語ることは無理なのか？というのを吉田さんにぜひ聞いてみたいと思っていました。

吉田　うーん。やっぱり男性の欲望を追求していくと、反社会的にならざるを得ない部分があるんだと思います。恋愛でも、男性が若い女性を追い求める傾向を突き詰めていくとロリコンとか言われて条例に引っかかりそうな話になるけど、女性の欲望をめちゃくちゃ追求しても反社会的にはなりにくい。「ａｎ・ａｎ」のＳＥＸ特集は男が見たら「なんじゃそら」って思うけど、少なくとも反社会的ではない。そういう面もあって現在形で描きにくいのかもしれないですね。

花田　たとえば、40代同士のピュアで爽やかな恋愛漫画っていうのはやっぱり難しいのかな。そもそも誰も興味がないということなのか……。中年男性は「40代の今、新たな恋愛があるかも」という妄想より、10代の恋愛を懐かしむほうが心地よいんですかね。中年男性ももう少し中年女性のよさを「お色気ムンムンの熟女」みたいなアダルトワードではないフラットさで見出《みいだ》してくれたらいいのに、とも思うのですが、逆にじゃあ私たち中年女性が中年男性の魅力をきちんと語っているかというと、やってないかも。

吉田　中年男性なんか今はフルボッコじゃないですか？　魅力とは対極のワードで語られていると思います。もう、息してないですよ（笑）。

花田　たしかにその問題もありますね。中年男性へのオーバーキルというか、外見へのからかいを含め、辛辣な言葉を投げつけてもいいという風潮はまだ強いかもしれません。そうなると、女の人に嫌われているんだから恋愛なんて無理、雑誌の少女特集でも読もう、そしてその特集が炎上、という悪循環が起きてしまいますよね。もちろん40代の人が恋愛しなくてもまったく問題ないんですが。

吉田　でも、悲しいけど、その地位のほうが楽っていうのもありますよね。

花田　ああ、自分は参加しないということですか。

吉田　そう。参加しなくてバカにされたり無視されている方が、楽といえば楽です。

花田　女性も同じことかもしれません。若いときは恋愛の機会が多かった人も少なかった人も、常に男性から一方的につけられる点数を気にして生きなければならなかった。仮に魅力を見出してもらってもそれは年齢とともに消えていくものだということが当時から怖かったです。なので、そこから解放されてうれしいと感じているのは自分だけではないみたいです。

吉田　なるほど。それも何となくわかりますね……。

あの、僕はいろいろな人から体験談のメールをいただくんですが、ただ、それがすぐに描けないことも多くて、作品にしたり本が出るまでにけっこう時間がかかってしまうこともあるんですね。こないだ久々に単行本が出て、本を送らせてもらおうと連絡を取ると、みんなメールをくれたときと住所が変わっていたり、結婚していたり、あるいは離婚して再婚していたり、『やれたかも～』？　そんなこともありましたね。懐かしいですね」って感じで、状況が変わっていたりするんですよ。

すごく……ああ、こんなことがあった人がもうこうなったんだなあとか、その人の人生の変化が感慨深い。みんな幸せになっちゃって、とか思ったりして、そういうのがうれしいですね。

花田 いい話ですね。吉田さんだけピーターパンみたいに大人にならないまま、大人になっていく人たちを見送っているような……。

吉田 そういう呪いをかけられている感じはあります（笑）。

花田 20歳くらいまでの、とにかく苦しくてつらくてのたうち回るような恋愛の季節は、思っているよりも短いのかもしれないですね。もし今も恋愛していたとしても、あの頃を思い出して語りたくなるのかな。それは自分が思っていたようなノスタルジーとはまた違うものなのかもしれないです。

吉田さんに本を一冊おすすめするなら

花田 吉田さんは私の書いた『出会い系サイトで70人と～』をもともと読んでくださっていた

んですね。それで事前のメールで「本を一冊すすめてほしい」とリクエストをくださって、ありがとうございました。

吉田 僕も人の話を聞いて描いているので、花田さんがしていた「知らない人の話を聞いて本をすすめる」ということと共通項があるように感じました。話を聞くというのはとても大事だと思うんです。それこそ昨今の炎上にはそういう視点が欠けていますよね。一度炎上したら何も話を聞いてもらえなくなる。

花田 たしかに、数秒で読んで反射で書き込んでいるような人も多いように感じます。そういう人は相手の話を聞こうとはしていないように見えますね。

吉田 こういう場合は前もって考えてくださるんですか。それとも今日の話の流れから即興で選んでくださるんですか。

花田 吉田さんの場合は作品を通してご自身の人柄を少し知っているとも言えますし、今日話を聞く中でさらに「あ、やっぱりこっちかな」「この本もいいかも」とあれこれ考えていました。お会いしてみて、吉田さんは「俺が俺が」と自己主張するというよりは、他者を受け止めていくタイプなんだなとわかりました。それでおすすめしたいなと思ったのが、友人の本になってしまうのですが、清田隆之さんという男性のフェミニズムの本です。読まれたことはありますか？

吉田 お名前を聞いたことはあるのですが、読んだことはないです。

花田 清田さんも吉田さんと同じように、知らない人の恋愛話を聞く活動を長くやっているという共通点もあり、「男性のどうしようもなさ」みたいなものを長らく見つめているのですが、お二人の指向は少し異なっていると感じたのでぜひ読んでほしいなと思ったんです。清田さんもみっともない自分を語ることがとても上手なので、吉田さんの作品ともつながりますし、あまり強い言葉で「男はこうすべき」と主張するような人ではないんです。だから吉田さんが感じているフェミニズムへのネガティブな印象を少し拭えるかもしれないと思いました。

吉田 僕としては、何て言ったらいいのかな……遠ざけている人ではあるんですよ。

花田 あ、やっぱり（笑）。

吉田　なので知ってはいたのですが読んでいないんです。どうなのかなって怪しんでいて。

花田　警戒しているんですね。

吉田　僕は女性の気持ちがわかるような人間ではないんです。だからこれはむちゃくちゃあまのじゃくなんですけど、女性のことをわかっている人になるのはちょっと嫌だなーと思っていて。清田さんは、わかっているというか、勉強して反省している人というイメージを勝手に持ってしまっています。

花田　そういう面はあると思います。

吉田　そこに行くのは嫌なんですよ、僕は。そこに入れないでくれ、と思います。「わかってるね」と女性から褒められる人になりたくないというか。女の人に怒られていたい、という……甘えがあるんですかね。でもせっかく紹介していただいたので読んでみます。いちばんのおすすめのタイトルは何でしょうか。

花田　そうですね、『さよなら、俺たち』がいちばん清田さんの生の語りがあって、吉田さんが読むのにいいと思います。でも、読んだら吉田さんの考えが変わるはずとか、よくなるはず、と思ってすすめているわけではないし、どう読むのか聞いてみたい、という感じです。「女性の気持ちを理解した」と言う必要はなくて、実際に清田さんもわかったとは言っていません。「自分と違う他者がいて、その人が何かを言っている」という態度だと思うんです。なのでやっぱり、吉田さんといっしょなんじゃないかな?

吉田 花田さんにすすめられなかったら多分ずっと読まずにいたと思うので、今回思い切ってお願いしてみてよかったです。

花田 はい、もし読んでくださったらぜひ感想を聞かせてください。

「いわた書店」店主

岩田 徹

「小さな書店が生き残るには」

悩みを抱えている人に本を選ぶことは、賢者を紹介すること。

『「一万円選書」でつながる架け橋 北海道の小さな町の本屋・いわた書店』（竹書房）

北国の小さな書店が、人々を魅了する工夫とアイデアとは。読者が運命の1冊に巡り合うお手伝いをする、小さな本屋さんの物語。

岩田 徹（いわた・とおる）

1952年北海道美唄市生まれ。北海道砂川市にある「いわた書店」の2代目店主。2007年、希望者の詳細なカルテ（年齢、家族構成、読書歴や人となりがわかるアンケート）をもとに選書し、一万円分の本を送るサービス「一万円選書」をスタート。14年にその選書サービスがブレイクし、全国から希望者が殺到。現在は年に数回の抽選による方法を取っている。

本をおすすめして人生が変わった私たち

花田　『「一万円選書」でつながる架け橋　北海道の小さな町の本屋・いわた書店』は、岩田さんがご自身のお店で行っている、ひとりひとりのカルテを受け取って選書するサービスのことを詳しく知ることができてとても面白かったです。私も書店員をしていて、自著にも書いたのですが、個人的に人に本をすすめる活動をしてきたこともあって、岩田さんとは共通点が多いと勝手に仲間意識を感じています。

岩田　そうですね。僕のほうは選書サービスを始めたのが2007年くらいですが、テレビに取り上げられてブレイクしたのが2014年頃です。38歳のときに父親の後を継いでいわた書店の社長になりましたが、銀行から融資を受けて建物を改築した矢先にバブル崩壊。それからの25年は「ゆず」の歌みたいに、長い下り坂をゆっくりゆっくり下っていく、というものでした（笑）。

花田　『夏色』ですか（笑）。

岩田　それこそ、養わなきゃならない家族を自転車の後ろに乗せてね。

花田 それが選書サービスが世に知られたことで起死回生されたんですね。

岩田 そう。ディレクターがカメラ一丁で来てくれてね。でも深夜というか早朝の時間帯の番組で、誰も見ないだろうなんて思っていたんです。ところが放映された瞬間から対応しきれないくらい問い合わせが殺到しました。そこからまったく人生が変わりました。

花田 偶然や運もあったんですね。でも結果的に、本屋を続けられることになってよかったです。

岩田 ちょうど事業を畳もうと思って友人の弁護士に片付け方を相談し、洗いざらい話をしたところだったんです。そのときに家族ではない、少し距離のある人にすべてを吐き出したことで、最後にあと1年だけ頑張りたいと思っていた自分の覚悟もわかりました。自分の内面を検証する作業というのは非常に大事ですね。そのときの経験は今の選書カルテにもつながっています。

花田 少し遠い場所にいる人だからこそ話せる、という感覚は私もとてもよくわかります。
　この本の中でお客さんに書いてもらう選書カルテの内容を公開されていましたが、カルテの質問事項は始められた当時からあまり変わっていないですか？

岩田　ほぼ同じですね。あれに書き込むことで、自分は今人生のどのあたりにいるのかとか、ほんとうは何がしたいのかとか、見つめ直す機会になっているのかな、と。

花田　私もせっかくの機会なのでカルテに回答させていただいたのですが、やっぱり書くこと自体がとても楽しかったです。書店員という職業柄好きな本を挙げる機会はいくらでもあるのですが、人生のベスト20に絞って幼少期から考えてみるとどれにするかすごく迷いますし、でもその時間が楽しい。だから誰かに見せなくともこれを書いたということだけで十分な気もしました。

　でもどうなんでしょう、選書してもらうために必要だから、という言い訳をみなさん必要とされているのかも、とも思いますし、誰かが読んでくれるということが真剣に書く動機にもなりますよね。それが友人や家族ではなくてまったくの他人というところに価値があるし、でも誰でもいいわけじゃない。

岩田　おっしゃるとおりですね。一万円選書をする以前、地元の新聞に書評を連載していたときに、漠然と書くよりは具体的に読者を思い浮かべて、その人に語りかけるようにするほうが書きやすいんだなということを知りました。だからそういう役割をしているんじゃないかかな。あのカルテも実際に会うこともないような遠くの田舎にいる本屋のおやじに向かって書く、というふうなのが書きやすいんでしょう。

花田 受け止める側としてはどうですか。シリアスなお悩みを受け取ることも多いのではないですか。「カルテを読んで読み込んで、選書を終えたらパッと忘れる」と書かれていたのがとても印象的でした。たくさんの方のヘビーな人生を背負ってしまうと精神的にきつくなることもあるのかなと思ったのですが。

岩田 いや、それよりは単純に頭の中がパンパンになってしまうので、というところですね。同時に取り組むのが5人くらいまでならちょうどいいのですが、10人くらいになっちゃうと前の人のイメージが湧いてきたりしておかしくなる。

花田 ああ、なるほど。集中が必要なんですね。

岩田 15時から17時のあいだはいったん店を閉めて、誰も入ってこない状態にして選書に取り組んでいます。今は暑いから（対談は8月）、半分裸になって、70年代のロック……QUEENとかかけて暴れまくりながらやるんです。

花田　あはは。めっちゃいいです。

岩田　僕が悩みを抱えているその人に対して何かアドバイスをするということはなくて、僕が本を10冊選ぶことは、10人の賢者を紹介することだと思っているんです。そもそもカルテを書き終えた時点でみなさん、半分は悩みが解決しているんですよ。でもそこに選ばれた本と僕からの手紙が届いて、その時点で本を気に入ったと言ってくださる方もいる。気持ちを入れて本を読む土台ができあがっているから素敵な読書体験になるんだと思います。僕自身は大したことはしていないつもりです。

花田　いえ、そんなことはないと思いますが、同業者としては同じ思いもあります。自分はすごくなくて、自分が紹介する本がすごいんだというのはいつも思います。ずっと人の褌《ふんどし》で相撲をとっているような感覚ですね。

どうやっておすすめ本を決める？

花田　さて、肝心の選書方法についても伺いたいのですが、まずカルテを読んで、そこからどう考えていくんですか？

岩田　どうということはないんです。まず年齢をいちばんに考えます。それで自分がそれくらいの年齢の頃ってどうだったかな、今だったら何がいいだろうと考えて組み立てていく。それから特に問題を抱えている人の場合は、そのあたりを集中的に考えますしね。病気の人とか、家庭が崩壊してしまったという人とか。けれど先ほども申し上げたように、自分が直接それに向き合って答えるということではないです。人生いろいろあるのはしょうがないし、ぱっと突然風向きがよくなることもある。明日になったらまた何が起こるかわからないんだから頑張ろうね、という気持ちで本をすすめています。

花田　素敵ですね。それから、発売から時間の経った古い本でも、その人にとっては新刊だ、ということも本書で書かれていましたよね。自分の場合は、あまりよくないことかもしれないですが、何度もいろいろな人にすすめている10年前くらいの本だと自分が飽きてしまうということもありますし、お客さんも最近の本のほうが知りたいかな？　と勝手に思って新しめのものを優先してすすめてしまうこともあります。

岩田　10年前の本で今読んでも古さを感じさせない本っていうのは、本物ですから。コロナ禍の初期に皆が右往左往していた時期にはミシマ社の『未来への周遊券』（最相葉月　瀬名秀明：著）なんかをよくすすめたりもしていました。著者二人の往復書簡なのですが、今でも通用する考えを話されているのですごいなと思います。

花田 なるほど。たしかにそのとおりですね。

岩田 新刊ばかりを置くのではなく、10年以上前の古い本で、かつ今でも売る価値のあるものだけの本屋をやったら、逆にとても「新しい」店になるかもしれない。

花田 そんなコンセプトのお店ができたら、どんな本が置いてあるのか見に行きたくなりますね。そうすると、岩田さんは出たばかりの本はあまり選書に入れないですか?

岩田 そんなことはないですよ。たとえば今回の直木賞を受賞した『夜に星を放つ』(窪美澄:著・文藝春秋)も面白いなと思いますし、いろいろ考えながらやってます。これは面白いと思う本があったら単行本のうちになるべくたくさん売って文庫化されるのを助ける。そうやって面白いと思った作家を応援することが本屋の使命だと思います。うちみたいな小さな店でも1年で1000冊売れば少しは影響があると思うんです。

花田 1年で1000冊売るというのはほんとうに大変なことですよね。しかも地方の小さな個人店では普通はほぼ不可能です。でも、岩田さんが本に書かれていた、絶版にしたくないようないい本を、とにかくいろいろな方の一万円選書に入れてたくさん売るという戦略は唯一無二で「その手があったか」とハッとしました。店頭で仕掛けて売る、ということ以外にもまだまだ本屋で本を売る方法はあるものですね。

岩田 自分の店でたくさん売るから、という交渉を出版社にできれば、いい本を絶版にしないですむかもしれない。こういうやり方をする店が日本じゅうにできたら業界は変わるんじゃないですか。

花田 岩田さん自身としてはそんなに面白くなかった本でも、この人にはこれがいいかも、とおすすめすることもありますか?

岩田 僕の場合10冊とか11冊でやりますから自分のど真ん中ばかりではないです。詩集や絵本も入れますしね。それに、僕がこれだ! と思った本が必ずしもウケるわけではないですね。

選書に当選された方がお店まで遊びに来てくださることも多くて、そのときに「今でも面白かったと記憶に残っている本はありますか?」と必ず聞くようにしているんですよ。

花田 ああ、やっと答え合わせの瞬間が来るんですね。

岩田 それで『○○○○』という本です、と言われて、え、そっちなの⁉ というのは、よくありますよ（笑）。

花田 選書って、そういうところがありますよね。

岩田 男性の方で奥さんが育児に悩んでイライラしているとカルテに書いてくださったので、これは奥さんに、と思って一冊だけ益田ミリさんの『はやくはやくっていわないで』という絵本を入れておいたんです。ところが一流企業に勤めるその方自身にとても刺さったそうで、涙がぽろぽろこぼれたとおっしゃっていました。早く早く、って会社で言われていたのかもしれません（笑）。

花田 岩田さんの狙いどおりではなかったけれど、意図せずいい本との出会いになったんですね。でもそれも、岩田さんの一万円選書があったからだと思います。

お互いに一冊おすすめし合うとしたら

花田 ところで、もしよかったら私にも何か一冊すすめていただきたいのですが、お願いできますか？

岩田 はい。ではこちらはいかがでしょうか。大平一枝さんの『ただしい暮らし、なんてなかった』という本です。

花田 わあ。タイトルを見かけたことはあるのですが、まだ読んでいない本です。

岩田 だいぶ前に『男と女の台所』という本を書かれた方です。台所でお話を聞くとその家のご夫婦やカップルの関係がわかるという本なんですが、その大平さんの新刊が出たんですね。これはいい本ですよ。まず、題名がいいでしょう。『ただしい暮らし、なんてなかった』なんて。

花田 どんな内容なんですか？

岩田　エッセイなんですが、今の女性たちというのはいろんなことをやるんですね。料理を考えてみたり、いろんな断捨離をしてみたり。その、彼女たちそれぞれの暮らしを味わって読んでみてほしいです。環境にやさしいとか、作り置きが合理的だとかね、そんなにガンバんなくてイイんじゃないかってね。

花田　ずっと人にすすめるということばかりしてきたので、こうして自分のためにすすめられるというのはうれしいものですね。ありがとうございます。私も僭越《せんえつ》ながら岩田さんにおすすめをさせていただきたいのですが。

岩田　ああ、これを読めっていうやつですね。

花田　読めなんてことはないのですが、もしご興味をもっていただけたらうれしいです。
　ご著書で知った岩田さんの選書傾向や得意ジャンルなどを拝見した上で、ふだん手に取らなそうでかつお好きそうなものを、と思って考えたのですが、上間陽子さんの『裸足で逃げる　沖縄の夜の街の少女たち』はもうお読みでしょうか？

岩田　読んだことないです。

花田　上間さんは『海をあげる』が本屋大賞2021年ノンフィクション本大賞を受賞されていて、こちらは多くの方に読まれているようなのですが、そのひとつ前のこちらも私はとても好きな一冊なんです。水商売や風俗で働かざるを得ない沖縄の少女たちを追ったノンフィクションですが、ときにはいっしょに病院についていったりと、関わろうとする上間さんのやさしさと真摯《しんし》さがとても伝わります。同時に沖縄の構造的な貧困の問題もていねいに描き出されて、決して彼女たちの自己責任などではないということがとてもよくわかる本です。

岩田　ありがとうございます。

書店員の「好きな本」と「いい本」は違うか

花田　これは独立系の書店をやっている人も含め書店員のあいだでよく出る話題なのですが、「自分が好きな本」と「いい本」は違う、ということについてときどき話します。特に個人の色が出やすい店だと「ここに並んでいる本は好きな本なんですか」とか、あるいは「ここにある本を全部読んでいるんですか」と聞かれることもあります。好きな本といい本というのは、岩田さんにとってもまたちょっと違いますか。

岩田　僕はなるべくいっしょに「なろう」としていますね。たとえば今くらいの時期だったら夏休みが明けて、子どもが学校に行きたくないと言い出したら、その子はもちろん、その親にもどんな本をすすめたらいいかと考えます。だから出版社の営業の方なんかにもそんなふうに本を教えてもらうんです。そういう問題意識を持って取り組んでいると、そもそも本に対する見方が変わってきますよね。

花田　ああ、なるほど。いい本の定義ごと変わってくるというか、困りごとの解決のヒントになるような本かどうかということが優先されてくるんですね。そしてプライベートの岩田さんのご興味もそこにあって、ということでしょうか。

岩田　そうですね。たとえば戦争なんかもそうです。僕には小学4年生の孫がいるのですが、「じいちゃん、ロシアって核を撃つの？　僕たち死んじゃうの？」って聞いてくるわけですよ。今の子どもたちもニュースなどを見てだいぶ心を痛めていると思うんです。そんなときにどんな本をすすめたらいいのか。今どんな本が売れているかではなくて、今、どんな本がいいか、どんな本が子どもたちを元気づけてくれるのか、ということが大事だと思います。

花田　それが悪いということではないのですが、チェーン系の書店に勤めている人だと「売れる本」と「いい本」と「好きな本」がすべて独立して分かれているということもよくあるようです。
　岩田さんがずっとご自身の関心をベースに今までの活動を続けていらっしゃるので、「好きな本」と「いい本」が近づいてくるし、そうあろうとしているというお話はとても納得がいきました。

岩田　いや、でもね、同じカルテを見ても僕が選ぶのと花田さんが選ぶのでは本が違ってきますよね。それが面白いし、いろんな小さな店がたとえば各駅ごとにあったりしたらいいなあと思います。大型店も必要だけど、そんなにたくさんはいらない。どこか中心にドーンとあって、あとは小さな店がたくさんあったら日本の文化が面白くなると思います。

花田　一万円選書をやるお店がもっと増えたらいいのに、と岩田さんは繰り返しおっしゃっていますよね。最初に知ったときには逆に「自分が作り出したアイデアを真似されても嫌じゃないんだ」と驚きました。でも、いろいろな店で一万円選書を始めたら複数の店での選書の違いを見比べても面白そうです。

岩田　そう、そう、そうですよ。それに、地方でもこんなふうにリアルな店舗を続けていけるやり方があったんだ、ということを何より僕自身が面白いなと感じているんです。全国から注文が来て、こうして本を提案させていただいて本を売ることで売上を作れるようになった僕は、日本でいちばん幸せな本屋です。

文筆家

ツレヅレハナコ

「コロナ禍と食」

やり方を変える。 考え方を変える。

『まいにち酒ごはん日記』（幻冬舎）

2018年春から2021年夏まで、新型コロナウイルスで世の中が変化した3年間に飲んで食べて旅して感じたこと、考えたことを集めた日記本。

ツレヅレハナコ（つれづれ・はなこ）

2004年より食をテーマにしたホームページ「ツレヅレハナコ」を始め、以降ブログ、Twitter（現X）、Instagramなどで発信し続けている食情報が人気を呼び、次々と書籍化されている。著書に『女ひとりの夜つまみ』『ツレヅレハナコのおいしい名店旅行記 お酒好きに捧ぐ』などがある。

レシピではなく考え方を紹介したい

花田　私は2022年の2月までHMV&BOOKS HIBIYA COTTAGEという書店で働いていたのですが、30代以上の、ご自分の人生を楽しまれている印象の女性客がとても多い店だったんですね。土地柄もあって、宝塚や演劇のファンの方がよくいらっしゃっていました。そこでツレヅレさんの本がとてもよく売れていたことがきっかけで、ツレヅレさんのファンになりました。

ツレヅレさんの著作では、「時短」や「健康」というキーワードよりは、とにかく楽しむことを重視されているように感じます。ご自身としてはご著書や読者の方をどのように捉えていらっしゃいますか？

ツレヅレ　料理教室などのイベントを通じて実際に読者の方とお会いすることもあるのですが、まず私の読者の99％が30～50代くらいの女性で、みんな物怖《ものお》じせずひとりで参加するし、食べることと飲むことが好きで、フットワークが軽くて、コミュニケーション能力がとても高い。初対面なのにあっという間に意気投合して、イベントの後にさっそくみんなで飲みに行ったりしているみたい（笑）。私の本の読者さんって、不思議とそういう方たちばかりなんです。

花田　その様子がありありと目に浮かぶようです。なぜこのような楽しさ重視の方向性で本を執筆されるようになったのですか?

ツレヅレ　私自身はもともと本業として雑誌の編集を15年ほどやっていましたが、その傍らで、個人でホームページが作れるようになった初期の時代からずっと好きなことを書いてネット上にアップしていたんです。それがその後はブログに移り、今はインスタグラムでの発信が中心です。でも、今も昔も、基本的にはずっと好きなことや興味があることをひたすら書いているんです。本もこれまでに10冊以上出版していますが、レシピ本を出しているという感覚はなくて、自分が紹介したいことを書いているだけなんですよ。

花田　なるほど。料理研究家を目指していたというわけでもなく、自然な流れというか。たしかに、これまでの著作でも揚げ物だったり、ホームパーティーだったり、レシピを伝えるというよりは「こんなふうにやってみたら楽しいよ」という提案ですね。

ツレヅレ　みんなが「大変そう」とか「難しそう」って思っていることでも、考え方を変えればすごく楽しいし、それがあると人生が豊かになるからみんなもやったほうがいいよ、という《紹介》をしたいんです。その結果としてレシピがついているだけ。考え方のほうを紹介したいという気持ちは一貫して変わってないです。これは本業が雑誌の編集者だったことも関係あるのかもしれないですね。

花田 今回出版された『まいにち酒ごはん日記』は2018年から2021年までの3年間のインスタグラムをまとめた本ですね。まずページを開いただけで写真のビジュアルも含めてワクワクします。それだけではなく文章の読みごたえもありますし、かつ、とても見やすいし読みやすい。

ツレヅレ インスタグラムの投稿は、雑誌の原稿などとは違って、とにかく自由に書きたいように書けるもの。だからその楽しさが伝わる本にできればと考えました。インスタは気がついたらこれまでに1万以上投稿をしていて自分でもびっくりしましたが、書くことがほんとうに楽しいんです。子どもの頃からなんですけど、とにかく人におすすめすることが好きなんですよ。何の根拠もないけど「これはいいからやってみて」「絶対おいしいから食べてみて」ってずっと言ってる。幼稚園のとき、私が気に入ったぬりえがあって、同じクラスの子たちにおすすめしまくっていたら最終的に園全体で購入することが決まったくらい（笑）。

花田　すごい、幼稚園児にして組織を動かしてる。プレゼンが生業《なりわい》なんですね。

外食大好き人間はコロナ禍をどう生きたか

花田　それにしても、2019年までと2020年以降ではコロナ禍によって生活が一変してしまいましたが、日記形式だとそれがより一層色濃く伝わるような気がしました。特に毎日のように飲みに行ったりおいしいものを食べたり、国内や海外のあちこちに出かけていらしたツレヅレさんとしては、この変化をどのように感じていましたか。

ツレヅレ　社会全体が激動の3年間でしたからね。この日々を記録として本に残せたのはよかったと思います。

それまでは自分でもずっとコロナ禍以前のような生活が続いていくものだと思っていたので、先のことは誰にもわからないんだな、というのを強く感じました。ただ、コロナ禍の初期は先の見えない不安を感じていただけでしたが、ずっと家にいることで自分を見つめ直したり、それまでの自分だったらやらなかったようなことをやるきっかけになりました。全く興味のなかったビーチアクティビティーに目覚めたり、スポーツ観戦を始めたり。

花田　SNSで2年前の投稿を見て振り返るというのは難しいので、こういった役目は紙媒体の強さでもありますよね。私もそうですが、コロナ禍でライフスタイルが変わったことで新しい趣味を見つけたり、価値観が変わったという人はほんとうに多いですね。

ツレヅレ　それまでも沖縄は大好きだったんですが、飲むことばかりで（笑）。現地の人から呆《あき》れられるくらい海に入ることに興味がなかったんです。でも長期滞在して何度も通うくらい海が好きになってしまった。ほんとうに人って何歳になっても変わるんですよね。私は今46歳なのですが、そういうことがまだまだあると思うと楽しいです。

花田　世界中がコロナに見舞われたばかりの頃は誰でも不安や恐怖にかられていたと思うんですが、そこからの立ち上がり方にそれぞれの個性がありますよね。新しい条件に順応していったり、あるいは順応できない自分を発見したり。その変化や気づきというのは興味深い体験だったなあと思います。

ツレヅレ　いちばんわかりやすく大変な思いをしていたのが飲食店ですよね。もともとお店に行って食べることや飲むことが大好きだったので、飲食店の打撃は自分にとっても他人事ではありませんでした。自分が行けないこともつらいし、知っているお店が危機的状況だったり。それは経済的なことはもちろんなんですが、それよりも働いている方のメンタルが弱っているなというのをとても感じました。

花田　ああ、なるほど。経済的な問題をどうにかすれば済むということでもないですね。

ツレヅレ　取材で関わったことのある、農家の方、漁業関係など生産者の方もそうですね。お店が動かなくなって出荷が止まってしまっていたから。だから何かできればという気持ちでとにかく取り寄せやテイクアウトをしていたのですが、その際にお店の方とお話しすると、やっぱり料理人って「皿に盛りたい」って言うんですよ。要は目の前で提供して、食べてほしいんですね。そんな話をもう何十回もしたように思います。

花田　同じように大きなダメージを食らった音楽や演劇などのエンターテインメントでも「その場に共にいること」の大切さが声高に叫ばれていましたが、飲食店もライブのよさなんですね。あれから2年経って、コロナ禍は収まってはいませんが一斉休業などはなくなって、みなさん少しずつ元気になられている印象ですか。

ツレヅレ　そうですね。でも、いい店ってやっぱりタフなんですよ。だからもちろん打撃を受けたときはそれなりに大変だったと思うんですけど、料理人なりオーナーなりが、その状況で自分たちができることがないかというのを考えて動いていらっしゃるなと思いました。もちろん私たちが少しは助けることができるかもしれないけど、結局は自分でやるしかないから。だからそういう意味ではみんな強いなと感じました。やり方を変える。考え方を変える。なるようにしかならないと諦めるのではなく、何か考える。私の好きなお店にはそういう人が多かったです。

花田　メディアだと、ある種わかりやすい「こんなに大変です」、あるいは「大変だけどがんばっています」というような画一的な見え方になりがちな部分もあると思うんです。もちろんそれも伝えてほしい大事な情報ではあるのですが、そういう画角に収まらないニュアンスの部分というのはあるのだろうなと思います。

ツレヅレ　そうでしょうね。特に私がよく行くところは個人事業主の店が多いから、どうするか本人たちしか決められないし、その状況で何をするかというのはお店によってけっこう個性が違って、こう言ってしまうとあれですが面白かったですね。

たとえば、浅草橋にある「ジョンティ」というアルザス料理の専門店は、オーナーがなかなかクセのある人で食べログなんかだとボロクソに書かれていたりするのですが

（笑）、コロナ禍真っ最中に「じょん亭」なんて言って突然お持ち帰り用の居酒屋メニューを出し始めた。どうしちゃったんですか、って聞いたら「俺たちは協力金をもらってるからいいけど卸の人には金が行っていないんだ、だから俺たちが買わないとあの人たちが大変なんだ。それに……実は居酒屋をちょっとやってみたかったんだよ」なんて言ってて。で、そのモツ煮がとんでもなくおいしかったりして。

花田　すごいな。いいですね。

ツレヅレ　少しでもその状況を楽しもうとしている。

花田　そういう方たちの苦境を「楽しくやってるならよかったよ」と言えるような状況ではないと思うのですが、でもそういうところに店の魅力、店主のチャーミングさみたいなものが立ち現れている気がします。

ツレヅレ　そうそう。この前ひさびさに行ったら満席ですごい盛り上がってて、「戻ってよかったですね」って言ったら「忙しすぎて、ふざけるなって感じだよ」ってなぜか怒ってましたけど（笑）。でもかっこいい店なんです。

花田　個人店というか「店」のいいところって、そういう、教科書的でないかっこいいふるまいに宿りますね。

うまいもの好き・ツレヅレハナコを作った本たち

花田　本書でも少し触れられていましたが、幼少の頃から「なだ万」にご家族で通い、まず料理の姿をきちんと見ることや、なぜこれが今の時季に出てくるのか、何が旬なのか、そういうことを考えながら食べろと「食の英才教育」を受けてこられたんですね。衝撃でしたが、今のツレヅレさんの書かれるものを思うと納得でした。どんなふうにして現在の「ツレヅレハナコ」が完成したのでしょうか。

ツレヅレ　両親とも食に関わる仕事をしていたわけではないですが、かなり個性的な人たちだったし、食べることをとても大事にしていました。父はエンジニアで海外赴任が多く、子どもの頃からアジアの屋台でごはんを食べることがごく普通の家だったんですよ。

花田　すごい。うらやましいです。

ツレヅレ　家族の記念日には赤坂にあった「東京ジョーズ」という、今にして思えばずいぶんバブリーな店に行くのがお決まりでした。小学生なのにウェイティングバーがあるような店の革張りのソファに座って、その店の名物のストーンクラブという蟹を食べ、食後にはキーライムパイを食べて。レストランというものを楽しむことを叩き込まれていました。
でも、箸の使い方や作法に厳しい母と比べて、父はフォークとナイフが嫌いで、ビーサン履きで屋台で食べるような食事が好きだったんですよ。台湾の高雄に行ったときには、父と二人で船に乗って離島の掘っ建て小屋みたいなところで、ボウルに山盛りになったアツアツのすごくおいしい海老をひたすら食べて、食べ終わったら帰る、みたいな。
そういう子どもの頃の食の思い出というのはとても鮮明にありますね。

花田　一方で、料理にまつわる本や雑誌も当時からお好きだったんですよね。

ツレヅレ　小学生の頃の思い出の本というと、母の本棚にあった『巴里の空の下オムレツのにおいは流れる』という石井好子さんのエッセイを勝手に読んでいて、その本に出てくるパリの食べ物がとてもおいしそうで。でも母に「このオムレツっていうのが食べてみたい」って言ったら「いつも食べてるでしょ」って言うんだけど、それはただの卵焼きなんですよ（笑）。それで自分が食べたいものは自分で作らないと食べられないんだ、とお小遣いで生クリームを買ったりして作るようになりました。

花田　小学生でオムレツのために生クリームを。すごいですね。でも本に出てくる知らない食べ物ってほんとうにおいしそうに感じられるんですよね。特にその頃はまだ海外の食材や料理は日本に入ってきてないものも多かったし、絵本や児童文学に出てくる食べ物も知らない単語にあふれていました。それがいっそう好奇心を掻き立てるわけですけど。

ツレヅレ　そうですよね。当時はエスニック料理の本もまだ少なくて、インターネットもないしジェノベーゼに大葉を代用しているような時代だから、子どもなりに「このクミンというものはどこで売っているんだ」って自転車で自分が行ける限りのスーパーマーケットを探して回ったりしましたよ。

花田　そんな小学生、聞いたことない（笑）。

ツレヅレ　レシピ本は今でも１０００冊くらい持っているのですが、大切にしている本は自分が16歳くらいの頃に買った本が多いんです。多分その頃に本格的に取り組み始めたんですね。書き込みや汚れもすごい。

花田 リングノート型になっている昔の「ＥＳＳＥ」の料理本を今でも大切になさっていると、本の中でも書かれていましたね。

ツレヅレ 今でもときどき読み返します。今って何でも手に入るけど、その時代のそういう本ってもう自分だけのものだから。最近はもうあまり作らないんですけど、ケーキの本に自分でカロリーを計算して書き添えていたりして、思春期だねえ、って（笑）。

花田 それは捨てられないですね。

ツレヅレ流、家づくりと海外旅行を楽しむコツ

花田 この本ではないんですが、『女ひとり、家を建てる』もすごく好きな本なんです。私もまさにツレヅレさんと同世代の独身ひとり暮らしで、買うとしても中古マンションかな、でも賃貸でいいんじゃない？　と思って生きているところでした。なのでツレヅレさんの心境の変化も面白かったですし、何より自分好みの家を作っていくということが面白すぎて。家を建てるのがこんなに楽しいことだとは思ってもいませんでした。

ツレヅレ　建てる気になった？（笑）

花田　いや、それは……（笑）。でもかなり揺さぶられました。

ツレヅレ　あの本を読んで実際に「ひとり暮らし一軒家、建てることに決めました」という読者の方からのＤＭを何件かいただきました。

花田　家なんて大きなものまでもどんどん売ってしまうツレヅレさんの営業力がすごいです。キッチンを作られたタニコーさんなんて、あれを読んだ方からの問い合わせが殺到しているんじゃないですか。それまでは分厚いステンレスの魅力なんて考えたこともなかったですが、あれを見たら魅了されてしまいますよ。

ツレヅレ　そう。タニコーさん、実際にいろいろお問い合わせがあったと聞いてうれしいです。

花田　今まで一回も火がついたことのない「家を建てたい」という気持ちに火がつくのを体感できるのは、読書体験として面白いです。あれって家を建てようかなと思って検索しても絶対たどりつけない情報だし。

ツレヅレ　家を建てる過程っていうのが、最高に面白かったんですよ。当然予算というものがあるじゃないですか。予算と折り合いをつけながら家を建てるって結局何をしているかというと、自分の優先順位と向き合うことなんですよね。自分にとって何が大切なのかということとひたすら向き合う作業。だからタフじゃないとできないし、自分を強くする。家を建てる過程の中で、それまで知らなかった自分と何度も出会えたなあと思います。

花田　私もちょうど今（対談日は2022年7月末）、9月にオープンする店の内装決めの作業をやっているところなので、とてもよくわかります。時間もない中でシビアに問われたときに、はじめて自分の大事にしているものがわかるような気がします。自分の家を建てるのはみんなが経験することではないとは思うのですが、自分のこだわりがみんなと違う人ほど豊かな経験になりそうですね。「普通でいい」という人にとっては大変なだけかも。

ツレヅレ　うん、決めなきゃいけないことが多すぎるから。こだわりがない人なら最大公約数的にうまくできている家を住宅メーカーで頼むほうが全然いい。それがダメだとかは全然思わないし。ただ注文住宅を建てるのは大変だけれど超楽しいですよ、とは言いたい。

花田　今まで見えなかった世界が見えるようになりそうですね。

ツレヅレ　そうそう。たとえば、ステンレスの厚みもそれまではそんなに意識したことがなかったけど、わかるようになってしまったら、建築家さんと打ち合わせ中に町中華の店の厨房《ちゅうぼう》をのぞきこんで「あれは何ミリですかね」なんて話したり。散歩中も人さまの家の外壁を眺めて「この素材だとメンテナンスが大変そうだし、これは高かっただろうな」なんて思ったりして。ほんとうに見える景色が違ってくるの。

花田　本書では韓国やスリランカへの海外旅行のことも書かれていましたが、ここにもツレヅレさん流のいきいきした楽しみ方があふれているように思うんです。私も海外に行くのは好きなんですが、ツレヅレさんほどの大胆さもクレバーさもなくて、昔のバックパッカー時代の価値観をむだに引きずっているのが今の自分と合っていないなと感じるようになりました。大人が海外の旅を楽しむためのアドバイスをお伺いしたいです。

ツレヅレ　いやいや、私も若い頃のバックパッカー時代を経ての今です。でも、そうですね、ちゃんと調べていくってことですかね。私の場合、まず「あれを食べたい、これを食べたい」という動機があって、それが多い国に行ってるんですよね。だから自然と食に関することを調べるし、食つながりでどの土地の器とか調理器具を買いたいというのもあるのでそこから調べる。どこの国にもぜったい、日本でいうところの益子《ましこ》みたいな、陶器の町があるんです。それをルートに組み込むようにはしていますね。

花田 下調べ、大事ですよね。

ツレヅレ あとは、安全と時間は金で買う、っていう世代なので、英語か日本語ができるガイドさんやドライバーさんを事前に終日で雇うというのがおすすめです。もともとインドによく行っていたときに、日本人客に強い「シゲタトラベル」というドライバー会社があってよく利用していたんですが、バリバリのインド人なのに完璧な日本語のメールが来る。だいたいどこの国にもそういう会社があるんですよね。そういうところだと「その日は雨だったらこっちに行きたいけど、晴れてたらこっちにしたい」とか細かいニュアンスの要望も伝わりやすい。現地の人の解説もすぐに日本語に訳して教えてくれるし。

花田 旅のクオリティーがまったく変わりそうです。若い頃はつたない英語でもやりとりできた！　というのもまた旅の喜びだったんですけど、それだと結局挨拶程度で終わってしまう。いかに安く行くかなんて、もう頑張ってもしょうがないのに。

ツレヅレ 快適に旅するための努力を惜しまないことが大事だと思います。自分が何をしたいかということに焦点を当てて、できる限り事前に根回ししておく、アポをとっておく。その努力次第で旅が豊かになると思うな。大変ですけどね。

花田　お話を聞いていると、ガイドさんの価値はお金以上だなと思います。

ツレヅレ　そうですね。よくインドで言われるのが、なんで日本人は飛行機に乗ってまでインドにきて、1食50円とかのおいしくないカレーを食べて、お腹を壊してよろこんで帰るのか、と。インドは特にレストランの幅が広いので、お金を出せば絶対日本では食べられないようなレベルのインド料理が食べられるんですよ。コースで1〜2万円はするけど、来たからにはそういうものを食べられることが最大の魅力。若いバックパッカーの頃にはそんな経験は不要かもしれないけど、大人になったらよいお金の使い方というものは変わってきますよね。

花田　そもそも、コロナ以前でさえも、もうバックパッカーという言葉は日本では死語になっていたかもしれないですね。べつにみんなが海外に行く必要はないのですが、私たちが若かった頃より国が貧しくなってしまっていることもあって、若い世代ほど経験にお金を使うということが想像しづらくなっているかもしれません。欲望も小さくパッケージングされていて、テレビを見ていても、知らない国のすごい食べ物より、コンビニやファミレスの食べ物への欲求ばかり取り上げられているような気がします。

ツレヅレ　たしかに。若い人たちは生まれたときから不況だし、しかもよくなる気配がまったくない時代を生きているから、お金を使うことに消極的なのは仕方ないかもしれないですね。でも、自分のためにお金を使うことって絶対自分に返ってくるし、それをやらないと結局自分がよくなっていかないから、あまり怖がらないでほしいなと思います。

SNSで病んでしまう人にすすめたい本

花田　本書がインスタグラム発のものであることを踏まえて、最後にSNSとの付き合い方についてもお伺いしたいです。どのページもエネルギッシュかつポジティブで、読んでいて元気になれるものばかりだと思うのですが、ご自身で書かれることをコントロールされているのでしょうか？　あまり元気じゃないときや、憂鬱なときの自分は出さないようにされているのかな、とか。今、SNSとの付き合い方や、ほんとうの自分とSNSで見せている自分との距離に悩んでいる方も多いと思うので。

ツレヅレ　それがねえ、ほんとうにないんですよ（笑）。そう見せているわけではなくて。だいたい毎日楽しいし、ストレスも悩みもほぼない。

花田　えーっ。昔からですか。会社員時代も？

ツレヅレ　うん、あんまりない。落ち込んだりもしないし、たいして不安もない。言い方が難しいのですが、私、自己肯定感がやたらに高いみたいです。自分が大好きだから生まれ変わってもまた自分になりたいし、人と比較もしないし、エゴサもしない。

花田　本が売れなかったらどうしよう、と思ったりもしないですか。あるいはフォロワーが減ったらどうしよう、とか。

ツレヅレ　誰か買ってくれるといいな〜って思ってるし、フォロワー数もなるようになる。今何人いるのかも知らないです。

花田　あまり悩んでいる人の参考にならないかもしれない（笑）。でも、信じられないと言いたいところですが、こうしてお話しさせていただいていると、わかる気がします。ツレヅレさんって天性のスターらしさがありますね。アイドルになるべくしてなっている人のオーラというか。その自信込みで、みんなが魅了されているという感じがします。

ツレヅレ　そんなのは滅相もないですけど、ほんとうにネガティブな感情はほとんどないんです。インスタも、ネガティブなことは書かないようにしている、とかではなくて、インスタが自分と合っているし好きなんです。他のSNSはほとんどやっていなくて、社会に必要な議論などはもちろんあるとはいえ、人を批判し合ったりネガティブな意見を言い合うのはあまり見たくはない。人ってやっぱり、楽しいときとかうれしいときに写真を撮るじゃないですか。悲しいときに写真を撮る人はあまりいないですよね。だから楽しいときに撮った写真が自然と集まってくる場所でみんなで「いいね」という気持ちを交換し合う、そういうことが好きだし、自分も自然とそういうことを書いているのだと思います。

花田　インスタの規格にご自分を合わせているのではなく、ほんとうに天性のインスタグラマーなんですね。でもそれが嘘ではないということがこの本を読めばわかるのではないかと思います。SNSの使い方や発信に悩んでいる人にも、ツレヅレさんのこの本物の輝きをぜひ感じてみてほしいです。

哲学研究者

永井玲衣

「手のひらサイズの哲学」

私たちは正しいこと以外を言っちゃいけないと思ってるし、ずっと傷ついている。

『水中の哲学者たち』（晶文社）

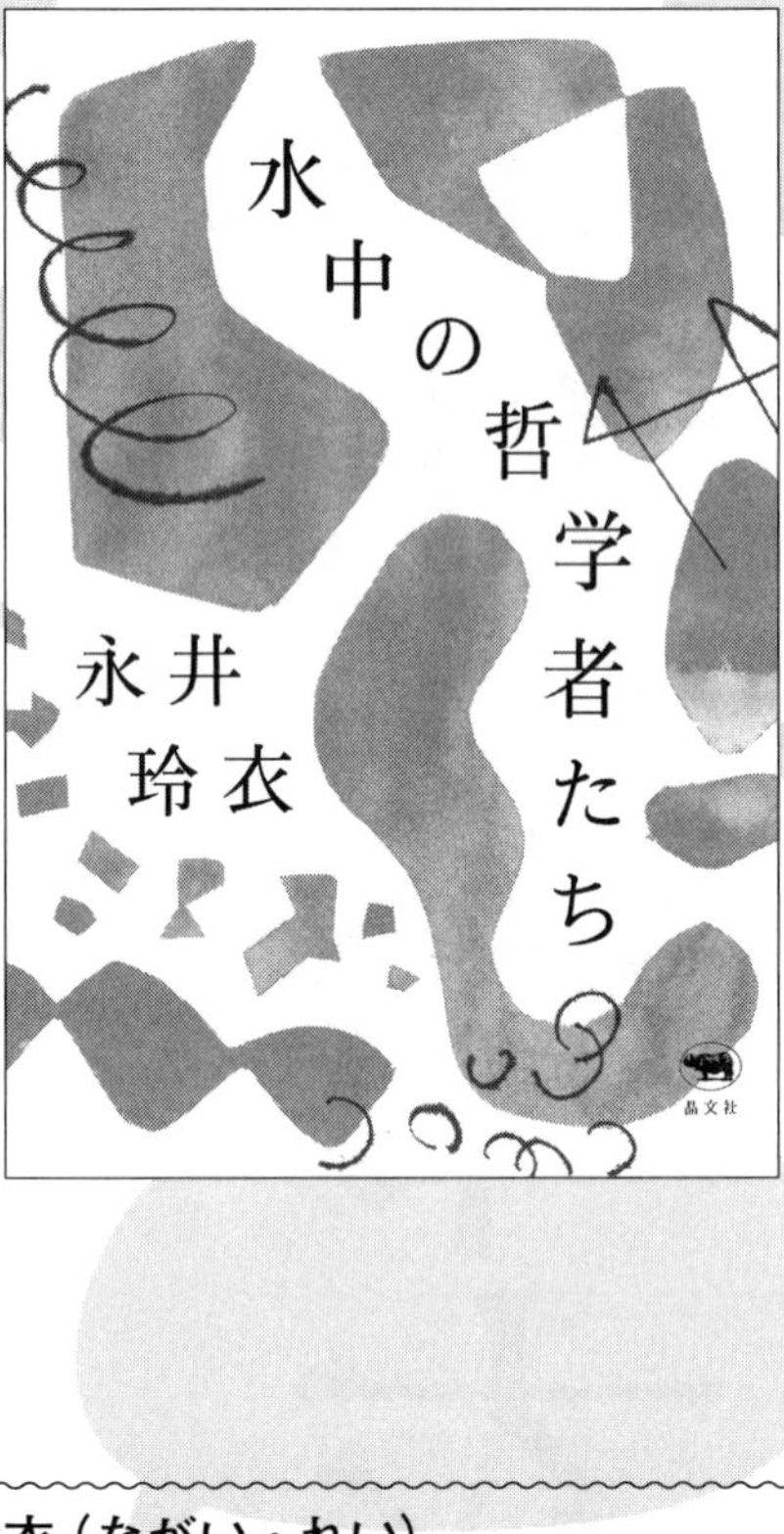

哲学研究者にして、哲学対話のファシリテーターによる、哲学のおもしろさ、不思議さ、世界のわからなさを伝える哲学エッセイ。

永井玲衣（ながい・れい）

1991年東京都生まれ。哲学研究と並行して、学校・企業・寺社・美術館・自治体などで哲学対話を幅広く行う。独立メディア「Choose Life Project」や、坂本龍一・Gotchらが中心となって始動したプロジェクト「D2021」などでも活動。

論文の形式では「私の哲学」を書けなかった

花田　『水中の哲学者たち』は帯の推薦文が穂村弘さんと最果《さいはて》タヒさんで、哲学の本の帯としては一見意外な並びなのですが、まさにこのお二人が思い浮かぶ読み心地でした。冒頭からとても笑えるし、かつ深い谷に突き落とされるようでもあり、「あ、こんなことを考えてもいいんだ」と思わせてくれる、とても引き込まれる本でした。なぜこのようなスタイルで哲学の本を書かれることになったのですか。

永井　私は哲学科出身なのですが、哲学するってどういうことなんだろうと思いながらずっと哲学科にいて、「世界をよく見る」ということをしたいなと思ってたんですよね。「なぜ生きているのか」「死んだらどうなるのか」ということもだし、もっと「なぜパートナーがいるのに他の人とLINEしたくなっちゃうんだろう」とか「抜けた髪の毛は自分のものなのになぜ気持ち悪く感じるんだろう」というような、くだらなくて世俗的に思えてしまう問いも哲学として扱いたいなと思っていました。ただ、論文ではそこを抽象化しないといけないもどかしさがあって、世界に根ざしながら世界をよく見ることに辿り着くためには論文の文体では難しい。それでこのエッセイのような変な表現を試みました。

花田 なるほど。そうすると、よくある「哲学を研究していない人にも哲学の面白さを伝えようと思った」というようなニュアンスとはちょっと違いますね。

永井 哲学の入門書と言うつもりもないし、「みんな、哲学をもっと好きになろう」というような気持ちも実際のところあまりなくて、私が哲学してみた結果を書くためにはこういう形式じゃないとまずかった、という感じです。

花田 哲学を研究されている方にとっては、もしかしたらそのジレンマは覚えのあるものなのかもしれないですね。同業の方からの反応はいかがですか？

永井 結構二分されましたね。すごく評価してくださる研究者の方もいましたし、めちゃくちゃ怒られる、みたいなのもあって。

花田 いつの時代、どのジャンルでもそういうことはあるんですね。M－1の「これは漫才じゃない」論争じゃないけど、狭義の定義に落とし込むのが好きというか、そこからはみ出るものに対して面白がることができずに否定の態度を取ってしまうんですね。

永井　専門家じゃないのにこんなことを書いてはだめだと言われたりとか。でも、この場合の「専門家」って一体何のこと？　って新たな問いが生まれもしました。

花田　誰なら語る権利があるんでしょうね。逆に、専門ということでいうと、永井さんはお笑いがお好きなんですよね。本作の中でも何度かお笑いの例を出されていましたが、哲学の目線で見るとサンドウィッチマンのボケやナイツの自己紹介も「哲学」だったのか、と気づくことができてとても面白かったです。これはお笑い批評家のような専門家では持ち得ない視点ではないでしょうか。お笑いのことだけで一冊書いてほしいくらいです。霜降り明星の「しょうもない人生」というツッコミを哲学として語られている箇所なんて、永井さんの見解が面白すぎて、どうしても見たくなってインターネットで探してしまいました（笑）。

永井　えーっ、ほんとですか。いやそんな、ありがとうございます。

脆くなるための哲学対話

花田　ご著書を読んで、いちばん強く感じたのは自分も「弱さ」の空気をまとった人間でありたいなということです。大人になると「まあそういうものだよ」と自分に言い聞かせたり、揺るがずにいられるようになりますが、むしろ、もっと迷ったり傷ついたりできる弱さを持っていたいなと思いました。永井さんは、ご自身の弱さを保つ……というとちょっと変な表現ですが、弱い存在でいるために何か心がけていらっしゃることがありますか？

永井 哲学対話を通していちばんびっくりしたのは、それによって自分が「弱くなる」というか「脆《もろ》くなる」という経験なんですね。対話を積み重ねることで自分の言動、語りというものがすごくブレて不安定になってしまうことに驚きました。以前は、哲学は自分が強くなるための武器のようなものだと思っていたので。

花田 そうですね。普通は自分の不安定さを解決したり、より明解にいられるように学ぶのではないか、と思いますね。

永井 10代の頃、私もとても不安定だったので強くなりたいという願望がずっとあったんです。私が主体で哲学は手段というか、「哲学」を「私」が扱えるようになると思っていました。でもそんなことはなくて、私たちはむしろ哲学させられるし、対話によって語らされるし、考えさせられる――常に受け身の形で行われているなというのが実感で、ままならなさがずっと流れている営みだなと思ったんです。

弱さを保つ、というよりは、ほんとうに、ただただわからないということを直視する、隠さない、ごまかさずに「ままならないよね」って笑ってしまう……ということが哲学対話では許されたいなと思っています。

哲学対話とは何かという問いに対して、実践者によって答えはいろいろありますが、私は「人々とままならなさをまっとうに苦しむ場」なのかなと思います。弱くなる、脆くなるということをまっとうにやる。でもそれはひとりだとしんどいからみんなとやる、まあいざとなったらみんなでやるからもっとつらいというところもあるんですけど（笑）、でもみんなでやってみようよ、というのが哲学対話なのかなと。

花田　なるほど。私は人と2人で話すことが好きで、それは、たとえば4人だとひとりが「人を殺したいと思う」というような突飛な発言をしたら、あとの2人の反応を窺《うかが》って「こんなこと言ってますよ、ちょっとヤバいですよね」とつい中立的な態度を取ろうとしてしまいますよね。でも2人だと場をスタンダードなものにしなくてもいいという自由さがあるので「へえー、そうか、殺したいってどんな感じ？」とその人に乗り移るような感じで、すごく遠くまで行けるのが好きなんですね。でも哲学対話の場合は、みんながいるからいいというのがあるんでしょうか。

永井 ああ、そうですね。私は10代の頃から人と話すのってなんでこんなに難しいんだろうとずっと思っていて。おっしゃるとおり、2人だとずっと話しやすいし遠くまで行けるんです。でも、なんで人が集まって集団になった途端にこんなはちゃめちゃになってわけわからなくなっちゃうんだろう、って思う。だから哲学対話をやっているんですよね。

花田 わけのわからなさに惹かれてやっているということですか？

永井 私たちは4人とか6人の飲み会だとかを何となくやり過ごしてきたんだと思います。哲学対話のときに「みんなで話すということをしましょう」「自分と誰かに無理をさせない場をゆっくり作りましょう」と言うのですが、実際、それはほとんど不可能な試みなんです。でもその難しさにひりひり肌を焼かれながら、そういう場をどうやったら作れるか考えながら話すことを試みたい。人間の愚かさとかままならなさが露出していく、ということをやってみたいと思っているんですね、きっと。

慣れていないのではなく、傷ついている

花田 小学校で哲学対話の授業を行うエピソードを書いていらっしゃいますが、議論が活発に

進められていて驚きました。これは建設的なディスカッションのトレーニングをしている進学校でのお話なのかな？　と感じたのですが。

永井　いえ、全然進学校ではないんです。全国をいろいろと回りましたが、偏差値は関係ないんですよね。偏差値が高いから「できる」とか、対話の「質が高い」とか、そういうことではないし、そもそもそういう判断基準そのものがあやしいものでさえある。

花田　それは意外です。面白いですね。

永井　だからやはり哲学は普遍的なんだな、と。それから、私はこちらで用意した問いではなく、参加者の問いから始める哲学対話が好きなのですが、いわゆる教育困難校と言われている子たちのほうが、問いが生々しいんですね。「なんで生まれてきたんだ」とか「なんで格差があるんだ」というような問いが出てくる。進学校のほうがもう少し「こういうことを議論してみると有意義かも」みたいな問いを出すような印象でした。

花田　悪い意味で、効率の良い生産的な対話にしようとするということでしょうか。

永井 そういう部分もあるかもしれません。でも彼らも時間をしっかり取って待ってみると、やっぱり彼らの問いが出てくる。それは大人もそうなんですよね。企業でやるときも最初はみんな「じゃあ、いいチームとは何かについて考えます」、みたいな（笑）。いや、そういうのはもういいからと言って、まず哲学対話の世界観の共有をします。「たまたま今日はこういう時間なんでちょっとやってみましょう」とか、時間をたっぷりとって言い訳をいっぱい作ってあげる。そうすると大人からも「なんで大人になるとドキドキしなくなっちゃうんだろう」みたいな、すごく素朴で手のひらサイズのいい哲学が出てくるんです。

花田 すごい。それがファシリテーターの永井さんの役割なんですね。抽象的な質問かもしれませんが、さまざまな場所で哲学対話を繰り返されていて、「いい対話だったな」というときと「凡庸な対話になってしまったな」というような差ってあるものなのでしょうか？

永井 これはすごく難しい問題で、対話が成功するとは何か、というのはもうほんとうに宙吊りの問いであり続けていて、何が成功で失敗なのかというのは実際わからないんですよね。なぜならその場では盛り上がっているように見えなくても、ものすごく考えている子がいたり、そのときピンと来なくても3年後にいきなり思い出してぐわーっと思考が深まったりするかもしれない。哲学ってその対話の場から溢れ出て私たちの日常を侵食して続いていくものなので、判断しづらいです。

ただ、つまらない対話、というものはあると思います。それはたとえば「いいチームとは何か話そうか」と決まり、新入社員の方が気を遣って「僕は○○さんみたいなリーダーが好きです」と言う、みたいな……。でも、それは彼らが哲学が下手なのではなくて、場が危険というか、大丈夫じゃないんですね。

花田 企業の中にいたことのある身からすると、その空気も非常にわかります。オフィスの中には哲学が入る余裕が生まれにくいというか、自由に話してくださいと言われてもオフィスの中の人格になってしまっていて、会社員っぽい発言しかできなくなっている気がしますね。哲学との相性は最悪かもしれない。

永井 日本人は対話をすることに「慣れていない」、という言い方をするじゃないですか。だから「慣れてないからこれからやっていきましょう」なんて言うけど、ほんとうはそんなものじゃなくてもっと深刻。ずっと傷ついていて、正しいこと以外を言っちゃいけないと思ってるし、許されないとも思っているんですよ。これはとても大きな問題だと思います。

論破の「破」は何を破壊しているか

花田　学校で対話の授業をする際のエピソードで、10代の子どもたちが「どうせ答えがあるんでしょ？　早く言っちゃいなよ」とニヤニヤしてきたり、「全部自己責任だよ」という結論を繰り返してみんなで笑っている……というような冷笑的なふるまいがたびたびあり、その度に傷つく永井さんが描かれていたのがとても心に残りました。

それらを俯瞰して分析したりするのではなく、こうして傷ついて呆然としていいのだな、と永井さんの態度に教えていただいたような気がしました。しかし子どもというのは往々にしてそういう態度を取る生きものだなという気もしますし、今、ひろゆきさんのような「論破」に憧れる若者は多いんだろうなと思います。

永井　そうですね。ある学生が「論破の『破』は何を破壊しているか。それは可能性を破壊しているんだ」と言っていて、非常に言い得ているなと思いました。でも子どもたちも不安だからこそそういうふるまいをするという面もあると思うんです。

花田　たしかに。子どもは子どもなりに、優等生的な回答しか許されていないことに不満や怒りを感じていますよね。私も読書感想文の宿題で悩んでいる子どもに、お手本っぽく書かずに今しゃべっていたような率直なことを書いた方が面白いものになるよ、とアドバイスしたのですが、信じてもらえなかったです。たとえ私が面白がったとしてもA評価はもらえないのだ、と。

大人の模範解答の押し付けに対して、自分たちは生きているのだと主張し、カウンターを一発くらわせて大人を黙らせるために論破話法をやらざるを得ない彼らの痛みもわかる。ただ、「それってあなたの感想ですよね」と何か勝ったような気持ちになって話を打ち切るというのは、結局大人が無意味な校則や常識を「そういうものだから」と話を打ち切って押し付けてきたやり方と変わらないんですよね。

永井　ほんとだ。そうだ。逆襲されているのか、今。

花田　そっちじゃないよ〜、敵と同じことをやっちゃってるよ〜、って思うんですけど。

永井　先ほど話した、私たちは傷ついているというところにつながりますね。大学の授業の後にもリアクションペーパーというものを提出してもらうんですが、やはり典型的な「哲学は難しいものだと思っていたけど面白いものだと気づきました、これからも哲学を読んでいきたいと思います」というような文章を100人くらいが書いてくる（笑）。なのでレポートもエッセイでいいし思ったことを垂れ流しで書いてほしいと繰り返し伝えると、最初は警戒しているんですが、「典型的に書かなければいけないことがずっとつらかった」「評価されないのではと不安で書けなかった」と言い出すし、泣き出す子もいて、豊かなリアクションペーパーが返ってくるようになります。それだけしんどい世界を私たちは生きているんですよね。

花田 だから彼らに何と言ってあげたらいいのかわからない、と思ってしまう。彼らを逆論破してもしょうがないし。

永井 そうですよね。ひろゆきにひろゆきで返しても、地獄みたいな、無限ひろゆきみたいなことになっちゃう。論破が流行っているのはつらいですね。

花田 もちろんひろゆきさんの発想には価値のあるものや、子どもたちにとって魅力的なものもあると思うんですけど。

永井 そうですね。それにまあ、大人も好きですしね。
哲学って、多分知識とスキルと態度に分かれると思っていて、今までは「哲学者の名言」

とか、知識みたいなところにばかり焦点が当たってきた気がするんですよ。一方、「ビジネスに役立つ論理的思考」のような形でスキルやテクニックも注目されがちなんですが、実は態度がいちばん重要だと思うんです。よく聞くとか、待つとか、ままならなさに耐える知的体力があるとか。だから論破のような風潮に対して、哲学の知識やスキルで対抗するよりもこういう態度があるよということを言い続けるしかないのかなと思います。

ひとりで考えることはできない

永井 私たちがわからないことを「なんで?」と聞くとき、今すぐ答えがほしいわけじゃなくて、いっしょに考えたいだけということってあると思うんです。「なんでこれをやるんですか?」「なんでこっちではだめなんですか?」と聞いたときに「決まりだから」「こういう説があるよ」と教えてほしいわけではなく、いっしょに「何でだろうね」と考えてほしい。だから言われていちばん悲しい言葉って「そんなのどうでもいいじゃん」なんですよね。

私が哲学を好きなのは、哲学は何もバカにしないというところです。「そんなこと考えても意味ない」とは決して言わない。たとえば自己肯定感が低いという悩みがあるとして、それを真面目に取り上げて、しかもその人にだけの相談室というのをやるのではなく、「自己肯定感が低いってそもそもどういうこと?」「自己を肯定するって何?」とみんなの問いにしていく。これがみんなでまっとうに苦しむ、もがくということです。

花田 最近は精神疾患の方の治療として、オープン・ダイアローグなども注目されていますよね。専門家が非専門家に一方的に教えるのではなく、答えがあるようなないような状況の中で、みんなでああだこうだと言い合うことがいい効果を生むという結果が出ているというのはとても興味深いです。

そういえば書店界隈《かいわい》でも読書会、というイベントがだいぶメジャーになりましたが、それも哲学対話に似ているのかもしれないです。もちろんテーマになっている本の理解を深めたいという動機もあるかもしれませんが、何かひとつのテーマで、みんなであれこれ話したいだけのような気もするんです。本はただのきっかけなのかもしれないと思いました。

永井 ああ、たしかに。哲学対話ととても近いと思いますね。

花田 私は人と話すことが好きで、しかも友人や恋人のような近い距離の人よりは、ちょっと遠い距離の人、どういう人なんだろうぐらいの人と話すことで、その人を知るだけでなく逆に自分を知ることができる気がするので、すごく面白いなと思っているんです。

永井 私は元来閉じこもった人間なので、できればひとりで考えたいし、ずっと本と対話していたいタイプだったんですが、私がちゃんと考えるということを突き詰めてするためには他者がいないと無理なんですよね。それに気づいたとき、とても衝撃を受けました。他者と関わらないとちゃんとひとりになることすらできないんだっていうことの衝撃ですよね。だからおっしゃるとおりで、人と話すからこそ自分がわかる。

あと、私という人間は、問われることによって初めて語れたり、聞かれて初めて考えたりと、非常に受け身なんです。だから、他者がいないと考え出すことすらできないし、問いを出すこともできない。そんなふうに自分を捉えています。

花田 哲学のことを哲学対話を通じてみんなで考えることと、書物に向かい合って考えること、ひとりで、たとえばぼんやりお風呂で考えるのは、永井さんにとってはどう違うと思いますか？　ひとりで考える時間もまたいいものではありますよね。

永井 うーん……私はひとりで考えているのかな。考えてない気もしますね。ひとりになったときに他者の言葉を反芻《はんすう》することはありますけど、ひとりでゼロから考え出して、ゼロから言葉を構築することって、多分ない。本もひとつの他者ですから、それを通してひとりで考えるっていうだけかもしれないです。

花田 そう言われるとそうかもしれません。お風呂に入りながら、何の題材もなしに「今日は一時間、生きるとは何かについて考えよう」というのは、ものすごく難しいですよね。

永井 難しいですね。できないと思います。

「わからない」の先にある奥行きを信じる

花田 先ほど読書会のことを話しましたが、そこまで行かずとも、たとえば話題になっている一冊の本について、読了している数人で話をするということがあります。そのときに、「面白かった」「よかった」という話だとそこから広がらないんですが、「あの部分がわからなかった」「あれはどういう意味だろう」と誰かが発言すると、一見ムードを壊しているようで、実際には対話が急に豊かになる感覚があります。その言葉を起点にやっとそれぞれが自分の感想や解釈を話し始めるような。「わからなかった」と言うと、「つまらなかった」の婉曲《えんきょく》表現だと思われてしまうこともあるのでSNSなどには書きづらいのですが、わからないことをのびのびと話せるリアルのそういう場はとても楽しいものです。

永井 面白いですね。私もこの本を書くときに「わからない本を書いてやろう」と思っていました。みんなやっぱり「わからない」が好きだし、もっとそれを言いたいんだと思います。さっき哲学の態度の話をしましたが、世界の奥行きを信じられるということが哲学の態度だと私は思っています。わからないと言うときって、そこに奥行きがあるっていうことじゃないですか。

たとえばここにペットボトルの水がある。「これが何かわからない」「これがほんとうに存在するのかわからない」と誰かが言ったときに、「いやいや、ただのペットボトルの水でしょう」と言ってしまえばそこで行き止まりになります。それを打ち破って、まだ行けるぜ、まだ先があるよ、という奥行きを私たちは真剣に信じてるんですよね。

本について話すときも「こういう本だね」で行き止まりにせずに、わからない先に奥行きがある、という前提で話ができるというのは楽しいだろうなと思います。

花田 正解を探すということともまたちょっと違うんですよね。それでいて、あなたがそう思ったんならそれでいいんじゃない、というのとも違う。ほんとうはそれでいいはずなんですけど、あえて「なんでそう思ったわけ?」とその人の領域に入ってみるというか。

永井　うんうん、そうですね。

花田　そういえばエッセイの中で、哲学対話を行うときに「人それぞれということにしない」というルールでやっていると書かれていて、面白いルールだなと思いました。
人それぞれ、って一見多様性を肯定する言葉に見えるし、そういう使われ方のときにはいいのですが、下手をすると誰かと向き合ったり、心配な人に声をかけることをやめるための言い訳に使ってしまう。

永井　「人それぞれじゃん」って結論づけられてしまうとき、「どうでもいいじゃん」の、ほとんど言い換えの言葉なんですよね。それはやっぱり寂しいです。
寂しいよ、って思っていたら、ちょうど『「人それぞれ」がさみしい──「やさしく・冷たい」人間関係を考える』（石田光規：著・ちくまプリマー新書）っていう本が出て、すごい、これ私じゃん、ってびっくりしました。

花田　ありましたね。私も何だかそのタイトルが気になっていました。

永井　寂しい。その言葉に尽きます。寂しいって、どういう道徳的問題があるとか、役に立たないとかじゃなく、ただ寂しいんですよ。

どうでもいいじゃんって言いたくなる気持ちもわかります。でも、哲学対話は探求である、ということから私は離れられなくて、「答えなんてないさ」という冷笑的な態度ではなくて、答えは今すぐに見つからないだけで必ずどこかにはある、だからそれを信じて探求しようよ、と思います。

花田　たしかに。たとえば「お金って人を幸せにするかな?」という問いに、「そんなの人それぞれでしょ」と答えてしまったら、一見それは事実のようですが、頭の中で何も思考が膨らまないまま終わってしまいますね。つまらない。

永井　はい。だから「人それぞれ」をゴールにするんじゃなくて、そこをスタート地点にして、じゃあ人それぞれのその人たちはどこが違うんですかとか、どこだったら私たちは手をつなげるんですかとか、そういうことをしつこく問い続ける。それが私の哲学対話です。

国語辞典編纂者

飯間浩明

「言葉を楽しもう」

日本語は自由だし、思っていることが１００％伝われればその経路はなんでもいい。

『日本語はこわくない』（PHP研究所）

「ご苦労さま」と「お疲れさま」、どっちを使う？「よろしかったでしょうか」は間違い？　誰もが一度は戸惑う日本語をすっきり解消。ことばを楽しむ41編。

飯間浩明（いいま・ひろあき）

1967年香川県高松市生まれ。早稲田大学第一文学部卒業、同大学院博士課程単位取得。2005年『三省堂国語辞典』編集委員に就任。著書に『日本語をつかまえろ！』『知っておくと役立つ 街の変な日本語』『辞書を編む』など。

言葉を「正しい・正しくない」で判断しない

花田　以前から飯間さんが扱われているような言葉についてのあれこれがとても好きなのですが、一般的に「言葉が好き」というと文学や詩が好きというようにとられてしまって伝わりづらいなと感じています。飯間さんはご自身の仕事や興味について普段どのように説明されているんですか？

飯間　簡単に言うと日本語の研究をやっているということになりますが、私自身は自分を研究者とは思っていないんです。ちょっと突飛なたとえですが、魚の研究をして分類するのが魚類の研究者だとすると、こっちは魚を獲る方なんですね。沖に出て漁をする。そうするとこの海にはこういう魚がいるとか、この季節はこうだということがわかってくる。そう言葉ハンターなんていう呼び名をいただくこともあるんですが、言葉を狩る「言葉警察」ではなく、あくまで言葉を獲る。現場に出て自分の中に経験を蓄えていく。それを喜びとする人間です。

花田　言葉を採集しているんですね。そのたとえ、すごくよくわかります。

飯間　それと、その魚を獲ったあとに三枚におろして料理をしてお客様の前に出す。そこまでやると、これは辞書を作る仕事ですね。

花田　なるほど。面白いです。

今回刊行された本の『日本語はこわくない』というタイトル、とても飯間さんらしいなと思いました。内容もタイトルどおり、多くの人が抱く言葉遣いの不安に研究者としての正解を示しながら、そこにとどまらない、言葉への向き合い方のヒントや工夫をやさしく紹介してくださっている本ですね。

現実世界でもネットでも、言葉遣いや敬語が正しい・正しくないという判断をする「警察」が溢れています。言葉の問題だけでなくさまざまな不寛容やマウンティング、誤っている人を冷笑する態度は見ていると嫌な気持ちになるものですが、逆に飯間さんもご著書の中で書かれていたように、「フェイクマナー」という言葉が誕生したことで彼らに反撃できるようになったようにも思います。

飯間　私は言葉を「正しい・正しくない」で判断したくないとたびたび発言しています。ですが、決して言葉をいいかげんに届けたいとは思ってないんです。むしろ厳密に届けたい。何がいちばん大切かというと、相手に伝えたい自分の考えや情報を確実に相手に届けるということですね。そこに集中したい。となると、その伝えるための道具である言葉が世間的に間違いとされているかどうかということは、枝葉末節のことなんですよ。

花田　「ご苦労さまです」という言葉なんて、その最たる例かもしれないですね。ねぎらいを伝えたくて差し出される言葉だったのに「失礼派」の人たちの迫害を受けて、今ではほとんど使うことができなくなってしまいました。

飯間　そうですね。たとえば朝から町内の掃除をしている人に「ああ、どうもご苦労さまです」と言おうとする。ところがマナーの本で「ご苦労さまは失礼」と書いてあったら、あ、これは言っちゃいけないか、じゃあどう言おう……となって、伝えたいことが伝わるかどうかということとは別のところで悩まなければならなくなってしまった。これは不幸なことだと思います。

たとえるならば、待ち合わせ場所に早く行きたいのに「この服にしようか、それともこっちの服か」「財布は持っただろうか」と別のことに気を取られてなかなか出かけられないようなものです。

花田　さきほど「厳密に届けたい」とおっしゃっていましたが、この「正しい・正しくない」

という問いは逆に言葉に対して雑なんですよね。その雑さが嫌だなと思います。

飯間　あるマナー本でマルとされている言葉を使えばあらゆる場面でマルなのかというと、そんなことはなくて、相手がカチンとくることもあります。反対に、バツとされている言葉を聞いてうれしく感じることもあります。マルバツで二分するというのは、おっしゃるように雑なんです。

受験とクイズが日本語を減点主義にした

花田　一律の正誤を求める人というのは、なぜそうなってしまうんでしょうか？

たとえば「ら抜き言葉」や「超ウケる」というワードは私が若い頃からよく使っていましたが、当時から言葉を崩したり乱暴な表現をすることで楽しみ、価値観を共有するという遊びを「あえてやっている」という自覚がありました。そちらが先だったので、怒ったり正そうとしている人を見て逆にびっくりして。「え？　このギャグがわからない？」というのに近い感覚というか。まあ、言葉の問題に限らずファッションにしろ文化にしろ、おしなべて大人というのは若者のやることにケチをつけたがるものなのかもしれませんが。

飯間　ええ、不思議ですよね。見た目なんかも、若い世代のファッションはだらしないとか上品じゃないとか批判されがちです。ただ、「好きじゃない」とは言われても「間違ってます」とまでは言われない。ファッションの分野がうらやましいと思います（笑）。で、どうしてマルバツという考え方が広がったのかですね。これは戦後の学校教育に主な原因があると見ています。高度経済成長期に進学率が上がり、受験競争が激化しました。現場の先生は、漢字のトメ・ハネ・線の出る出ないに至るまで厳密に採点しはじめた。その考え方が国民的に共有されているんですね。

それから、戦後に日本語ブームが何度も起こって、これも原因になったと考えています。雑誌やテレビで日本語クイズのたぐいが非常に多く出されるようになります。それが商業的に成功するわけです。そうすると、「言葉にはマルバツというものがはっきりあるんだな」という考え方が、人々の頭に深く刻みつけられる。こうして言葉が断罪される手はずが整ったんです。

花田　断罪（笑）。そうですね。きっと、日本語を楽しむという感覚がないんですよね。常に間違わないように気をつけなければいけないという気持ちが強いから、他者に対しても「あ、あなた間違ってますよ」という思考になってしまうんですね。

飯間　怖がっている人が多いんだろうと思います。そう怖がらないで、ということを今回、タイトルに込めたんですけどね。言葉というものは不用意に話すと批判されたりする怖いもので、言葉を好きに使って楽しんだりしたら何を言われるかわからん、それよりも何も言われないように、なんとか無難に世の中を渡っていくための無難な言葉遣いが知りたい――と、これが多くの人の気持ちじゃないでしょうかね。

花田　そうかもしれない。まるで厳しい宗教みたいに禁欲的ですよね。マナー本の悪口ばかりになってしまいますが（笑）、たとえばお礼の手紙を書くシーンでも、どうやって自分の気持ちを豊かに表現するかということよりも、季節の挨拶から始まり、末尾はこう……と、失礼にならないための方法、減点を回避する方法ばかりが書かれている。喜びはこう書いてもいいし、こう書いてもいい、ということには興味がないのかなって思ってしまいます。

飯間　いみじくも減点とおっしゃいましたが、ほんとうに「あれはダメ、これはダメ」という減点主義なんですよ。減点されない日本語がいい日本語であって、それが書けたらＯＫという。でもそれだとつまらないですよね。基本的には自由に書いていい、とにかくあなたが思っていることが１００％伝わればその経路はなんでもいいんだ、と強調したいです。東京から大阪に行こうと思ったら、鈍行でも新幹線でも飛行機でも何でもいいので、とにかくうまく大阪に着けたら万歳だって、そういう考え方をするといいんじゃないでしょうかね。

花田 ほんとうにそう思います。

言葉の面白さは細部に宿る

花田 本書の中でも細かい言葉遣いで好きだなあと思うところがたくさんあって。たとえば笑いに関する言葉の説明の項で、〈ひと頃、クイズ番組などで「爆笑」の意味が出題されることがよくありました。解説によると、「大勢が一度にどっと笑うのが爆笑。ひとりでは爆笑はできません」と言うのです。／不審に思って調べると――〉と記述されていましたよね。ここの「不審に思って」の使い方なんて、普通に読んだら読み流してしまいそうなんですが、まるで探偵になったかのような表現が異質で、じわじわきました。

飯間 ああ、うれしいな。それはある程度意識的に書いてますね。そういう読み方をしてくださると著者冥利につきます。

花田 そういう、さらっと読めてしまうけどすごくユニークな使い方をしている言葉がこの本の中にはいっぱい詰まってますよね。

飯間 そこがおそらく、言葉オタクの精神が出ているところだと思うんです。ひとつひとつの言葉を愛《め》でながら読んでいただけるとうれしいですね。私自身も、ある作家の特定の語句の使い方にやたら注意がいくことってありますよ。

花田 ほんとうにさりげない言葉遣いで「うわあ、この作家さんめっちゃ好きかも」と思うこともあれば、「この表現は飽き飽きだなあ」と醒めてしまうこともあります。これはあくまでも私個人の好みの問題なのですが、たとえば「ひどく寂しい」等の「ひどく」、実際の口語ではほとんど使われないのに小説では乱用されすぎじゃないか？　とか。

飯間 自動化されてるという感じがするんでしょうかね。まあ、少し弁護しますと、程度を表す言葉って少ないんですよね。

花田　ああ、なるほど。

飯間　程度が大きいことを表すときに使える言葉というと「非常に」「とても」「すごく」あたりでしょうか。「非常に」はまあ客観的。「とても」は大正あたりからの言葉で、歴史が浅くてちょっと口語的。それから「すごく」というのはもともと「凄惨で目も当てられない」という意味があるので、私はニュートラルな文脈で使いにくいところがあります。で、他に何があるかっていうと、程度の大きさを単純に表す副詞ってほとんどないんですよ。用意された語彙が多ければ、その中から見繕うことができるんですけど、どうもない。今の3つでなければ「ひどく」とか、あとは何だ、って考えているうちに締め切りが来るんで、まあいいわ、「ひどく」でいいわ、みたいな感じで（笑）。少ない中から選ばざるを得ないという事情はあるんです。

花田　ふふ。わかりました。これからは「ひどく」に寛容になろうと思います。そういう意味では英語で言うところの「very」に当たる言葉は不遇というか、あまりいい言葉が発明されないので、代わりに若者言葉や賞味期限の短い言葉が生まれ続けるのかもしれないですね。「超」「激」とか、ひと昔前は「鬼」なんていうのもありました。「マジ」もそうかな？

飯間 程度を強調するためには、変わった言葉で引きつけるというやり方が合うんですね。それで次々に俗語が生まれる。「マジ」っていうのは「ほんとうに」の意味ですが、「めっちゃ」とか「くっそ」とか、そういうのがどんどん出てくる。でも、日常会話ならともかく、一般的な文章には使いにくいので、いわゆる「文章を豊かにする」ところに行かないんですよ。そこが難しい問題です。って、べつに私はその問題を担当しているわけじゃないですけど、なにかいい方法があればいいなと。

花田 いつも日本語の立場になって考えてらっしゃるんですね。日本語サイドを代表して。

飯間 いや、代表じゃないんですが、日本語を擬人化して考えてしまうというところはありますね。

花田 ああ、擬人化。そうか。だから飯間さんの文章はなにかユーモアがあってチャーミングに感じられるのかもしれないです。

言葉をファッションのように考えてみる

花田　先ほどもファッションのたとえをしましたが、言葉遣いのセンスはファッションセンスと似ている部分があります。ファッションが好きな人どうしだと「あのジャケットにあえてスニーカーを合わせているのがかっこいい」とか「あのワンピースにあのバッグはバランスがいい」とか、そういう感覚が共有されて、盛り上がって楽しめるんだと思うんですよね。

同じように言葉についても、たとえば私は「出会い」を「出逢い」と書いたり、「豆腐」を「豆富」と書いたりする美意識は好きじゃない、自分とは趣味が合わないと感じます。逆に、「させていただく」の乱発は悪文として指摘されがちですが、自分はついやってしまうので、これはダサくても好きということなのかもしれない。ファッションでもそういうことってありますよね。ダサいと言われるかもしれないけど自分は好き、という着こなしとか。

飯間　ああ、私も「させていただく」は好きですね。

花田　ほんとですか。うれしい。ふだん喫茶店に行って「させていただくって意外といいよね～」

なんて話で盛り上がることはなかなかないけど、できたら楽しいのにな。まあ、そういう楽しみは読書や文章を書くときにみんなでやっていて共有しているのだ、とも言えるのかもしれないですが。

好みもあるし、時代の変化とか、自分の年齢の変化……ファッション同様に自分がどの言葉を使うかを考える上ではさまざまな観点がありますね。自分はずっと「ほんとうに」はひらがなで書いていたのですが、「本当に」にするべきか、最近迷っているんです。ひらがなだと少し子どもっぽいのかな？　と……。逆に「ことば」はしばらくひらがなで書いていたのですが、最近は「言葉」と漢字で書くようになりました。ファッション雑誌の考え方のように、もう40代だからこの書き方は似合わないかな、とか、今シーズンはもうこういうの流行ってないからやめようかな、というような感覚もあります。

飯間　私は「言葉」はひらがなで「ことば」と書いています。ファッションのように、他の人がどうこうではなく、自分なりのこだわりというものもありますね。私の場合は「ことば」と書くのがこだわりです。語源的に「ことば」は「葉っぱ」に関係ないようです。ことばの「は」は切れっ端の「は」なんです。だから「言葉」と漢字で書くといちいち「葉っぱじゃないけど葉っぱだね」と思いながら書かないといけない（笑）。ならば、ひらがなにしようと。

花田　なるほど（笑）。ああ、面白いです。そういう、時代や流行とは関係のないこだわりも大事ですね。

飯間　一般の人が聞き慣れない言葉は避けるにしても、わかってもらえる範囲で、自分の方式にこだわりたいんですね。方式といっても変わらないものではなく、いつの間にか使うのをやめた言葉もあります。

花田　流行語とか、すごく目立つ言葉、たとえば今なら「ぴえん」とか、そういうものだけ賞味期限を追われがちですが、普通の言葉の中にも終焉《しゅうえん》はけっこうあるのかもしれない。

飯間　そうですよ。知らない間に使わなくなっている言葉もあれば、ひっそりと新たに浸透する使い方もあります。たとえば「ほぼわからなかった」なんて、今は普通に新聞記事にも出てきますね。昔は「ほぼ」は「ほぼわかった」「ほぼ完全だ」という使い方が多かったのですが、今は不足がある場合や不十分な場合でも「ほぼ理解できなかった」というように使われています。すでに誰もが使っているし、ご存分にお使いいただいていいのですが、私が意地の悪い著者だったら「昔はこんな使い方はしなかった。この使い方はバツです」などとネタにするかもしれません。やりませんけど。

花田　つまりそれくらい、咎《とが》められてもいいのに咎められずにバレていない言葉がたくさんあると。

飯間　もう、こんなに（手を大きく広げて）あります。というか、だいたい日本語は全部変わっています。

花田　じゃあ、その中でも特にスター性が高くて目立ってしまった「ら抜き言葉」などの特定の言葉だけが運が悪かったということなんですね。

飯間　そうそう。たまたま根性の悪い評論家の目に留まった言葉だけが代表して叩かれています。その他の、知られずに音もなく変わった言葉たちは「ああ、俺が標的にならなくてよかった」って。

花田　きっとみんなで集まってそう言い合ってますね（笑）。

過激な言い回しへの「言葉狩り」、どう考える？

花田　ネット上でしばしば問題として取り上げられる過激な言語表現についてもお伺いしたいです。

たとえば「ネット難民」とか「飯テロ」というような表現が、本来であればとても深刻な事象なので不謹慎だと批判されることがあります。私個人としては基本的には「アリ」だと考えています。最近だと若い世代のゲーム用語で、相対的に弱いキャラクターなどについて「人権がない」と表現することが軽く流行っていて、それを初めて聞いたときには「え、そのワード、大丈夫？」と、ちょっとドキッとしたのですが、ドキッとすることはもちろん不快さとイコールではないし、その用法を「けしからん」とか「やめさせよう」というのは、どこまで言っていいのかなと戸惑います。すでに「死」や「戦争」はだいぶ昔からカジュアルな用法も許されていますよね。ただ、基本的に「アリ」と考えている自分でも「これはちょっとやりすぎでは？」と感じることもあります。飯間さんはどのように考えていらっしゃいますか。

飯間　「受験戦争」なんて普通に言いますからね。「戦争」以外にもどぎつい言葉を比喩として日常的に使うことがありますよね。

たとえば、「大雪で高速道路で多くの車が立ち往生した」とニュースで言います。「弁慶の立ち往生」と言うように、「立ち往生」とは本来、立ったまま死ぬことです。弁慶が義経を守るために敵の前に立ちはだかった。敵がいっせいに矢を射る。針山のようになった弁慶は立ちながら壮絶な死を遂げた、と、これが立ち往生ですね。今、元の意味を引き合いに出して「高速道路のニュースにそんな言葉を使うなんて！」と怒る人はいないです。こんな例はいくらでもあります。

表現が適切かどうかは、その状況によって判断すればよく、「あの表現はきつい」とか「私は違和感があった」という意見表明はどんどんすればいいと思うんです。ただ、そこから一歩踏み込んで「その言葉はあらゆる場面で失礼ですよ」「あらゆる場面で不適切です」っていうふうになると話が混乱してくる。

花田 特にアニメや広告などの性的蔑視表現などについても同じことが起きやすいですが、「私は不快だ」「良くない表現だと思う」と発言するだけで「表現を取り下げるように追い込もうとしている」と歪曲《わいきょく》して捉えられることも多いですね。

飯間 私は「表現を取り下げよ」と言うのも自由だと思うんです。「やめてほしい人、みんなで署名しましょう」と運動する権利は誰にもあります。ただ、抗議を受けた側が、その抗議が正当かどうかにかかわらず、「めんどくさいからこの表現やめよう」と考えるのは無責任だと思います。あるいは、何が適切な表現かを権力のある側が判断して、それを人々に押しつけるのは危険です。そういうことに関しては、私は抵抗したいと思います。

花田　なるほど。たしかにそうですね。

若い世代の造語力

花田　ところで、私のパートナーの子どもが中学生で、彼らが友達と話すときの言葉は基本的に乱暴なのですが、いろいろ発見があるので聞いていないふりをして聞き集めているんです。

飯間　おっ、いわゆる用例採集ですね。

花田　はい。それで最近採集した言葉の中でいちばん好きな言葉を今日はひとつ飯間さんにご紹介できたらと思いまして。「床ペロ」という言葉なんですが、すでにご存じでしょうか？

飯間　いえ、知らないです。

花田　ああ、よかった（笑）。こちらもごく狭い範囲でのゲーム用語なのですが、今のゲームはオンラインが主流で、他のプレイヤーと競い合って、ゲーム内の自分の実力がランクづけされるわけです。それでこのランクが一度上がると下がらないシステムなこともあって、たとえば「プラチナ」のランクに一応いるけど、その底辺にいるので同ランクの中ではいちばん弱いんです、ということをやや自虐的に他人に伝えるための言葉のようです。

こういった内輪のワードというものはそれぞれの界隈で無限にあるかと思いますが、なぜこの言葉に注目したかというと、まずは語感が「テヘペロ」にも似ていてキャッチーで、使ってみたくなること。ランクの下位にいることを、這いつくばって床を舐《な》めるという屈辱的な、かつユーモラスな動作と紐づけていること。そして男子中学生は同級生との関係の中で自慢しすぎない、という作法を重要視していて、けれど自分はまあまあ強いこのランクには一応いるんだ、でもやっぱり上を見るとまだまだかなあ、という自虐と自慢と謙虚のバランスが一気に取れる言葉なのかなと思うんです。

飯間　面白いですね。謙遜の言葉として使ってるんですか。

花田　混じってる感じですね。

飯間　自慢を生のままで出さないようにするということですよね。中学生の頃から、あまり出すぎてはいけないという社会的ルールが身についているような気がします。

花田　そうですね、「おまえは上のランクだろ、すごいな」って言われるのに対して「いや、オレ床ペロだから」というような使い方がメインだと思います。

飯間　若い世代はほんとうに自由に言葉を作り出します。大人になるとそういう力は衰えていくんですね。だから若い世代にたくさん言葉を作ってもらわないと、日本語は痩せていくと思います。「テヘペロ」や「壁ドン」もそうですが、特殊なシチュエーションを短い言葉で表現できるというのはすごい造語能力だと思うんです。うらやましいほどです。私は、自分で言葉を作るということはあまりないので。

花田　流行語ができるときって、誰が最初に言ったんだろう、という話になりますよね。

飯間　言葉にもインフルエンサーはたしかにいて、その人によってぱっと広まることもあります。

ただ、だいたい多くの言葉っていうのは誰が作ったかわからないまま、知らない間にみんなが使っている。むしろそっちの方が多いですよ。

花田 そうなんですか。辿れないんですね。

飯間 たとえば「黒歴史」という言葉は、「∀（ターンエー）ガンダム」という作品から広まったと言われています。じゃあガンダムがその言葉の始まりかというとそうでもないらしく、詳しい人に言わせると「いやこれは富野由悠季《よしゆき》監督が○○からインスパイアされて……」と、いろいろ前史があるらしいんです。もうそこまで行くと面倒を見切れない（笑）。誰それの言葉と言われているものも、さかのぼっていくと、実はそのお母さんがふと漏らした一言かもしれない。

花田 誕生の瞬間はきっとささやかなものなんでしょうね。何にせよ、私はまだ「若者の言葉はけしからん」の境地には行かずに済んでいるので、新しく生まれる言葉の動きに引き続き注目していきたいです。

メッセージのもう半分は

花田　飯間さんが本の最後に書かれていた〈「正しい日本語」の基準は分からず、私には指摘しようがない。／自分の考えや思いを一番うまく表せる言葉こそ「正しい」。／自分自身の「正しい」を決め、相手に届く表現を目指そう。〉というまとめは、まさにこの本の趣旨そのものですね。一冊を通してそのことを丁寧に届けてくださったように思います。どうしても言葉をマルバツで考えてしまったり、言葉の間違いや失礼さが気になってしまう人にはとても大切なヒントになるのではないでしょうか。それから他者の言葉に違和感があったときにも「違う人の感覚を尊重しよう」と書いていらして、これもとても大切なことだと思いました。

飯間　ありがとうございます。ネットでも感想を書いてくださる方がありますが、この本を読んで気持ちが楽になったと書いてくださる方もいて、それは著者としてとてもうれしいことですね。

ただ、今日の話の「言葉はマルバツじゃないんだよ」というメッセージはまだメッセージとして半分でしかありません。その先が大事なんです。言葉をマルバツで判断するよりももっと大事なことがある。それは、あなたが伝えたいと思っていることを何とかして相手に伝えることなんです。この本ではそこまではちょっと書ききれませんでした。この対談をお読みくださっている方には、このことをお伝えしたいですね。

花田　この本は邪魔なものを脱ぎ捨てさせてくれる本だと思いますが、さらに、じゃあ「言葉はほんとうはどういうものなのか?」ということをさらに言いたいと。

飯間　はい。それを言うためにまた別の本を書かなければいけなくなりました（笑）。

花田　いちファンとしては遊び心ある言葉オタク的なツイートやエッセイも楽しみですが、より言葉の本質にせまってくれる本もぜひ読みたいです。楽しみにしております!

ラッパー・ラジオパーソナリティ

ライムスター
宇多丸

「人生相談に正解はない」

痛い目から学ぶという、その人固有の経験の機会を奪ってしまうのもどうなんだろう。

『ライムスター宇多丸のお悩み相談室』（幻冬舎）

恋愛、仕事、人間関係など、日常的なお悩みから社会問題までを、執拗《しつよう》に、フェアに、ときにやさしく、ときに興奮しながらとことん考えた人生相談本。

ライムスター宇多丸（うたまる）

1969年東京都生まれ。早稲田大学在学中にMummy-Dと出会いヒップホップ・グループ「RHYMESTER」結成、日本のシーンを黎明期より開拓牽引する。2007年、TBSラジオで「ライムスター宇多丸のウィークエンド・シャッフル」がスタートすると、ラジオパーソナリティとしても人気に。23年10月から同局で、生放送ワイド番組「アフター6ジャンクション 2」のメインパーソナリティを務める。掲載の『ライムスター宇多丸のお悩み相談室』ほか、『森田芳光全映画』（共編著）など著作多数。

くどくどといっしょに悩む「お悩み相談本」

花田 宇多丸さんは以前にも『ライムスター宇多丸の映画カウンセリング』という本を出されていましたよね。ただ、今回出版された『ライムスター宇多丸のお悩み相談室』は、宇多丸さんの得意ジャンルである〝映画〟の要素も取り払われた、タイトルもそのままのまっすぐな「お悩み相談本」です。

宇多丸 はい。ついにまったくオブラートを被せない、『モロ』の人生相談本です。

花田 ｗｅｂサイト『女子部ＪＡＰＡＮ』という媒体での長期連載なんですね。

宇多丸 担当編集者とは以前から色んな媒体で人生相談企画みたいなことをやってきたんですが、今の『女子部ＪＡＰＡＮ』の前身となるサイトで始めてからは、10年くらいかな？

花田 ものすごい長さですね。１冊を読むだけでも長年の歴史の重みを感じます。連載をあらためて振り返ってみていかがですか。

宇多丸　いろんな年齢、いろんな立場の女性の素の悩みを、ひとりの50代の男性が聞くことってなかなかないと思うんですよ。人の悩みに対してこう言っちゃいけないんだけど、それはすごく収穫だったというか、得がたい話を聞かせていただいたと思います。逆にここで聞いたことのすべてを知らずに生きていたとしたら、と思うとゾッとします。理解の回路をもらったという気がしていますね。

花田　なるほど。「学び」と言ってしまうとよくないかもしれないですけど、答える側の宇多丸さんにとってもそれくらいの収穫になったんですね。

宇多丸　自分が答える側にいることで、「この悩みは何なのか」をまずちゃんと理解しなきゃいけないというか、ほんとうは何を言おうとしているんだ、というのを読み込まなければならない。だからこそ悩みの問題点が自分にも刺さってくるというところはあったかなと思います。

花田　「これが問題、だからこうするべきですよ」と指摘して具体的な解決の道を示すのではなく、とにかくいっしょに、ああでもないこうでもないと、宇多丸さん自身も悩んでいる雰囲気がとても印象的でした。

宇多丸　お悩みのメールを読み込んで、こちらがいくら寄り添って頑張って理解しようと思っても、完全に理解できるわけではないし、でも何らかの答えを出すしかなくて。先日、精神科医の星野概念さんと対談したときにおっしゃっていたことでなるほどと思ったのは、たとえば猪木の闘魂注入みたいなもので、言ってみれば「ビンタされたい」相談者がいて、回答者がその期待に沿うパターンの中で答えを出す——それで成り立っているタイプの人生相談の連載もあると思うんです。それですっきりするんだったらそれは全然いいけど、この連載に関してはそうじゃなくて、まあとにかく、くどくどくどくどと、どういうことだろうね、こうかな、それともこうかな、ってたくさん意見を出して、その中のどれかが役に立てばいいんですけどね、っていうスタンスでやっていました。

花田　その回り道の感じこそが大きな魅力だなと思います。

宇多丸　だったらいいんですけどねえ。

花田　『ほんとうの答え』って、やっぱりぐだぐだしたものであることが多いと思うんです。悩みも「これで解決！」とズバッと言えることなんてほとんどなくて、こうかもだし、こうかもだし、こうとも言えるかもしれないし、というのが結局いちばん真実に近いような気がします。

宇多丸 はい。こうかな、こうかな、っていう中で、その人がいちばんしっくりくるものを選べばいいというか、いくつか出すのでいいと思うものがあったら使って、という感じですね。タレント連載でもあるから、「宇多丸がどう思うか」を言うのも必要だと思うし、それもひとつの考え方としては参考になるかもしれないけど、逆にそこを盲信されても責任は取れないしなあと。

花田 「ただの連載なんだから、エンタメなんだから」という態度には決してならず、いつも相談者さん本人のことをすごく誠実に考えているなあ、と。

宇多丸 まあ、切れ味が悪いだけかもしれないけど(笑)。

花田 いやいや。それから、あとがき的に、かつてお悩み相談された方の「その後」が掲載されていたのがすごくよかったです。ｗｅｂの長期連載だからこそできることなのでしょうが、その人が一瞬の通りすがりのサンプルではなくて、ちゃんと人生があって生き続けている人間なんだなあということを、他の悩み相談の読みものではあまり実感したことがなかったので。

宇多丸 よく「人生相談の名手」とか言うけど、結果を見てないのに何が名手だ、ともぶっちゃけ思うんですよ(笑)。ほんとうに役に立ったのか検証しないとわかんないじゃん、って。その意味でもその後の報告を送ってくれるのはうれしいですね。これから悩みを送ろうという人のモチベーションにもなるしね。

「炎上」よりも怖いこと

花田 この何年かでフェミニズムの問題が盛り上がったり、女性を取り巻く環境も大きく変わったと思うのですが、連載を長く続ける中で時代の変化を感じることはありましたか？「配偶者がこうで悩んでいる」「男性上司のここに悩んでいる」というような個人の問題に見えていたものが、実は社会全体の問題だったということに男女が自覚的になったのもこの数年のことではないかと思います。

宇多丸 たしかにそうですね。ミクロな問題に見えていたものが実はマクロの問題にもつながっていた、というのが可視化されやすくなったというのはあると思います。あとは、たとえば性被害のことなどは、一回扱うとやっぱり「ああ、それをやってくれるんだ」と思っていただけて、よりそういう悩み相談が増えてくる、ということもありました。

花田　恋愛をしなくなった時代、とメディアなどで言われることもありますが、実際の悩み相談の現場では、恋愛相談は減っているんですか？

宇多丸　恋愛の悩みが減っているというよりは、他の相談の割合が増えているという印象です。恋愛の悩みは継続的に来るし、これってどんな時代でもみんなが感じたり悩んだりするものなんだな、と思うような普遍的な悩みもいまだに多いですよ。

花田　なるほど。恋愛の悩みというのがいちばんモヤモヤしやすくて、誰かに相談したいものなのかもしれないですね。よくないとわかっていても感情がコントロールできなかったりとか。

宇多丸　恋愛の悩みって正解がないですからね。

花田　恋愛相談に限らず、宇多丸さんの回答はいつもやさしいなあと感じるのですが、でもやさしいって、適当に「大丈夫」と言ってあげるというものとは全く違いますよね。

宇多丸　そうですね。

花田　他の方の人生相談などで、あえて辛辣に「あなたが間違っている」と糾弾するような回答がウケていると感じることもあります。でも、宇多丸さんは自分の意見ははっきり言うけれど、決して「キツい回答」にはならない。このような話し方は普段のラジオでのトークに通じる部分でもあります。宇多丸さんは自分の語りがどうあるように心がけているのですか？

宇多丸　実は元の連載自体、僕らが話した内容をそのまま書き起こしているように見えるかもしれませんが、実際は全体にめちゃくちゃ加筆修正してるんですよ。特にシリアスな話の回は他の編集部の方にも読んでいただいたり、本書の聞き手の小林奈巳さん（女子部JAPAN）にも相談したりと、何重にもチェックしています。単行本化の際にはさらに校閲部の指摘を受けて調整を繰り返しましたし。やっぱりいちばん恐れているのは、せっかくこうやって悩みを送ってくれたのに、それに対して返した言葉でその人にネガティブな思いをさせてしまうこと。それは本意じゃないから。もちろんどれだけ気を遣ってもその可能性をゼロにはできないんだけど。

花田　それはたとえば、表現を変えるというようなことですか？

宇多丸　そう。チューニングですよね。具体的に、この本の中であったところで言うと「どうせこういうことなんだろうから、下手に期待なんかすんな」というようなきつい言い方で言ったところを「最悪、こうかもしれないよ」ぐらいにしたり。言ってることは同じなんだけど、最後の最後までけっこうご指摘をいただいていました。だからやっぱり怖いですよね。

花田　それは、「炎上」が怖い、というようなこととはまったく違う意味ですよね。

宇多丸　まあもちろん炎上だって嫌だけど、それより怖いのは、相談してくれたその人の状況がよくなってほしくて答えているのに、逆によろしくないエフェクトを与えてしまわないか、ということですね。それこそ昔は「エッジィな物言い」みたいなところを押し出してたときもあるんだけど、読み返すと、やっぱりそのくだりはいらないなと思うし。要するにそれは「俺って面白いだろ」アピールの部分なんですよ。だからそういう余計なのを削っていって。連載の最初の頃は、自分自身も一刀両断系の回答スタイルをイメージしていたところもあったんですが、自分の意識が変わっていったのは、シリアスな悩みが送られてくるようになってからでしょうかね。

花田 ああ、なるほど。

宇多丸 転機としてものすごく覚えているのは、先ほども少し触れましたが、セクハラの相談が来たときです。しかもそれは御多分に洩《も》れず、「私が悪いんでしょうか」「私も悪かったんですが」みたいになってしまっていて。これはもうちゃんとやるしかないというか、「あなたは悪くないです、そいつがどうかしてます。何なら社会が問題化すべきことなんだけど、あなたがそれをやるのもエネルギーがいるから〜」みたいなことをゼエゼエしながら答えて。そこからだんだん、ですかね。

僕らは間違う権利だってある

花田 自分を知らない〝赤の他人〟に気楽に相談できるのもメディアの人生相談コーナーならではの持ち味ですが、一方で公の場でもあり、そのバランスが難しそうです。

宇多丸　匿名とはいえ、みんなに見られる場で悩みをさらしている人がいるわけで、その切実さをそこでばっさり否定するというのは、やっぱり暴力的な構造だと思うんです。

花田　たしかにそうですね。

宇多丸　でもまあ、関係ない人だからこそ、まわりの人には相談できないことを言えるっていうのは絶対にありますよ。友達とか親は、言ってしまえば、とりあえず正しいことしか言わない、っていうのはあるじゃないですか。要はクソ男と付き合おうとしている人に対して「そんな男やめておけ」とかね。まわりの人はほんとうに心配してるからこそ、そうやって危険を取り去ってあげようとするわけだけど、同時に、人には「間違う権利」もある、ってことは大事だと思っていて。痛い目から学ぶという、その人固有の経験の機会をあらかじめ奪ってしまうのもどうなんだ、と。

花田　身内だと「傷ついてほしくない」とか「守りたい」という気持ちが悪い方向に出てしまうことってあります。

宇多丸　もちろんそれ自体は悪くはないのかもしれないけど、間違わないように「先回り」してしまうんですよね。でも、悩み相談の場ではそんなことは言いたくないな、って。

花田 そうすると、悩み相談の回答としてはどう言ってあげるのがいいんでしょうか。

宇多丸 大前提として「好きじゃしょうがねえよな」っていうのがあると思うんですよ。あと「あなたが何をしようと勝手ですけど」っていうこと。客観的に見ればそいつはクソ男だけど、その上で付き合うのも傷つくのもあなたの勝手だから、あとは知りませんって言ってあげる。答えを出すのはあなただからね、っていうのが最後の一線としてあるべき。そのほうがその人も納得できるだろうし。

花田 傷つくこともその人の自由、と言っても、「どんどん行っちゃえよ」と言うのがいい回答ではないですしね。

宇多丸 そうですね。まあでも、恋愛とはそもそも理不尽なものであって、理性でコントロールできりゃ誰も苦労してないわけだから、やはり「正しい」忠告だけではあまり意味がない。あと、最近ようやくはっきりわかってきたことがあって、恋愛相談の根本的な問題として、回答している僕らは、相談者が恋している相手のことを別に好きじゃないっていうのがあるな、って（笑）。

花田 本書でも語られていましたが、その問題はすごく面白かったです。

宇多丸 メールを送られている時点でこちらにはネガティブな情報だけを頭に叩き込まれているので、もう構造的に、嫌いにしかならない。でもその人が相手を好きになった理由はあるんだから、そこをすっ飛ばしていろいろ言うのはほんとうは不毛なのかもしれないな、と思う。たとえばこんなクソ男だけど、でも取り逃したくないくらい美しい、その美しさの前に破滅してもいい、ってことだってあるかもしれないしね。だから僕らも最も美しい男を頭に思い浮かべながら、じゃあしょうがないね、って言うしかないのかなって（笑）。

花田 そうなんですよね。嫌なところばかり聞かされて「そもそもなんでそんな人と付き合ってるの？」って思うんですけど、それを聞いても腑に落ちる答えはなかなか返ってこない。「すごく話も合うし、いい人で〜」って言われても、そんなのは全然加点にならなくて（笑）。

宇多丸 そう。それがだからやっぱり、「好き」という、すべてをチャラにしてしまう魔法の力なんでしょうね。

花田 90％はよくて、残りの10％についての悩みだということなんですよね。

宇多丸 こっちはその10を１００として見るから「クソ野郎だ！」ってなっちゃう。それは僕らがジャッジされる側のときだってそうじゃないですか。この部分だけ見たらそう見えるかもしれないけど、他にもいろいろあるのにな、みたいな。だからその根本のズレに気づいたときに、これは面白いなと思ったんですよね。俺も他の人を見たらそう思うから、お互いに他人の見方が浅いことなんてフィフティー・フィフティー、お互いさまなんですよ。

花田 これは私たちが恋愛相談に乗るときはもちろん、物事を判断するときにも意識したほうがいい視点かもしれないですね。お互いに自分は全体を客観的に見れていると思ってしまうことが、ネットの論争などでも「お前はわかってない！」という諍《いさか》いの始点になっているのかもしれないです。

「面白くなっちゃう問題」を考える

花田　先ほど宇多丸さんが強く言いすぎたと思う箇所については慎重に調整されるという話がありましたが、必ずその問題のときに、調整をすることで「面白くなくなっちゃう」という言い方をする人がいますよね。難しい問題だなと感じています。

宇多丸　まあね。でもその、「配慮すると面白くなくなっちゃう問題」に関しては……多数派が少数派のことをバカにするとか、強者が弱者を笑うようなギャグとか、要するに無神経な暴力性、抑圧性を帯びた言動って、そもそもそんな必死に守らなきゃいけないほど、面白かったですかね？　と思うんですよね。だから、もともとたいして面白くなかったものが切り捨てられただけのことだと思いますけどね。

花田　何でそれが面白いことになっていたのか、逆に今となっては不思議です。保毛尾田保毛男（とんねるずの石橋貴明がゲイ男性に扮したキャラクターのネタ）で笑えてた文化ってすごいなって。

宇多丸　そうそう。だから今見ると普通にドン引きだわ、どうかしてた、っていうね。それが面白いとされる文化的コードに毒されてただけで、面白いことなんか他にいくらでもあるし……というか僕は、それで毒気のある物言いが無効になったとは、まったく思ってなくて。多数派が少数派をバカにするのは面白くないけど、威張りくさった権力者とか、のさばってそれが当然と思っている多数派の膝をカックンしてすっ転ばすのは面白いし、それが本来の笑いの構造でしょう。一方、弱い立場の人たちに配慮すると「面白くなくなっちゃう」って言っている人の理屈って、たとえば「いじめを肯定的な思い出として語っている」みたいなことになっちゃってるよ、と思うんです。

花田 そのとおりですね。でもこれって、時代のせいにしたいところですけど、じゃあ今はきちんと判断できてるのかっていうと自信がないな。

宇多丸 まあ、何をもって抑圧的か、暴力的か、というのは誰ひとりとして時代の感覚の制約からは自由じゃないんだから、今のこの感覚だって、わからないっちゃわからない。そういう意味では、ダメなものはダメということはもちろん言うべきだけど、同時に今の感覚だってあてにはならんというように、全員謙虚であれば済む話だから、簡単じゃないですか。誰だって、神じゃないんだから。

花田　たしかに、そう聞くとそれほど難しい問題ではなく、すごく簡単なことに感じられます。この問題、ずっと同じところをぐるぐるしている気がして。

宇多丸　そうね。それこそ「人種差別、性差別はダメ」なんてのはいちいち議論したりする必要がない大前提中の大前提、ということでいいんですけど、大枠の中では少数派、被差別側にいる人も、たとえばシスジェンダーの異性愛者という意味では多数派、みたいに、同じ人がある面では抑圧者たりうるし、ある面では抑圧される側たりうる、という構造というのはどんな局面にも必ずあるもので……それは一見複雑に見えるけど、でもその複雑さ自体はみんな共通しているんだから、誰もがまずは謙虚におそれを持って他者と接するべき、って点では、シンプルでもあるわけじゃないですか。つまり、それって「礼儀」みたいなことだと思うんだけど。

花田　なるほど。

宇多丸　お互い他人だらけのなかで生きてるんだから、あらゆることをおそるおそる、すり合わせし続けてゆくしかない。そこにイライラさせられることもたしかに多いですけど。

花田　他人と自分が違うということは、経験や学びを重ねていかないと理解できないというのもありますよね。私自身、昔はよく、他人が「私はこのことで傷ついた」と発言しているのに対して、「気にしすぎじゃない？　私なら全然気にしないけどね」と、他者の思いを自分に置き換えて勝手にジャッジし、あなたも私のように考えるべきだ、とその人の感覚を尊重せずに否定することをやっていたなと猛省しています。宇多丸さんがおっしゃる「礼儀」って、こうやって勝手に自分の物差しでジャッジするような態度をやめる、というようなことですよね。

宇多丸　おっしゃるとおりで。「自分の物差し」という言葉があること自体がもう、それはよくないものだという知恵がみんなあるっていうことなのにね。でもまあ、それが難しいのも事実ですけどね。相談の回答の中でも僕の経験バイアスが入ってないとはとても言えないし。

花田　でも全部のバイアスを排除したら無色透明な人になってしまうし。そんな人はいないですから。

宇多丸　まあだから、僕の場合はこうですが、って断って、お互いの話をするというくらいがいい。それこそが面白いわけだしね。だから悩み相談の僕の回答に納得してもいいし、同意できなくても、そういう考えもあるのかと思ってもらえたらそれでいい。

花田 宇多丸さんの回答のことだけでなく、友人と話したりするときでも、その考えに同意はしなくても「こんな考え方もありなんだ！」と知ることが気づきになるし、自分の思考の扉になっていく気がします。

宇多丸 そうですね。悩み相談に限らずで、僕が映画評論を好きなのはまさにそれ。一般的に「こう褒めるもの」となっている作品をこんなふうにけなす人がいるのか、とか、逆も然《しか》りで、同意できなくても面白い。いろんな考えがあること自体がすごく開放につながるというのは、映画評論もそうだし、何でもそうかな。

花田 宇多丸さんが酷評する映画の話を聞いて面白いと感じる人が多いのは、みんな映画の悪口を聞きたいわけじゃないんですよね。宇多丸さんの批評はオリジナルな思考の道筋をたどることができて、「そんなふうにも見れるんだ！」という脳の回路が開かれるような発見ができるからだと思います。まさに開放を感じられるんです。

ゲストの満足を最優先に

花田　この連載は、実は今回が最終回なんです。毎回大好きな本の著者に直接その本のことを聞けるなんて、とんでもなくありがたいことな反面、自分の話し下手さ、聞き下手さにいつも「もっとうまく聞けたんじゃないか」と落ち込んでいました。なので「人の話を聞く」ことのプロである宇多丸さんに、聞くことの秘訣をお伺いできたらと思っているのですが。

宇多丸　いや、僕なんか、話を聞くことの上手下手があるとしたら、全然ランク下のほうだと思いますよ。まったくうまくない。

花田　えーっ、そんなことはないですよ。どういうところがうまくないと思うんですか。

宇多丸　黙って聞いていればいいものを黙っていられなくなっちゃって、自分の考えを言い出しちゃう、とかね。

花田　私も対談をやっていて思うのですが、自分ばっかりしゃべりすぎてもダメだし、延々と相槌ばかりでもダメだし、難しいです。ただ、原稿はあとでいくらでも書き直しができますが、ラジオの場合は特に、ゲストの方が話し慣れていない方だったり、生放送という緊張もあって、話が弾まないような場面もあると思うんです。そんなとき、宇多丸さんはどんなことを考えてやっていらっしゃるんですか。

宇多丸 これはもう、聞いている人も一通りじゃないから、正解っていうのはないので、あんまり聞き手にとっての正解を考えても意味ないと思ってるんですよ。それより、リスナーの皆さんにはちょっと失礼に聞こえる話かもしれないけど、僕は、来てもらったゲストの方が楽しく話せたとか、自分の伝えたいと思っていることを言えたとか、ここがいちばん優先すべきところだと思ってます。だって、まずはわざわざご足労いただいて、その方が蓄積してきたものを図々しくも部分的にお借りして、こちら側のコンテンツを作らせてもらっているわけじゃないですか。それをリスナーに楽しんでもらえるかどうかは、あくまでその先にある問題だから。だから特集のゲストでも、ミュージシャンのようなゲストでも、まずはその人にいい気持ちになって満足してもらう、ってことを考えてる。

花田 えっ、そうなんですね。

宇多丸　傍《はた》から見たらそのゲストのことを「すげえヨイショしてる」って思われるかもしれないけど、それこそが僕のいちばん大事な仕事だから。こっちが「いやもうほんとうに最高でした！」って言って、むこうが「そんなに言ってもらえるならうれしいです」っていう、それが成り立ってれば最低ラインはクリアだと思ってるんですよ。逆に、出た人に「なんか……出るんじゃなかったな」って思われたらすべてが失敗だって。

花田　宇多丸さんと同じ立場に立って話すのもおこがましいですが、私はこの連載がただの対談だとしたら、憧れの人に会えるうれしさは実はあんまりなくて、緊張とプレッシャーばかりでしんどいので全然やりたくないんです（笑）。でも「この対談を読んだ人にこの本のよさを伝えたい、こんな面白い本があるということを知ってほしい」というモチベーションがあるので、それのみでなんとか突っ走ってきたように思います。もしかしたら私の連載も宇多丸さんの考えといっしょかもしれないです。

宇多丸　この対談だって、そのベースがあったらゲストが嫌な思いをするわけがないよ。

花田　そうかな。そうだといいんですけど。

宇多丸　だから、ラジオの場合で言えば、ゲストの人が話してる時間はもうその人の時間なんだから、たとえばしゃべり出すのに時間がかかったとしても全然いいんです、待っていれば。っていうのは僕の前が荻上《おぎうえ》チキさんの番組なんでそれをちょくちょく耳にする機会があって、それで勉強させてもらった部分でもあるんです。ゲストに学者さんが来られることも多いから、普通に間とか、全然空くんですよ。でも聞き手としては全然気にならないの。

花田　ああ、わかります。自分も初めてラジオに出させていただいたときは、とにかくなめらかにつっかえずに話さなきゃ！　って背負いこんで臨んだんですが、実際には全然そんなことはないんですね。緊張しながらたどたどしく一生懸命話している人もすてきだなと思えるものだったんだ、って。

宇多丸　ベラベラしゃべる人じゃないというのはこっちもトーンでわかるし、それでいいんです。もちろん、あなたむちゃくちゃしゃべるじゃないですか、みたいな瞬間もいい。みんな違ってみんないい（笑）。

花田　ラジオってそのライブ感を愛せるものだし、リスナーがそれを愛せるようになるのは進行してくれる人に委ねられる安心感があるからなんですね。宇多丸さんが「それでいいよ」って思っているのが伝わっているから、私たちも大丈夫、って。

宇多丸 そうなんですよね。

花田 だからそこで、仮に宇多丸さんが「リスナーのみなさん、ゲストの方が黙っちゃってすみませんね」というような態度だとしたら……。

宇多丸 それはまずいね。でも、これは難しいんです。場合によってはこちらが一個、「それって、こういうことですかね」と添え木を入れるだけで、そう、そう、そう！ って、ざーっと行くこともあるから、ここは見極めなんですよ。

花田 うわあ、たしかにそういう面もありますね。難しい。待てばいいという問題でもないのか。

宇多丸 だからやっぱり対面のほうがいいですよね。ラジオもリモート出演ではそこの機微がわかりづらい。今、詰まってるんじゃなくて、考えてるのか、それとも言葉が出そうで出ないのか、もしくはただ台本を見失ってるだけなのか、というのが対面だと伝わるので。

花田　なるほどなあ。

宇多丸　でもそういういろいろはあるけど、最終的にラジオで伝わるのは熱だから。何を言ってるかわからないけどとにかく熱心にしゃべってる、それだけでもういいんじゃないかなって思います。

会話は上手になんてならなくていい

宇多丸　僕らって、日常生活でいろいろ人と話しているつもりですけど、だいたいちゃんと聞いてないし、ちゃんと答えてる人もあんまりいない。カフェの店員さんとの会話なんか顕著ですが、「エスプレッソのMをください」と言ったら「はいエスプレッソですね。サイズはSですか、Mですか」みたいなのってあるでしょ（笑）。みんなそれくらい話を聞いてないんです。

花田　そうですね。聞くって何なのか。聞くことをうまくなりたいと思っていたけど、何を目指したかったのかな。聞くことは話すことと必ず対になっているから、どちらかだけが上手、ということもありえないですしね。

宇多丸　おっしゃるとおり、聞くっていうことはその相手が言っていることを理解して、咀嚼して、考えることっていうか。だから「聞く」とは「考える」だし、聞いてますよってことを示すためにも「こういうことですよね」と一回吐き出したり、あるいはちょっと違うと思ったら「いや、こうじゃないですか」と返したりするわけですよね。だから「聞く」「考える」「話す」って完全に一体の作業なのであって。かんたんに見えてほんとうはけっこう体力がいるというか、カロリーを使う作業ですよ。

花田　一方的に話し続けている人は会話をしているとは言えないですしね。それってテープを再生しているだけのようなもので。

宇多丸　相手の発言に対してもともとある自分の引き出しから「はいこれ」って出して置いてるだけとかね。会話がうまく見える人っていうのは、その引き出しから何か取り出してそこに置くのが早いだけって気がするんだけどな。ばしっと決めているように見えるけど、もともとある答えを出しているだけならそれは会話と言えるのか。

花田　たしかに。スムーズな会話がいい会話、ではないですね。

宇多丸　さっきのカフェの例じゃないけど、日常会話レベルだとこういうことも多いし、それで済んでるってことなのかもしれない。だから第三者が聞いてると、「うわぁ、全然会話してねぇ」みたいなことはある。べつに全部が意味のある会話である必要もないんだけど、みんな意外と聞いてないということは言っておきたい。

花田　ふふふ（笑）。言っておきたいんですね。

宇多丸　あと、みんな自分の話ばっかりしてるということもすごく言っておきたい（笑）。飲み屋とかで聞いてると、あれ、ほんとに面白いんだよな。みんな自分の話ばっかりしてる。で、そうそうそう、わかる～、私もさぁ、って言って、でも聞いてると全然さっきの話とつながってない、とか。まあ、それでもお互い満足ならべつにそれでいいんだけどね。

花田　もしかしたら「今日はいろいろ話せてよかった」とお互いが本気で思いながら帰ってるかもしれないですよね。

宇多丸　そうそう、それで楽しくやってるんだから。あと、これも本の中でも言及したことなんですけど、プロじゃないんだからテレビに出てくる人みたいに話せる必要はないでしょう。なのにそういう「うまさ」を日常に持ち込んで、「今噛んだ」とか、人に言ったりするのはどうなのかなと思いますね。日常で噛んでも何の問題もないし。ほんとうにあれは悪しき風潮だと思いますよ。

花田 ほんとうにそうですね。みんながメディアになりうる時代の弊害というか。

宇多丸 「オチは?」みたいなさ。

花田 しますよね、そういう言い方。芸人さんに憧れているふうの。

宇多丸 オチはねえよ!(笑) だって普通の会話だから。

花田 そういうノリの対極にほんとうの「会話」があるんだと思います。

宇多丸 そうそうそう。会話がどこに行くかなんて、ねえ? オチって何だよって話。最初から着地が決まってるってどういうこと? って思うし。

花田　無理やりつなげるようですが、最後まで着地が決まらないのが宇多丸さんのお悩み相談の本の素晴らしさですから。

宇多丸　いやあ、でも、それゆえに切れ味があんまり……切れ味がな。……もっと切れ味がいいほうがいいんですかね？

花田　いやいやいや。たしかに切れ味はないかもしれませんが（笑）。でも、この本がとにかく最高だったということは私も言っておきたいです！

おわりに

この連載中に勤めていた書店が閉店してしまい、それを機にサラリーマンとしての書店員を辞め、自分で新しい書店をオープンすることになった。

そこはとても小さい店で、本を厳選して並べているから、その棚を見たお客さんからは「本はどういう基準で選んでいるんですか?」とたびたび聞かれた。それをひとことで説明するのは難しいのだが、結局のところ「自分の好きな本をひたすら並べている」と言ってしまってもいい。ただし、ではどんな本が好きなのかという説明が必要だろう。

私が好きな本。それは、特定の作家やジャンルではない。世の中で当たり前とされていることを疑い続け、何かをひっくり返して社会を今よりいいものにしようとしている人や、人生において苦しみが発生したときに決して思考停止することなく、自分のことも他者のことも理解しようともがき続けているような人。そういう人が書いた本が好きだ。

今回書籍化するにあたって改めて全ての原稿を一気に読み通してみると、ゲストのみなさんがそれぞれまったくちがうテーマで話し始めているのにキーワードが自然と重複し、リンクしているのがとても興味深かった。こうして20冊の本についてまとめた一冊の本も、何かひとつの方向性というか新たなエネルギーを持っているように感じられてうれしく思う。

連載時は対談にそなえて一冊の本にがっつりと向き合うことになり、それもかつてない貴重な体験となった。読み間違っていないか。読み逃していないか。きちんと受け取れているか。失礼なことを聞こうとしていないか。相手をただおだてるための空疎な感想になっていないか。と、心配は尽きなかったが、自分自身の本との向き合い方が深まっただけでなく、こうしてゲストの素晴らしい発言の数々を紙（あるいは文字データ）の形で残すことができて、ほんとうにやらせていただけてよかったという気持ちでいっぱいだ。

最後になりましたが、私のデビュー作『出会い系サイトで70人と～』のときからずっと変わらず最高な装丁を手がけてくださった佐藤亜沙美さん、そして私がわがままに選んだ本を毎回深く読み込んでくださり、どうしたら本と著者の魅力をより引き出せるかをともに悩みながら伴走してくださった編集の三橋薫さん、石島七海さんに深く感謝いたします。

2023年11月　花田菜々子

花田菜々子（はなだ・ななこ）
ヴィレッジヴァンガード、HMV&BOOKS HIBIYA COT-TAGEほか多数の書店に勤めた流浪の書店員。著書に『出会い系サイトで70人と実際に会ってその人に合いそうな本をすすめまくった1年間のこと』『シングルファーザーの年下彼氏の子ども2人と格闘しまくって考えた「家族とは何なのか問題」のこと』など。2022年9月、高円寺に「蟹ブックス」を開店。

初出　「STORY BOX」2021年6月号〜2023年1月号
「書店員が気になった本！の著者と本のテーマについて語りまくって日々のモヤモヤを解きほぐしながらこれからの生き方と社会について考える対談」

モヤ対談

2023年11月29日　初版第1刷発行

著　者　花田菜々子
発行者　庄野 樹
発行者　株式会社小学館
〒101-8001
東京都千代田区一ツ橋 2-3-1
編集 03-3230-5616
販売 03-5281-3555

装　幀　佐藤亜沙美（サトウサンカイ）
ＤＴＰ　株式会社昭和ブライト
印刷所　萩原印刷株式会社
製本所　株式会社若林製本工場

ISBN978-4-09-389143-1